Confessions
d'une
SOCIOPATHE

Pour l'édition originale

© 2013 M. E. Thomas

Titre original : *Confessions of a Sociopath – A Life Spent Hiding in Plain Sight*

Première publication aux États-Unis par Crown Publishers, New York.

www.crownpublishing.com

Pour l'édition française

Direction de la publication : Isabelle Jeuge-Maynart et Ghislaine Stora

Direction éditoriale : Émilie Franc

Suivi éditorial : Laure Sérullaz (pour la première édition), Marie Gazagne (pour la présente édition)

Direction artistique : Mélissande Mestas/Géraldine Lamy

Réalisation : Nord Compo

Couverture : Frédéric Manley

Fabrication : Émilie Latour

© Larousse 2014

© Larousse 2022 pour la présente édition

ISBN 978-2-03602591-2

M. E. Thomas

Confessions d'une
SOCIOPATHE

Dans la tête
d'une manipulatrice

Traduit de l'anglais (États-Unis)
par Luc Rigoureau

LAROUSSE POCHE

À Ann, qui a été mon Virgile

SOMMAIRE

NOTE
DE L'AUTEURE

Cet ouvrage est une étude autobiographique. Il narre mon histoire vraie, reposant sur mes souvenirs les plus fiables ; toutefois, elle est racontée, outre les inévitables trahisons de la mémoire, à travers le spectre de ma vision du monde, de ma mégalomanie, de mon appréhension égocentrique des choses et de mon manque d'empathie pour autrui.

J'ai choisi de publier ce livre sous un pseudonyme, j'ai modifié le nom et les caractéristiques signifiantes des membres de ma famille, de mes amis et de certaines autres personnes mentionnées ici afin de protéger leur vie privée. J'ai parfois déguisé les lieux, réarrangé et/ou comprimé les événements et le temps afin de faciliter la narration. Sinon, il s'agit d'un compte rendu honnête et authentique, et je n'ai volontairement dénaturé aucun fait matériel.

RAPPORT D'ÉVALUATION PSYCHOLOGIQUE

Les résultats de l'évaluation ont diagnostiqué chez Mme Thomas « un manque d'**empathie** prononcé, une attitude **impitoyable** et **calculatrice** dans ses rapports sociaux et personnels, une relative impossibilité à ressentir des émotions négatives ».

Rapport d'évaluation psychologique – extrait

Mme Thomas est une femme blanche âgée de 30 ans, souhaitant évaluer sa personnalité afin, notamment, de confirmer ou d'infirmer la présence de troubles d'ordre psychopathique chez elle. Suite à de nombreux questionnaires d'autoévaluation portant sur des traits de caractère à la fois normaux et pathologiques, la patiente a obtenu des résultats dépassant le 99e percentile des normes admises. À bien des égards, ces scores suggèrent donc une personnalité psychopathique type. De plus, les données mises en évidence au moyen de la grille d'évaluation de Hare (PCL:SV) valident largement cette première analyse, particulièrement pour ce qui concerne les comportements affectifs et relationnels du sujet. Ainsi, un manque d'empathie prononcé, une attitude impitoyable et calculatrice dans ses rapports sociaux et personnels, une relative impossibilité à ressentir des émotions négatives.

L'évaluation clinique de Mme Thomas a clairement mis en évidence, d'une part, de forts marqueurs en matière de comportements asociaux et psychotiques (singulièrement l'égocentrisme et la recherche de sensations fortes), une tendance à la domination d'autrui, une agressivité verbale et une excessive estime de soi ; d'autre part, de très faibles marqueurs dans le domaine des expériences affectives négatives (pas de phobies, pas de traumatismes, pas de symptômes dépressifs), très peu de bienveillance envers autrui et d'épisodes de vie stressants. Là encore, son profil général montre quantité de troubles de la personnalité et un fonctionnement relationnel qui sont hautement compatibles avec la conception actuelle de la psychopathie.

Bien que consciente d'être « différente » de la plupart de ses connaissances en termes de structure de la personnalité, Mme Thomas ne se considère pas comme « déviante », au sens où elle souffrirait d'une maladie mentale. Bien au contraire, elle semble heureuse de son mode de vie et de son parcours jusqu'à présent ; elle affiche une certaine indifférence envers de multiples problèmes et situations qui, chez d'autres, provoqueraient incertitude ou détresse. Pareille décontraction est symptomatique d'une psychopathie forte chez les individus.

Pour l'heure, il apparaît que Mme Thomas a eu à subir assez peu de conséquences négatives (objectives ou subjectives) liées à sa forte psychopathie ; à bien des égards, elle a l'air d'avoir excellé dans divers domaines de l'existence (études, profession). Par conséquent, on pourrait la décrire comme une psychopathe « socialisée » ou « performante », pour le moins comme une personne pas si mal adaptée souffrant de ce trouble de la personnalité.

JOHN F. EDENS, Ph. D.,
Professeur, département de psychologie,
Université Texas A&M

1.
JE SUIS SOCIOPATHE, ET VOUS AUSSI

———

« Je souffre de ce que les psychiatres appellent aujourd'hui "un trouble de la personnalité antisociale", répertorié [...] comme "un schéma invasif de **mépris** et de **violation des droits d'autrui**". Les principaux symptômes listés sont l'absence de remords, la tendance à mentir et l'inaptitude à se conformer aux normes sociales. »

Si ma vie était un feuilleton télévisé, elle commencerait par une belle journée d'été. Le soleil étincelle sur les vaguelettes de la piscine, la baie vitrée coulisse et une jeune femme sort de la maison, chaussée de tongs et vêtue d'un maillot de bain noir. Ses cheveux bruns sont coupés à hauteur de ses musculeuses épaules de nageuse. Sa peau est bronzée à force de séances de surveillance à la piscine municipale. Elle n'est ni jolie ni laide, de taille moyenne, sans traits distinctifs. Elle a l'allure d'une athlète, une maladresse de garçon manqué, en décalage par rapport à son corps. Il semble que ce dernier ne lui inspire aucune émotion, ni positive ni négative. Elle est habituée à être à demi nue, à l'instar des sportifs.

Aujourd'hui, elle doit donner un cours particulier de natation. Elle lance un drap de bain sur une chaise longue, se débarrasse de ses tongs. Ses mouvements sont empreints d'une sorte de provocation, comme si elle renonçait définitivement à des objets trop encombrants. C'est alors qu'elle remarque les ridules à la surface du bassin, qu'elle découvre que quelque chose s'agite dans l'eau.

C'est si petit qu'elle ne l'identifie qu'une fois tout près – un bébé opossum, âgé sans doute d'une semaine à peine, dont les minuscules pattes roses s'agitent avec frénésie, le nez encore plus petit et rose, luttant pour ne pas s'enfoncer. Le pauvret a dû tomber dans la piscine durant la nuit. Il est trop jeune pour hisser son corps sur le rebord le plus proche. Ses muscles tremblent d'épuisement. Même ses yeux brillants paraissent fatigués. Il est sur le point de lâcher, à bout de forces.

La jeune femme réagit promptement. Elle remet ses tongs, hésite un instant sur la terrasse, puis attrape un filet et se dirige vers la bestiole. La caméra zoome sur l'outil, qu'elle plonge dans l'eau avant de récupérer l'opossum sous le ventre, juste devant ses pattes arrière. Avec un geste vif et presque décontracté, elle enfonce alors le filet sous la surface, immergeant la tête de l'animal. Celui-ci se débat, alerté face à cette menace nouvelle. Il se cabre et rue, gémit et couine, réussit à libérer son arrière-train. Mais il a tout juste le temps d'inspirer une goulée d'air avant que le filet s'abatte une fois encore. Profitant de la mauvaise prise, le bébé parvient cependant à s'échapper.

En soupirant, la jeune femme remonte le filet. Durant une fraction de seconde, l'opossum est soulagé, mais ce n'est que pour mieux reprendre son combat contre la noyade. La jeune femme lâche la gaffe par terre, récupère sa serviette et retourne à l'intérieur de la maison. Peu après, elle décommande sa leçon du jour au téléphone – il y a un problème avec la piscine. Elle s'empare de ses clefs, ouvre la porte d'entrée à la volée et dégringole le perron pour gagner la voiture puissante qu'elle possède depuis qu'elle a seize ans. Le moteur V-8 crachote avant de rugir. Elle passe la marche arrière et recule en frôlant les autres véhicules garés dans l'allée. Puis elle démarre à fond de train, bien décidée à profiter au maximum de cet après-midi qui vient de se libérer.

Lorsqu'elle revient chez elle au crépuscule, elle distingue une ombre noire au fond de la piscine. Elle reprend son filet, repêche du premier coup le petit cadavre, qu'elle balance par-dessus la barrière dans le jardin du voisin. Elle jette une tablette d'eau de Javel supplémentaire dans le bassin et rentre dans la maison. La caméra s'attarde sur l'eau paisible que ne perturbe plus aucune ride. Noir.

Je suis sociopathe. Suite à des bizarreries à la fois génétiques et environnementales, je souffre de ce que les psychiatres appellent aujourd'hui « un trouble de la personnalité anti-sociale », répertorié dans le *Manuel diagnostique et statistique des troubles mentaux* de l'Association américaine de psychiatrie comme « un schéma invasif de mépris et de violation des droits d'autrui ». Les principaux symptômes listés sont l'absence de remords, la tendance à mentir et l'inaptitude à se conformer aux normes sociales. Je préfère définir mon trouble comme « un ensemble de caractéristiques qui imprègnent ma personnalité, mais ne me déterminent pas ». J'échappe en général aux émotions paralysantes et irrationnelles, je suis un stratège rusé, mais je m'efforce aussi de réagir comme il se doit aux messages sociaux émis par la sensibilité de ceux qui m'environnent. Psychopathie et sociopathie sont des termes lourds de sens clinique, et on les utilise indifféremment aujourd'hui, même si certains spécialistes les distinguent notamment en fonction de critères génétiques ou du taux d'agressivité du sujet. J'ai choisi d'être sociopathe à cause de la connotation négative du psychopathe dans la culture populaire américaine, le terme « psycho » étant devenu une insulte désignant un dingue. Si je souffre de troubles, je ne suis pas folle pour autant.

Je suis en mesure de retracer l'origine génétique de mon affection au travers de mon père et de son propre père, lequel était réputé pour être un homme d'une froideur exceptionnelle. Le visage couturé de mon grand-père attestait de son caractère impulsif et de ses penchants pour la prise de risque et la violence. C'était un scientifique, mais il aimait à s'imaginer en cow-boy. Il a gaspillé toute la fortune dont il avait hérité dans l'achat d'un ranch qu'il a mené à la faillite avant de le perdre afin de régler ses arriérés d'impôts. Avoir engrossé ma grand-mère l'a contraint à un mariage forcé qui s'est achevé quelques mois après la naissance de mon père. Il a renoncé à ses droits parentaux, n'a jamais revu son fils.

J'ai beau tout ignorer de mes arrière-grands-parents paternels, je pars du principe que les chiens ne font pas des chats.

Mon éducation a développé mes propensions génétiques, mais pas comme vous pourriez vous y attendre à force de regarder la télévision. Je n'ai pas été maltraitée, je ne suis ni une criminelle ni une meurtrière. Je n'ai pas rôdé derrière les murs d'une prison – j'aime mieux que les miens soient recouverts de lierre. Je suis une juriste accomplie, professeure de droit, une jeune femme ayant fait de bonnes études, respectée, qui publie régulièrement des articles dans les revues juridiques et a suggéré plusieurs théories légales. Je fais don de 10 % de mes revenus à des organismes caritatifs, j'enseigne le catéchisme tous les dimanches. J'ai un cercle familial et amical rapproché que j'aime, et réciproquement.

Ce portrait vous ressemble-t-il un tant soit peu ? Alors, vous êtes peut-être sociopathe vous aussi. Des estimations récentes indiquent qu'entre 1 et 4 % de la population – soit une personne sur 25 – le serait. C'est plus que les taux d'anorexie ou d'autisme. Vous n'êtes pas un tueur en série ? Vous n'avez jamais été arrêté ? C'est le cas de la plupart d'entre nous : sociopathie et criminalité ne vont pas forcément de pair, loin de là même. Seuls 20 % des prisonniers des deux sexes sont sociopathes aux États-Unis, alors que nous sommes probablement responsables de la moitié des crimes sérieux commis dans ce pays. La majorité d'entre nous n'est pas incarcérée ; silencieuse, elle vit en toute liberté et en tout anonymat au sein de la société. Nous avons un travail, nous nous marions, nous avons des enfants et nous nous intégrons plus ou moins bien à une société qui n'hésite pourtant pas à nous considérer comme des monstres. Alors, qui sommes-nous ? Nous sommes légion et tous différents. Je suis l'un d'entre eux. Et vous ?

Avez-vous des tas d'amis, d'amants, d'admirateurs ? Cela ne vous disqualifie en rien, bien au contraire. En dépit de notre mauvaise réputation, nous sommes connus pour notre exceptionnelle, quoique superficielle, force de séduction. Dans un monde peuplé où la banalité médiocre est la règle, les gens sont attirés par la manière dont se distinguent les sociopathes, comme des papillons de nuit par la flamme d'une bougie. Si vous me rencontriez, vous m'apprécieriez. Je n'en doute pas, parce que j'ai croisé un échantillon significativement large de personnes auprès desquelles mon charme a toujours opéré. J'ai le genre de sourire assez répandu chez les personnages de feuilleton télévisé mais plutôt rare dans la population normale, aux dents dont la blancheur éclatante est irrésistible. Je suis le rancard que vous adoreriez emmener au remariage de votre ex. Amusante, excitante, je suis l'escorte idéale – l'épouse de votre patron n'a jamais connu jeune femme aussi agréable. J'incarne aussi le juste équilibre entre intelligence et réussite qui ravirait vos parents si vous me présentiez à eux.

Avez-vous une opinion démesurée de vous-même ? Il semble que ce soit mon cas, n'est-ce pas ? Les sociopathes sont renommés pour posséder un ego si boursouflé qu'il ne déparerait pas un tableau de Rubens. Je transpire l'assurance à un niveau beaucoup plus élevé que celui que devraient me permettre mon apparence physique et mon statut social. Je ne suis pas très grande, mais je dégage une forte présence grâce à mes larges et puissantes épaules et à ma mâchoire carrée. Mes amis me font souvent remarquer ma dureté et ma démarche masculine. Je suis pourtant aussi à l'aise en robe qu'en santiags.

L'un des aspects les plus frappants de ma confiance en moi est peut-être ma capacité à soutenir les regards. D'aucuns appellent cela « le regard du prédateur », et il semble que la plupart d'entre nous en soient dotés. Ce regard pouvant trahir l'hostilité, on recommande aux visiteurs des zoos de ne pas fixer les gorilles qui risquent de l'interpréter comme un signe d'agression. La majorité des gens a l'air de penser la même chose, sinon les défier du regard ne serait pas un tel jeu pour nous. Les sociopathes diffèrent du reste de la population. Un contact visuel prolongé ne nous perturbe en rien. Notre inaptitude à poliment détourner les yeux est en général perçue comme de l'aplomb, de l'agressivité, de la séduction ou de la prédation. Elle désarçonne, mais d'une façon souvent excitante.

Vous est-il déjà arrivé d'user de charme et d'assurance pour amener les gens à faire ce que, sans cela, ils n'auraient pas fait ? Certains parleraient ici de manipulation. Personnellement, j'aime à penser que je me contente d'utiliser ce que la nature m'a donné. Et puis, le mot est si laid. C'est trop souvent un mauvais prétexte qui sert à excuser ses mauvais choix et ses erreurs.

C'est du fait de la manipulation que la sociopathie est mal perçue. Je ne vois pas pourquoi. Il s'agit juste d'un échange de bons procédés. Une personne souhaite quelque chose de particulier – vous plaire, se sentir désirée ou utile, être vue comme quelqu'un de bien –, et la manipulation n'est pour elle qu'un moyen rapide et pas très net de se satisfaire et de faire plaisir. On pourrait tout aussi bien parler de séduction. L'un de mes amis sociopathes m'en a donné un bon exemple. Un type veut vendre sa voiture 5 000 dollars, un autre veut en acheter une 10 000. Je connais les deux qui, eux, ne se connaissent pas. J'achète la bagnole du premier à son prix, je la revends au second à son prix ; j'empoche la différence de 5 000. En économie, ça s'appelle de l'arbitrage et ça se passe tous les jours à Wall Street (et ailleurs). Chacun obtient ce qu'il désire, tout le monde est content, et il en va ainsi tant que les deux types ne font pas le lien et n'en apprennent pas plus que le strict minimum. J'encourage donc leur ignorance pour le bénéfice de tous… surtout le mien.

« L'un des aspects les plus
frappants de ma **confiance en moi**
est peut-être ma capacité à **soutenir
les regards**. D'aucuns appellent
cela "le regard du prédateur",
et il semble que la plupart
d'entre nous [sociopathes]
en soient dotés. »

Au fond, j'estime que ceux qui nous fréquentent s'en portent mieux que s'ils s'en abstenaient. Nous sommes un peu de cette huile qui permet aux rouages du monde de tourner. Nous répondons aux fantasmes. Parfois, nous sommes même les seuls qui veillent à satisfaire vos besoins et vos désirs les plus profonds, les seuls à être autant sur votre longueur d'onde, pour des motifs qui vous échappent sur le moment. Après avoir observé notre cible, nous nous efforçons de devenir la chose ou l'être qu'elle veut – un bon employé, chef ou amant. Nous ne sommes pas toujours malveillants ou mal intentionnés. La cible se sent mieux grâce à la « transaction » et s'en sort d'ordinaire sans mal. Bien sûr, tout a un prix – nous n'agirions pas ainsi si nous n'obtenions pas de vous quelque chose en retour, souvent de l'argent, du pouvoir ou simplement le plaisir d'être admiré ou désiré, ce qui ne signifie pas que vous n'en tirez aucun bénéfice. D'aucuns considéreront peut-être que le prix à payer est trop élevé. La vérité, c'est que, si vous avez passé un pacte avec nous, c'est sûrement parce que personne d'autre ne vous avait offert de meilleures conditions.

Qu'en est-il de la morale ? En avez-vous une approche ambivalente, êtes-vous enclin à justifier votre comportement et celui d'autrui en vous référant à la maxime « la loi du plus fort » ? Les gens condamnent souvent l'absence de remords ou de culpabilité comme étant une mauvaise chose, convaincus que ces deux sentiments sont nécessaires pour être « quelqu'un de bien ». Cependant, il n'existe pas de morale objective et universelle. En dépit de disputes millénaires, théologiens et philosophes n'ont su véritablement en définir les paramètres et les contours. De mon point de vue, il est difficile d'avoir foi en une notion aussi élastique et modulable, quelquefois associée à des horreurs tels les crimes d'honneur, les guerres « justes » et la peine de mort. Comme nombre de personnes, j'adhère à une religion qui joue un rôle de guide moral. Cette pratique relève du bon sens pour moi

– elle permet d'éviter la prison, de rester judicieusement caché dans la foule. Pour autant, l'essence même de l'éthique est une chose que je n'ai jamais comprise.

Ma vision en est instrumentale. Je reste fidèle à des diktats conventionnels quand ça m'arrange ; sinon, je suis mes propres voies sans estimer devoir me justifier. Un jour, j'ai aidé deux survivants de l'Holocauste à remplir des formulaires afin d'obtenir des réparations de la part du gouvernement allemand. Il s'agissait d'un couple : une ravissante dame blonde frisant les quatre-vingts ans qui, visiblement, consacrait son argent à ses vêtements et à son visage, et un monsieur chenu encore plus âgé ayant un sens aigu de ses droits, comme on en croise souvent à Los Angeles chez les stars d'Hollywood vieillissantes. Les papiers de ce dernier étaient plus ou moins en ordre. À un moment, il a même relevé sa manche pour me montrer, belliqueux, un numéro tatoué qui correspondait à ses documents. Les archives de son épouse étaient plus brouillonnes. Elle détenait les preuves d'une précédente réclamation d'indemnisation, mais les dates ne correspondaient pas vraiment à l'histoire qu'elle me racontait. D'après les documents en sa possession, elle avait été internée puis libérée à plusieurs reprises des camps, ce qui me semblait relever d'un amateurisme étrange de la part des Allemands. Ne sachant trop comment remplir sa demande, je me suis levée en lui disant que j'allais prendre l'avis de l'organisme en charge de ces nouvelles réparations. Affolée, elle m'a attrapée par le bras et obligée à me rasseoir. Ce qui a suivi a été un brin difficile à comprendre, vu son âge avancé, sa probable sénilité et son mauvais anglais. Désignant les papiers, elle a fini par m'avouer qu'ils n'étaient pas les siens.

Elle m'a alors servi un récit de fraude et d'instinct de conservation. Si elle ne l'a pas formulé ainsi, je ne me gêne pas pour le faire, vu mes propres tendances au mensonge. Grâce à ses cheveux blonds et à ses yeux bleus, personne n'avait soupçonné qu'elle était juive. Elle avait réussi à passer pour une couturière durant toute la guerre, puis avait volé des papiers corroborant son histoire auprès d'une jeune femme morte peu après la Libération. Voilà pour l'essentiel, je crois. J'ai mis un point d'honneur à ne lui poser aucune question. Je ne suis même pas sûre que son mari ait su qui elle était vraiment et me demande si cette histoire était un délire de son imagination ou de la mienne.

Quoi qu'il en soit, je n'ai ressenti aucun scrupule à lui donner un coup de main. Il ne me revenait pas de la juger, juste de l'aider à exposer son récit. J'ai même été contente de le faire. Cette femme avait provoqué mon admiration. Au cours de mes voyages, j'ai visité des camps de concentration et je me suis rendue à la maison d'Anne Frank plus souvent qu'à mon tour. Chaque fois, j'ai été frappée par la passivité déconcertante des personnes impliquées : voisins, habitants de la région, gardes, prisonniers.

Je n'ai pu m'empêcher de me reconnaître dans cette vieille dame. J'ai trouvé en elle un esprit confraternel. Elle avait compris de quoi relevait la survie à tout prix, allant jusqu'à dérober l'identité d'une autre pour échapper à l'oppression. Je ne pouvais qu'espérer réussir ma propre vie aussi bien qu'elle.

Elle a sans doute eu de la chance qu'on m'ait désignée pour la seconder plutôt qu'un autre bénévole. Difficile de dire si quelqu'un aux principes moraux plus solides que les miens aurait cherché à en apprendre davantage et à utiliser des informations éventuellement incriminantes. Un individu compassionnel aurait pu estimer que cette femme avait souffert pendant la guerre, quand bien même pour des raisons différentes de celles donnant droit à ces indemnisations. Elle avait sûrement vécu dans la peur constante d'être découverte. Qui sait qui elle avait été obligée de soudoyer, avec qui elle avait été contrainte de se lier d'amitié, qui elle avait dû séduire pour rester libre ? Cependant, quelqu'un d'autre aurait peut-être refusé de l'aider, parce qu'elle avait agi dans l'illégalité. Faut-il que nous éprouvions forcément du dégoût pour ceux qui roulent le système, acceptent de l'argent public auquel ils n'ont aucun droit ? On pourrait aller jusqu'à porter un jugement sur cette femme, parce qu'elle a capitalisé sur son apparence aryenne afin d'échapper aux souffrances infligées à ses coreligionnaires. Heureusement pour elle, je n'ai trouvé à cette affaire aucune source de dilemme moral et j'ai renvoyé le couple de mon bureau à temps pour qu'il puisse s'offrir un bon déjeuner.

Êtes-vous capable de prendre des décisions sur un coup de tête, à la plus grande consternation parfois de vos amis et de votre famille ? Les sociopathes sont réputés pour leur impétuosité. Je suis plutôt agitée. J'ai du mal à me concentrer très longtemps sur un projet ou à conserver un emploi au-delà de quelques années. Nous avons tendance à avoir soif de stimulation et nous ennuyons vite. Aussi, nous cédons souvent à l'impulsivité. L'inconvénient, c'est que cela nous amène parfois à négliger la raison. Là où la plupart des gens vivent cette spontanéité comme des têtes brûlées, je deviens froide comme la mort.

Si je n'ai jamais tué quiconque, ce n'est pas l'envie qui m'en a manqué. Ce qui est le cas de la majorité d'entre vous, j'en suis certaine. J'ai rarement souhaité la mort de mes proches ; plus souvent, mes pulsions meurtrières ont été le fruit d'une rencontre avec un être consternant. Un jour, alors que je visitais Washington lors d'un colloque juridique, un employé du métro a tenté de me faire honte parce que j'avais emprunté un escalier roulant fermé.

> « Vous n'avez pas vu la barrière jaune ? m'a-t-il demandé avec un fort accent.
> – Quelle barrière ?
> – Celle-là ! Je viens de l'installer, et vous l'avez contournée !

Silence. Mon visage n'exprime rien.

– C'est interdit ! Vous ne savez pas qu'on respecte les interdits ? L'escalier était fermé, vous avez enfreint la loi !

Je le fixe sans un mot. Mon manque de réaction l'ébranle visiblement.

– Bon, la prochaine fois, vous respecterez la règle, OK ? »

Non, ce n'était pas OK. Pour justifier leurs méfaits, les gens avancent souvent qu'ils ont « simplement pété un plomb ». Je connais très bien cette impression. Je suis restée plantée là un moment, laissant ma fureur atteindre la partie de mon cerveau qui décide et, soudain, j'ai été envahie par une froide détermination. Clignant des yeux et serrant les mâchoires, j'ai entrepris de suivre cet homme. L'adrénaline a commencé à monter en moi. J'avais un goût métallique dans la bouche. J'étais obligée de lutter pour conserver ma vision périphérique, hyperconsciente de tout ce qui m'entourait, tâchant de prédire les mouvements et les comportements de la foule. La ville m'était inconnue, j'y prenais le métro pour la première fois, et l'heure de pointe n'allait pas tarder. J'espérais que ma proie emprunterait un couloir désert ou se faufilerait par une porte dérobée où je la coincerais. J'étais sûre de moi, convaincue du bien-fondé de ce que je me sentais obligée d'accomplir. Une image m'a traversé l'esprit : je serrais mes mains autour de son cou, j'enfonçais mes pouces dans sa gorge, sa vie s'échappait sous mon emprise impitoyable. Quel bonheur !

Y repenser à présent est étrange. Je pèse moins de 65 kg, lui en faisait sûrement 80. J'ai des mains puissantes, mais je me demande si elles l'auraient suffisamment été pour l'étrangler jusqu'à son dernier souffle. Est-il vraiment si facile d'ôter la vie ? Après tout, je n'ai pas été capable de noyer un bébé opossum. Je m'étais laissée embringuer dans un fantasme mégalomaniaque, qui n'a eu finalement aucune conséquence : j'ai perdu ma proie dans la cohue et, aussi vite qu'elle m'était venue, ma rage meurtrière s'est volatilisée.

Depuis, je me suis interrogée sur ce qui me serait arrivé si tel n'avait pas été le cas. Si je suis persuadée que je n'aurais pas réussi à tuer cet homme, je le suis tout autant que je l'aurais agressé. Se serait-il débattu ? Aurais-je été blessée ? La police serait-elle intervenue ? Qu'aurais-je pu bien dire ou faire pour ma défense ? Des dizaines d'incidents similaires me poussent à souvent me questionner. Je me rends compte que, un jour, je serais capable de commettre un acte répréhensible. Comment réagirais-je alors ? Serais-je capable de feindre suffisamment les remords ou ne tromperais-je personne ?

Mes propres observations m'ont appris que le besoin de stimulation d'une personnalité sociopathe se manifeste de façon très personnelle. Je ne suis pas surprise que certains d'entre nous satisfassent cette soif au moyen d'actes criminels ou violents, surtout si les occasions se présentent par hasard et régulièrement. Il semble aussi parfaitement plausible que d'autres empruntent des voies plus légitimes, comme faire carrière chez les pompiers, dans l'espionnage ou dans les grandes entreprises américaines. À mon avis, les sociopathes qui ont grandi au milieu de revendeurs de drogues ont toutes les chances de finir comme revendeurs de drogues sociopathes ; et ceux qui ont été élevés dans la grande et moyenne bourgeoisie ont celles de devenir des chirurgiens et des hommes d'affaires sociopathes.

« Plus souvent, mes **pulsions meurtrières** ont été le fruit d'une rencontre avec un être consternant. »

Avez-vous su grimper rapidement les échelons de la hiérarchie dans un domaine relativement compétitif comme les affaires, la finance ou le droit ? Pour peu qu'on considère le charme, l'arrogance, la ruse, l'insensibilité et l'hyperrationalité comme des traits de caractère typiquement sociopathes, il n'est guère étonnant que nombreux soient ceux qui, parmi nous, accèdent à de hautes responsabilités. D'ailleurs, comme l'a exprimé un journaliste de CNN : « Regardez les symptômes de la psychopathie sous un jour différent, et ils vous apparaîtront comme un simple talent pour la politique ou les prouesses d'entrepreneur. » Le Dr Robert Hare, l'un des chercheurs les plus importants dans ce domaine, estime qu'un sociopathe a quatre fois plus de chances d'occuper le sommet de la hiérarchie qu'une place de concierge, du fait de la similitude entre les traits de caractère sociopathes et les exigences extraordinaires des postes de décideurs.

Al Dunlap, ancien P-DG de Sunbeam et de Scott Paper, avait la réputation d'être un spécialiste des restructurations d'entreprise jusqu'à ce qu'une enquête pour comptes frauduleux soit menée par la SEC[1]. Dans le livre du journaliste britannique Jon Ronson, *The Psychopath Test*, Dunlap a reconnu partager de nombreux traits de personnalité avec les psychopathes tout en les redéfinissant comme nécessaires aux activités d'homme d'affaires. Ainsi, à ses yeux, la « manipulation » peut se traduire par la capacité à diriger les autres et à leur servir de modèle. Une confiance en soi exagérée est indispensable pour survivre à la jungle de ce milieu : « Si vous voulez réussir, vous devez vous aimer. » Par ailleurs, puisqu'ils sont incapables d'empathie, les sociopathes sont les sujets idéaux pour faire le sale boulot que personne d'autre n'a le cran d'assumer, comme les fusions de boîtes et les dégraissages qui en résultent. Au demeurant, la nature impitoyable

---

1 Équivalent américain de l'AMF française, l'autorité de régulation des marchés financiers. *(Toutes les notes sont du traducteur.)*

de Dunlap en matière de décisions lui a valu son sobriquet :
« Al la tronçonneuse ».

**Vous vous laissez facilement distraire ? C'est de la
conscience situationnelle. Vous avez constamment
besoin de stimulation et vous adorez jouer ?** Ces tendances augmentent la prise de risque, ce qui, dans le monde
des affaires, est souvent récompensé. Pour peu que vous
combiniez une propension à la manipulation, à la malhonnêteté, à l'insensibilité, à l'arrogance, à l'impulsivité et à
toutes les autres caractéristiques typiquement sociopathes,
vous avez de fortes chances de devenir soit un individu socialement dangereux, soit le prochain magnat du grand capital.
D'après le Dr Robert Hare, la meilleure façon de déceler un
« sociopathe ayant réussi » est son « esprit prédateur », tout
à fait le genre que les milieux d'entreprise ont l'air d'adorer.
Apparemment, lorsque nous ne nous brûlons pas les ailes,
nous possédons un potentiel proprement vertigineux pour
le succès.

Je ne serais pas surprise que certains parmi vous se recon-
naissent dans ces descriptions. Statistiquement, il est probable que des lecteurs de cet ouvrage soient sociopathes
sans en avoir jamais eu conscience. Auquel cas, bienvenue
chez vous !

Ma sociopathie ne me définit pas. Par bien des aspects, je suis ordinaire. En ce moment, je mène une vie petite-bourgeoise dans une ville de taille moyenne typique en Amérique. Je fais mes courses dans divers centres commerciaux le week-end, je travaille trop et je dors mal.

Quand je n'agis pas sous le coup d'une impulsion, presque toutes mes activités et actions ont un but précis. Les contingences comme l'apparence physique sont extrêmement faciles à modifier, et j'y excelle. Mes ongles sont manucurés et mes sourcils épilés à la perfection. Ces derniers temps, j'ai laissé pousser mes cheveux bruns à hauteur de mes épaules. Ils sont doux et domptés afin de subtilement répondre aux exigences de la mode. La banalité de ma frange effleurant mes cils a pour fonction de neutraliser l'intensité de mon regard. Mes yeux sont brillants et parsemés d'éclats ambrés, comme si quelque chose s'y était fracassé la première fois qu'ils se sont ouverts sur le monde. Ils sont inquisiteurs et sans merci.

Il faudrait aussi que je mentionne mon intelligence, sujet que je trouve parmi les plus difficiles à aborder. Autant les gens sont parfois obligés d'admettre leur infériorité physique évidente, autant ils le font rarement pour ce qui concerne leur intellect qui, par nature immatériel, permet à chacun de se mentir sur ses capacités mentales. Même l'étudiant de première année qui a lâché ses études aime à croire qu'il aurait pu devenir Steve Jobs s'il avait choisi de bachoter l'informatique au lycée plutôt que de s'adonner à la méthadone.

J'estime être assez réaliste quant à mes facultés. Je suis probablement plus maligne que vous, chers lecteurs, tout en sachant qu'en de rares occasions, ce n'est pas exact. J'accepte qu'il y ait bien plus de types d'intelligence que la seule intelligence cérébrale (dont je suis, bien sûr, amplement pourvue), mais j'estime que la vraie, celle qui en vaut la peine, se caractérise par une conscience intime et supérieure de son environnement, l'envie et le don d'apprendre. Autant de qualités rares. J'étais très jeune quand je me suis rendu compte que j'étais plus rusée que la moyenne, je m'en suis aussitôt sentie victorieuse… et isolée.

Il n'est pas toujours évident de repérer ce qui me distingue des autres membres de la société. On ne diagnostique pas la sociopathie uniquement sur le comportement, mais aussi sur les motivations intérieures. Prenez, par exemple, mon histoire de l'opossum. En soi, il ne s'agit pas d'un acte sociopathe. Tuer un petit animal mignon est peut-être cruel ou sadique, pas forcément sociopathe. Dans mon cas, c'était juste un expédient. Un geste dépassionné. J'ai laissé un bébé opossum mourir d'une lente et horrible agonie ; pour autant, je n'ai pas eu le sentiment de devoir me justifier moralement. Cela ne m'a pas effleuré l'esprit. Je n'ai éprouvé ni tristesse ni plaisir. Sa souffrance ne m'a procuré aucun bonheur. Je n'y ai tout bonnement pas pensé. Je n'ai éprouvé que le désir de résoudre mon problème de la façon la plus simple possible. Je ne m'inquiétais que de moi-même. Si je l'avais sauvée, la bestiole n'aurait causé aucun mal, mais je ne trouvais aucun bénéfice à le faire. Par ailleurs, à un moment donné, l'achever n'avait plus grand sens, puisque la piscine était sûrement déjà contaminée par les fluides qu'elle avait lâchés, en proie à la mort. Il m'était plus aisé de changer mes plans et d'attendre l'inévitable résolution du problème.

Plutôt que nos actes, je crois que ce qui distingue les sociopathes du reste du monde, ce sont nos compulsions, nos motivations et les fantasmes que nous inventons à propos de notre vie intérieure. Nous n'incluons aucun élément de culpabilité ou de responsabilité morale dans nos récits mentaux, juste nos intérêts et notre sauvegarde personnels. Je n'assigne pas de valeur éthique à mes choix, rien qu'un taux de rentabilité en termes d'investissement et de résultat. Les sociopathes sont tous, sans exception, obnubilés par le pouvoir, les défis à relever et à remporter afin d'apaiser leur ennui et de nourrir leur plaisir. Mon scénario se concentre toujours sur mon intelligence ou l'habileté dont je fais preuve dans une situation donnée.

De même, j'aime à imaginer que j'ai « détruit » ou séduit quelqu'un au point de me l'attacher définitivement. Les histoires que je me raconte afin d'expliquer mes actes relèvent d'une mise au pinacle personnelle. Je consacre beaucoup de temps à déformer la réalité pour me donner l'impression d'être plus maligne et puissante que je ne le suis en vérité. (Nous sommes complètement immunisés contre la dépression, aidés en cela par notre capacité à inventer de formidables fadaises sur notre beauté, notre intelligence et notre astuce, et à les croire.) Les seules fois où je suis susceptible d'avoir honte ou d'être gênée, c'est quand je me fais rouler. Qu'on puisse penser du mal de moi m'est complètement indifférent, dès lors que j'ai mis au point une tactique qui m'a permis de tromper ou de manœuvrer autrui.

Les gens normaux éprouvent des émotions qui me sont étrangères. C'est tout. Dans leur cas, ces sentiments, telle la culpabilité, sont des raccourcis bien pratiques qui leur indiquent les moments où ils franchissent des limites sociales ou morales qu'ils auraient tout intérêt à respecter. Toutefois, la culpabilité n'est pas du tout indispensable pour vivre en société. Et elle est loin d'être la seule valeur qui empêche les humains de tuer, voler et mentir. D'ailleurs, elle n'a souvent aucun effet dans ces domaines. Par conséquent, l'absence de culpabilité ne fait pas des sociopathes des criminels. Nous disposons d'autres méthodes pour rester dans les clous. Au demeurant, parce que nos décisions ne relèvent pas de la culpabilité, nous subissons moins de dommages émotionnels et disposons de plus de liberté de pensée et de marge de manœuvre que le reste de la population. Ainsi, je n'ai pas eu besoin de m'impliquer et d'exercer un jugement moral personnel envers la vieille dame qui avait ou n'avait pas survécu aux camps de concentration. Je vais jusqu'à caresser l'idée que je lui ai été plus utile grâce à ma distance émotionnelle. De récentes recherches suggèrent que les ressentis et les réactions à vif jouent un rôle dominant dans la formation d'un jugement moral et la rationalisation des émotions qui s'ensuit. Le cerveau humain est une fabrique de croyances, et une part de sa tâche consiste à justifier de façon rationnelle les ressentis moraux. L'exercice rationnel de la décision n'est pas infaillible, mais c'est vrai aussi pour la culpabilité et les remords. Ni les sociopathes ni les individus empathiques n'ont le monopole des mauvais comportements.

Je considère qu'il y a quelque chose de malsain à demander aux gens de feindre le remords. Quoi d'étonnant donc à ce que les sociopathes soient réputés mentir ? Ils n'ont franchement aucun autre recours, alors qu'exprimer leurs sentiments réels (ou leur absence), leur opinion vraie leur vaudrait d'être mis en prison, étiquetés « asociaux » et tout un tas de répercussions négatives, simplement parce qu'ils ne partagent pas la même vision du monde que la majorité.

À force de vivre dans un monde d'individus compassionnels, je suis devenue extrêmement consciente de ma différence. Dans son roman *À l'est d'Éden*, John Steinbeck décrit un personnage sociopathe, Cathy :

> *Même enfant, elle avait certaines qualités qui incitaient les gens à la dévisager, à se détourner puis à la contempler de nouveau, troublés qu'ils étaient par une sorte d'inconnu. Ses yeux exprimaient quelque chose qui n'était plus jamais là lorsqu'ils la fixaient derechef. Elle se déplaçait sans bruit et parlait peu, mais elle ne pouvait entrer dans une pièce sans que tous les regards se posent sur elle.*

Comme Cathy, il a toujours émané de moi une sensation d'étrangeté. Ainsi que l'a dit l'un de mes amis sociopathes : « Les gens, aussi bêtes soient-ils, ne parviennent pas à déterminer ce dont il s'agit, ce qui ne les empêche pas de deviner que quelque chose cloche chez moi. »

« Je consacre beaucoup de temps
à **déformer la réalité** pour me donner
l'impression **d'être plus maligne
et puissante** que je ne le suis
en vérité. **»**

Parfois, j'ai l'impression de jouer dans le film *L'Invasion des profanateurs de sépultures* de Don Siegel, et que toute parole déplacée ou signe évident de ma différence attirera l'attention. J'imite le comportement relationnel des autres non pour les tromper, mais pour pouvoir me cacher au milieu d'eux. Et si je me cache, c'est que je crains, au cas où l'on me découvrirait, des conséquences négatives imprévisibles pour avoir été cataloguée comme atteinte d'un trouble à la réputation extrêmement mauvaise. Je ne tiens pas à être renvoyée de mon travail, éloignée des enfants ou internée juste parce que ceux qui m'entourent ne me comprennent pas. Je reste à couvert, parce que la société m'interdit presque toute autre solution.

Ai-je mérité votre hostilité ?

Je ne suis pas nécessairement sadique. Il m'arrive de blesser volontairement les gens, mais n'est-ce pas notre cas à tous ? Il semble que les plus grandes douleurs soient souvent infligées par la passion – un mari trop jaloux, un fanatique prêt à mourir et à tuer pour sa cause, un père qui aime sa fille un tout petit peu trop. Je suis incapable de ce genre de choses.

Pourtant, je m'efforce souvent d'arrondir les angles en compagnie de ceux avec lesquels j'ai les relations les plus intimes. Je les protège constamment pour qu'ils ne s'aperçoivent pas que je passe mon temps à calculer avec méticulosité ce qu'ils sont susceptibles de m'apporter – je sais que l'apprendre les blesserait. Les conséquences d'une telle blessure provoquent un malaise chez moi, sous la forme de privilèges retirés ou de services perdus – les amis et la famille ne pardonnent qu'un temps. Aussi, je me suis entraînée à réagir avec « sensibilité » à leurs émotions, ce que la plupart d'entre vous font automatiquement. Je tiens ma langue, je ne conteste pas les idées écervelées qu'ils nourrissent sur eux-mêmes et le monde. Naturellement, je suis impitoyable avec mes ennemis. Mais là encore, c'est une qualité humaine fort répandue.

Il y a quelques années, j'ai subi une série de revers. Ça a été pour moi une époque de doutes et d'introspection ; c'est alors que j'ai pris conscience que l'étiquette « sociopathe » expliquait le mode de pensée à l'origine de la plupart de mes problèmes. Une connaissance m'avait diagnostiquée sans plus de façon plusieurs années auparavant, mais je n'y avais pas réfléchi depuis. Cette fois, j'ai pris les choses au sérieux et me suis mise à chercher des réponses et des informations élémentaires en surfant sur le Net et en lisant des magazines de vulgarisation scientifique. J'ai été consternée de découvrir que tous ces renseignements étaient imprégnés de préjugés. Il y avait certains blogs amusants écrits par des victimes d'arnaqueurs chevronnés, mais nul témoignage de sociopathes relatant leur appréhension du monde. J'ai vu là une occasion d'offrir une perspective différente qui, sur le moment, coïncidait avec mes intérêts. En effet, si j'existais, j'avais forcément des pairs, des sociopathes qui ne marquaient pas l'univers par des méfaits, mais en œuvrant dans divers domaines professionnels. Je souhaitais influencer les échanges afin de refléter mon point de vue et étendre la discussion au-delà des études traditionnelles consacrées aux criminels emprisonnés. L'entrepreneur en moi pensait aussi qu'il pourrait y avoir un certain bénéfice à être la première à faire cela, et à le faire bien. Bref, en 2008, je me suis lancée dans la rédaction d'un blog intitulé sociopathworld.com, dans l'idée de créer une communauté en ligne de personnes s'identifiant aux sociopathes et d'autres qui les aiment ou les haïssent.

À ce jour, les visites quotidiennes se comptent par milliers ; depuis la création du blog, plus d'un million de surfeurs de toute la planète se sont discrètement connectés. Une communauté internet de personnalités narcissiques agressives, sociopathes violentes et empathiques morbides poste quotidiennement des commentaires. Certains sont sensibles et raisonnables, d'autres crus et immatures. Pour mon plus grand divertissement, les discussions dérivent souvent loin du sujet initial. Certains menacent et exercent des pressions, défendent leur territoire susceptible d'être menacé par les sociopathes, ridiculisent ou moquent, insufflant ainsi au site une dynamique sociale complexe à laquelle

« Suis-je un **monstre**
pour autant ? Je préfère croire
que vous et moi occupons
simplement des **cases
différentes** sur l'**échiquier**
humain. »

je ne m'étais pas attendue. D'autres exposent leur vie, comme si la confession allait leur octroyer l'absolution ou, du moins, une relative acceptation de soi, ce que je comprends. D'autres encore rôdent sans bruit au fil des pages, essayant peut-être de glaner ce qu'ils peuvent afin de gagner un peu de contrôle sur leur existence ou, plus simplement, de se rapprocher d'un vaste groupe de déviants anonymes auquel ils ont le sentiment d'appartenir.

Ce que je préfère à propos de ce blog, c'est qu'il m'a donné l'occasion de fréquenter une foule de sociopathes comme moi. J'ai réussi à infiltrer une population cachée d'individus complexes aux destins intéressants. Malgré les différences, je me reconnais en eux, et *vice versa*. J'ai beau n'être ni un assassin, ni un violeur, ni un escroc en série n'ayant aucune maîtrise de ses comportements, nous avons tous franchi la ligne de la grille d'évaluation de Hare nous cataloguant comme sociopathes. Nous partageons une espèce de capital que nous avons jusqu'à présent développé chacun de notre côté, apprenant à nous en sortir sans l'aide de quiconque. Le monde peut bien nous détester, nous pouvons bien ne pas nous connaître, ni nous apprécier, au moins nous nous comprenons à notre façon et savons que nous ne sommes pas seuls. Grâce aux contacts que j'ai noués par le blog ou dans la vraie vie avec une multitude de sociopathes divers et autres types de personnalités, j'ai pu éliminer bien des erreurs de jugement que je m'étais forgées sur mon affection – par exemple, que tous les criminels atteints sont particulièrement impulsifs et dysfonctionnels. J'ai aussi été confortée dans mon idée que les sociopathes sont réellement différents de l'humain moyen, souvent de manière effrayante ou dangereuse. J'en ai vu qui, après avoir ciblé une victime, faisaient une fixation sur elle et, *via* mon blog, lui soutiraient peu à peu des informations jusqu'à ce qu'ils en sachent assez pour la dénoncer à sa famille et à ses amis, défaisant ainsi des couples et des foyers, juste pour le plaisir. Les sociopathes ont à la fois la capacité et l'inclination à détruire les existences, et ils ne se gênent pas pour les exercer sur des inconnus rencontrés sur le Net.

Je n'essaie même pas ici de vous donner l'impression que vous ne devriez pas vous méfier des sociopathes. Je ne suis pas perverse à ce point. Ce n'est pas parce que je suis intelligente et non violente qu'il n'existe pas des sociopathes idiots, désinhibés ou dangereux qu'il est vraiment nécessaire d'éviter. Moi, je me garde de les fréquenter. Après tout, ce n'est pas comme si nous possédions une carte de membre nous empêchant de nous nuire les uns aux autres. D'ailleurs, les plus extrêmes d'entre nous ne postent pas de commentaires sur mon blog depuis leur cellule d'isolement ; aussi, il est difficile de dire s'ils présenteraient des similitudes ou de grosses différences avec le sociopathe moyen. Nous avons, certes, bien des traits en commun, mais nous nous distinguons en fonction de la manière dont ils se manifestent dans notre comportement.

Mon expérience m'a appris qu'il existe tout un spectre de gravité en matière de sociopathie, du prisonnier en attente dans le couloir de la mort à l'aventurier capitaliste impitoyable en passant par la mère d'une pom-pom girl. Deux membres de ma famille, l'un par filiation, l'autre par adoption, sont trisomiques. Le premier ressemble en gros aux siens – sa fratrie et ses parents –, mais il ressemble aussi énormément à sa sœur adoptive. La plupart des gens diraient sans doute qu'il a plus de points en commun avec elle qu'avec ses frères et sœurs de sang, sauf à chercher au-delà des traits spécifiques aux trisomiques tels que le large visage, les paupières obliques, la petite taille, etc.

La trisomie 21 est une maladie captivante. Il suffit d'un chromosome supplémentaire pour affecter la manifestation des gènes. Presque comme si on isolait le matériau génétique brut d'un individu et qu'on posait dessus un masque très particulier. À mon avis, la sociopathie s'apparente à ce phénomène. On retrouve chez mes frères et sœurs de nombreux traits de mon caractère. Je partage aussi beaucoup de points communs avec mon environnement, collègues et amis, personnes dont j'ai choisi de m'entourer du fait de notre vision complémentaire ou commune du monde. Toutefois, ma personnalité est également empreinte de multiples aspects identiques à ceux d'autres sociopathes, certains clairement manifestes, à cause de notre relative rareté au sein de la population globale. Je suis stupéfaite d'identifier mes habitudes de réflexion et quelques-uns de mes penchants chez des inconnus – personnes de sexe, de nationalité, de passé et d'âge différents. Pour autant, je ne suis pas n'importe laquelle d'entre nous. D'après mon expérience, nous sommes tous uniques, quand bien même nous réunit ce qu'on pourrait appeler une certaine ressemblance familiale.

En commençant mon blog, quand il a fallu coucher les choses par écrit, je me suis interrogée sur ce que signifiait la sociopathie au quotidien. D'un côté, si j'abordais ouvertement le rôle limité que mon trouble joue dans mon existence, je courais le risque de ne pas paraître assez atteinte ; de l'autre, je tenais à donner l'image d'une personne normale, pas d'une caricature comme on en montre à la télévision. J'ai fini par décider de plus m'attarder sur l'authenticité que sur l'aspect provoquant des choses. Mon objectif est identique pour ce qui est de la rédaction du présent ouvrage. Je sais que je vivrai longtemps. Jusqu'à présent, j'ai réussi à ne pas être repérée, mais qui peut dire combien de temps cela durera ? Finirai-je par être expédiée dans quelque centre d'internement réservé aux sociopathes ? Si j'ai de la chance, peut-être. Bien des visiteurs de mon blog ont formulé le vœu de châtiments bien pires, y compris l'extermination. J'espère que, après avoir appris à me connaître, vous serez en mesure d'éprouver un peu de compassion pour mon cœur froid quand on viendra me chercher.

Avec un peu de chance, vous y gagnerez aussi la conscience et la compréhension d'un type d'individus que vous croisez et avec lesquels vous entretenez des relations chaque jour. Je ne pense pas être la sociopathe type. Tout, dans mon existence, n'est pas lié à mon affection. De nombreux lecteurs douteront même que je sois atteinte de ce trouble. En effet, il s'en faut de beaucoup pour que mes actes correspondent aux critères définis par les psychiatres pour poser un diagnostic de comportement sociopathe. Cela étonne en général, notamment ceux qui s'imaginent les sociopathes à l'image des tueurs psychotiques de cinéma. Mais dans la limite de ce que nous partageons, notamment un état d'esprit, je comprends les autres sociopathes d'une manière souvent étrange. Si je tiens à révéler mes motifs et débats intérieurs, c'est que je crois qu'appréhender la dynamique cérébrale d'un sociopathe est une façon d'avoir une vision rare du mental de tous. Vous risquez même de découvrir que mon mode de pensée n'est pas si éloigné que cela du vôtre !

L'archéologue Klaus Schmidt a écrit que la présence de monstres et de créatures hybrides dans la culture humaine moderne, inconnue au néolithique, signale un haut niveau de développement culturel : en gros, plus une société s'éloigne de la nature et, inévitablement, d'une saine peur de cette nature, plus elle s'invente des sources de frayeurs.

Il existe un poème du XIIᵉ siècle attribué à Chrétien de Troyes, intitulé *Yvain, le Chevalier au lion*. En quête d'aventures chevaleresques, Yvain croise dans une clairière un monstre, « ainsi très laide créature, qu'on ne pourrait dire de bouche ». J'imagine cette créature sous les traits d'une jeune fille, allongée dans la chambre qu'elle partage avec sa sœur dans la vaste maison de leurs parents, ses mèches de cheveux effleurant ses cils. Elle rêve de gorges tranchées dans des effusions de sang d'un rouge vif.

Afin de vérifier s'il va devoir se battre, Yvain engage la conversation avec le monstre :

> « Va, car me dis, si tu es une bonne chose ou non.
> Et il me dit :
> – Je suis un homme.
> – Quel homme es-tu ?
> – Tel comme tu vois. Je ne suis autre nulle fois. »

Les gens s'intéressent avec raison au cerveau des sociopathes ; néanmoins, je les soupçonne d'être guidés par de mauvaises raisons. Si vous êtes en quête de violents récits imagés, vous risquez d'être déçu par ce livre. Il n'en contient pas et, au demeurant, n'importe qui est susceptible de se transformer en abominable assassin pour peu qu'on le mette dans la situation appropriée. Je ne vois rien de très passionnant là-dedans ou, du moins, je n'ai rien à ajouter à cet aspect particulier de l'humanité.

À mon avis, il est plus intéressant de comprendre pourquoi j'ai décidé d'acheter une maison à ma plus proche amie, pourquoi j'ai donné 10 000 dollars à mon frère l'autre jour, comme ça. Récemment, j'ai reçu un courriel d'une amie en phase terminale de cancer, dans lequel elle m'assurait de sa gratitude quant aux cadeaux utiles et attentionnés que je lui faisais, de sa joie de me connaître. On me considère comme une talentueuse enseignante de renom, je suis systématiquement élue comme l'un des meilleurs professeurs de l'établissement où j'exerce. Je pratique ma religion avec dévotion. Je fonctionne comme une bonne personne, même si je ne suis ni motivée ni contrainte par les mêmes préoccupations que la majorité d'entre elles. Suis-je un monstre pour autant ? Je préfère croire que vous et moi occupons simplement des cases différentes sur l'échiquier humain.

2.
DIAGNOSTIC : SOCIOPATHE

« Combien d'autres relations faudrait-il que **je dévaste** encore ? J'avais conscience de ne pas m'être comportée en **personne normale** et je commençais à admettre que je ne pouvais pas continuer comme ça. Alors, puisque je n'étais pas normale, qu'est-ce que j'étais ? »

Comment en suis-je arrivée à penser que je souffrais de sociopathie ? Le recul me permet de constater que de nombreux signaux auraient pu m'alerter très tôt. Il a fallu cependant que j'en passe par un effondrement professionnel et personnel à l'approche de la trentaine pour enquêter.

Ma famille aime plaisanter à propos de mon incapacité à me concentrer sur quelque chose au-delà de quelques années. Si mon parcours au lycée relève de la mascarade, j'ai suffisamment réussi dans mes études pour bénéficier d'une bourse réservée aux meilleurs élèves. J'ai ensuite décroché un diplôme de premier degré en musique « les doigts dans le nez ». J'avais choisi les percussions, car le cursus exigeait que je travaille sur quatre instruments et qu'un seul n'aurait pas suffi à entretenir mon intérêt. Puis j'ai opté pour des études supérieures de droit, parce qu'on y était accepté sans conditions préalables. J'ai obtenu de bons résultats au concours d'entrée et me suis retrouvée dans l'un des établissements les plus réputés des États-Unis, bien que mes notes trahissent une personnalité trop vite lassée.

Mon diplôme en poche, j'ai été recrutée en tant qu'avocate par un cabinet qui se piquait d'élitisme. Tous mes collègues avaient été embauchés parmi les dix meilleurs élèves des dix meilleures universités du pays. Moi, en dépit de mon diplôme couronnant mon parcours universitaire, j'avais eu du mal à passer avec succès les tests internes d'embauche. Nous étions censés être le cabinet le plus en vue de l'État, raison pour laquelle il pratiquait des honoraires prohibitifs. Deux ans seulement après avoir terminé mes études, je touchais un salaire de base de 170 000 dollars, ainsi qu'une double prime totalisant 90 000 dollars, et je bénéficiais d'un système de progression automatique qui m'assurait des augmentations substantielles chaque année. Malheureusement, j'étais une employée exécrable.

Travailler m'a toujours été difficile, à moins d'y trouver un intérêt immédiat pour l'intellect ou mon CV et ce, aussi lucratif soit l'emploi. En l'occurrence, je consacrais l'essentiel de mes efforts à fuir les dossiers et à organiser ma journée autour de déjeuners et de pauses-café. Il n'empêche, j'ai été surprise lors de mon premier mauvais rapport. Et encore plus quand mon chef m'a convoquée pour me conseiller de me mettre à bosser ou de me « tirer ».

Je ne m'y suis pas mise. J'ai passé des entretiens auprès d'autres cabinets, j'ai décroché une proposition chez un concurrent aussi prestigieux et qui payait mieux, mais un boulot d'employée de bureau même bien rémunéré ne m'attirait plus. Je m'estimais destinée à de plus hautes sphères que celles réservées aux avocats associés débutants. J'en étais persuadée. Deux mois plus tard, les bras chargés d'un carton contenant mes affaires personnelles, j'attendais sur le trottoir qu'une amie vienne me récupérer.

À peu près à la même époque, on a diagnostiqué un cancer chez le père d'une amie proche. Alors que, jusque-là, elle avait été agréable à fréquenter – intelligente, raisonnable, indépendante et perspicace –, elle est soudain devenue émotionnellement fragile et accablée par ses obligations familiales. Épuisée par mes efforts pour tenter de l'aider, j'ai tout à coup eu l'impression que je m'impliquais plus dans notre relation que je n'en retirais de bénéfices. J'ai donc décidé de rompre tout contact avec cette amie. J'en ai d'abord été soulagée. Elle a fini par me manquer, mais comme je m'y étais préparée, je me suis raisonnée afin de ne pas en être trop incommodée.

Les deux années suivantes, j'ai vécu sur les indemnités chômage, versées par mon assurance. Ma famille s'inquiétait pour moi et s'interrogeait sur mes projets de vie. De mon côté, je ne souffrais aucunement de ce genre de crise existentielle. Je ne me projette jamais en effet à plus de deux ans.

Au-delà, je considère que l'avenir est tellement aléatoire qu'il ne vaut pas la peine de s'en préoccuper.

Néanmoins, cette accumulation d'échecs m'était inhabituelle, et même mes plans à deux ans semblaient nazes. J'étais désœuvrée, paumée et, je l'avoue, je bêtifiais. J'avais envoyé aux orties un emploi prestigieux et bien payé dans mon domaine de compétence. J'ai vaguement songé à me lancer dans des études d'économie, mais dans quel but ? Réamorcer une série de cycles succès-catastrophes jusqu'à la fin de mes jours ? J'avais largué une amie sans hésiter alors qu'elle avait besoin de moi. Combien d'autres relations faudrait-il que je dévaste encore ? J'avais conscience de ne pas m'être comportée en personne normale et je commençais à admettre que je ne pouvais pas continuer comme ça. Alors, puisque je n'étais pas normale, qu'est-ce que j'étais ?

Avec une sévérité que je réserve d'ordinaire aux autres, je me suis débarrassée de mes propres artifices pour le découvrir. Je me suis rendu compte que, toute ma vie, j'avais essayé de ressembler aux caméléons qui figuraient dans l'encyclopédie des petits reptiles de mon enfance. Mon vernis social s'est fissuré, mettant en évidence l'inconsistance de mes efforts pour faire diversion, leur mensonge étranger à ma vérité intérieure, impénétrable. Je n'ai jamais apprécié qu'on m'observe – je tiens à me garder ce privilège. Là, cependant, j'ai compris que je ne m'étais pas réellement examinée à la loupe.

Je m'étais habituée à gober mes propres mensonges. Je m'attachais aux instants où je me sentais normale. Un monstre ne pleure pas en regardant un film triste ; une rupture amoureuse ne lui brise pas le cœur. Mes larmes étaient la preuve de ma normalité, de même que la boule de chagrin pesant dans ma poitrine, celle qui a alimenté les paroles de tant de chansons. Comment mon cœur aurait-il pu se briser si j'en avais été dénuée ? Bref, toutes ces années, je n'avais eu aucun mal à me persuader que je n'avais pas de problème.

Mentir aux autres est une chose ; malheureusement, je m'étais menti à moi-même. J'en étais arrivée à dépendre de mon aveuglement, oubliant au passage celle que j'étais. Désormais, je ne me comprenais plus du tout. J'en avais assez d'être une étrangère à mes propres yeux. Pour la première fois de mon existence, cela m'a suffisamment inquiétée pour que je tente d'y remédier.

Bien que cette époque d'introspection représente une charnière dans ma vie, elle n'a en rien constitué une nouveauté. À l'université, je m'étais fourrée dans une situation relationnelle gênante (j'en détaille la teneur au chapitre 5) qui avait bouleversé ma vie. Si je ne disposais pas à l'époque d'une étiquette cataloguant mes comportements, j'avais fini, au bout d'une longue autoanalyse marquée par une honnêteté sans faille, par m'avouer que j'étais une fille très manipulatrice et sournoise, incapable d'entretenir des relations autres que superficielles avec qui que ce soit, obsédée par le pouvoir et prête à tout pour l'obtenir et rester le meneur. Dans la mesure où ces traits de caractère avaient un impact relativement négatif sur mon existence, j'avais tenté de les apprivoiser, de les dominer ou, du moins, de les orienter pour éviter les situations risquées.

J'ignorais ce qu'était la sociopathie et je ne me doutais pas le moins du monde d'en être atteinte, jusqu'à ce que, en fac de droit, une collègue soulève cette éventualité. Toutes deux en stage d'été, nous effectuions de petites tâches sans importance. Je m'ennuyais. Aussi, en apprenant qu'elle avait été adoptée et qu'elle assumait son homosexualité, j'ai entrepris de fouiller dans sa vie personnelle, en quête d'éventuelles sources d'insécurité chez elle. Légèrement en surpoids, joyeuse et sociable, elle avait, à mes yeux, tout d'un coffre au trésor débordant de délicieuses vulnérabilités émotionnelles. Il s'est révélé qu'elle était bien plus que cela cependant – intellectuellement curieuse et très ouverte aux divers modes de vie. Partageant un bureau, nous discutions durant des heures de politique, religion, philosophie et fringues, de tout ce qui était susceptible de nous distraire de nos boulots barbants. Dès le départ, elle avait montré une inclination à me materner, me dispensant des conseils pour m'habiller en adéquation avec notre emploi d'été et me nourrissant de salades de quinoa qu'elle me préparait pour éviter que je mange des hamburgers tous les jours. Ayant remarqué qu'elle parvenait à mettre toutes ses fréquentations à l'aise, je me suis mise à analyser sa force de séduction, dans l'espoir de pouvoir la reproduire à mon profit. Ce que je ne lui ai d'ailleurs pas caché. Alors que j'appréhendais le monde de façon rationnelle, elle était extrêmement sensible. Intelligente et raisonnable, elle abandonnait parfois de façon délibérée le mental au profit de notions intangibles comme la compassion et la miséricorde. Si ce ne sont pas là des valeurs instinctives chez moi, je les respecte chez les autres.

Cette personne était diplômée de théologie, et j'adorais titiller ses croyances. À commencer par celle selon laquelle c'était Dieu qui l'avait faite homosexuelle, pour ensuite remettre en question toutes ses valeurs. Je me souviens notamment de l'avoir interrogée sur l'altruisme, dont j'avais une expérience des plus limitées. J'estimais, pour ma part, qu'être en mesure d'évaluer avec précision l'utilité d'une personne rendait inutile toute autre approche de cette même personne. À l'époque, je n'avais pas encore abandonné mon amie dont le père était cancéreux, mais j'aurais pu me référer à quantité d'autres relations gâchées : je jetais les gens comme des mouchoirs en papier dès lors que le fardeau qu'ils représentaient excédait l'usage que j'en avais. Comme je l'ai raconté à ma collègue, l'une de ces connaissances m'avait accusée un jour de manquer d'altruisme. Pourquoi pas ? Mais peut-être que ce qu'on appelait ainsi et dont j'étais soi-disant dépourvue était une notion fumeuse qui paralysait les gens et les rendait indécis, là où j'avais la liberté de rompre à volonté. Ma collègue m'a écoutée en acquiesçant avec bienveillance.

Peu après cette conversation, nous avons discuté du comportement à adopter dans des situations où l'on attendait de moi que je réconforte des proches aimés et angoissés. Elle a dû percevoir mon imperméabilité à cette notion, car elle m'a demandé si je ne pensais pas être sociopathe. Je me rappelle avoir été incapable de répondre à sa question et avoir dû vérifier le sens du mot dans un dictionnaire, car je ne savais pas trop de quoi il s'agissait, ni pour quelle raison elle soupçonnait que je l'étais. « Socio- » pour « social » ou « société », « -pathie » pour « affection morbide » ou « maladie ». Bref, un trouble de la conscience sociale. Voilà qui n'était pas tout à fait un scoop.

Je ne me suis pas vexée. J'étais déjà accoutumée à l'idée d'une réelle et inexorable différence chez moi ; j'avais remarqué que les autres ne considéraient pas leur vie comme un jeu complexe où les événements et les relations peuvent se mesurer avec une précision mathématique en vue d'assouvir une satisfaction personnelle. Plus récemment, j'avais aussi noté que les gens éprouvaient de la culpabilité, sorte de regret qui ne devait rien à des épreuves émotionnelles négatives, mais plutôt à des exigences morales brumeuses dont les racines plongeaient dans une prise de conscience. Ils se sentaient mal quand ils avaient blessé autrui, ce qui ne m'était jamais arrivé, comme si la blessure infligée était liée de façon si surnaturelle à une bonté universelle qu'elle leur revenait en pleine figure. Ces émotions, je les avais feintes durant tant d'années, je m'étais efforcée d'en imiter les manifestations alors qu'elles m'étaient totalement étrangères. La découverte du mot a plus attisé ma curiosité qu'autre chose. S'il existait un nom pour décrire celle que j'étais, c'était l'occasion d'en apprendre plus sur mon compte. Je n'ai d'ailleurs eu aucune difficulté à me retrouver dans les descriptions que j'ai lues au cours de mes recherches.

Il s'est avéré que ma collègue avait fréquenté un homme dont elle avait appris par la suite qu'il était sociopathe. Au lieu de se cantonner dans le rôle de victime larmoyante, elle entretenait une amitié réelle et profonde avec lui. Avec le recul, je dois avouer que, bien que convaincue de ma sociopathie, sa faculté de me considérer comme un être humain à part entière m'a permis de découvrir que je pouvais être comprise et acceptée en tant que telle. Cette femme m'a prouvé que tous ceux dotés d'une conscience et capables d'empathie ne sont pas forcément horrifiés par l'existence de personnes comme moi.

J'ai donc été plutôt contente qu'il existe un terme pour me qualifier. Et de ne pas être un cas unique. Les gens qui se découvrent gays ou transgenres doivent éprouver un

« J'étais une fille très **manipulatrice**
et **sournoise**, incapable d'entretenir
des relations autres que superficielles
avec qui que ce soit, **obsédée par
le pouvoir** et prête à tout pour
l'obtenir et rester le meneur. »

sentiment identique – en réalité, ils le savaient depuis toujours au fond d'eux-mêmes, et cette reconnaissance concrète est un soulagement.

Des années se sont écoulées entre cette première tentative d'autodiagnostic et la période d'introspection qui a suivi mon renvoi du cabinet d'avocats. Dès lors que le mot « sociopathie » s'était gravé dans mon esprit et que mon plaisir initial d'avoir une étiquette s'était estompé, j'avais traité la chose comme une bizarrerie sans importance, une particularité certes intéressante mais hors de propos, au point de l'oublier. Cependant, quand ma vie s'est écroulée, j'ai senti que je ne pouvais plus continuer comme avant : savoir que j'étais différente, mais ignorer mes différences. J'étais si avide de réponses que j'ai même consulté une thérapeute. Toutefois, elle n'a été qu'un jouet entre mes mains. Et puis, elle était trop chère pour la satisfaction limitée que m'apportaient nos séances de thérapie de groupe. Néanmoins, ces dernières ont réveillé en moi le souvenir de ce stage estival et du diagnostic amateur de ma sociopathie. Pressentant qu'il y avait là des réponses plausibles, j'ai lu un ouvrage qui venait d'être rendu accessible en ligne, dont l'auteur est le père du concept moderne de la psychopathie, le Dr Hervey Cleckley.

Dans son livre révolutionnaire, *Le Masque de normalité*, publié à l'origine en 1941, Cleckley décrit le profil d'un homme qu'il nomme « psychopathe », mais que nous aurions tendance aujourd'hui à qualifier de « sociopathe ». Il raconte les difficultés rencontrées à diagnostiquer son sujet, dans la mesure où celui-ci jouissait de toutes ses capacités mentales, qu'il savait vivre en société comme n'importe quel être humain apparemment normal et qu'il pouvait être couronné de succès.

> *Non seulement le psychopathe est rationnel*
> *et réfléchit sans divaguer, mais il fait également*
> *montre d'émotions normales. Il évoque ses ambi-*
> *tions avec ce qui a l'allure d'un enthousiasme*

> *sain. Ses convictions, par leur fermeté et leur engagement, impressionnent même l'observateur sceptique. Il paraît réagir en adéquation sensible à l'intérêt que lui portent les autres et, quand il parle de sa femme, de ses enfants ou de ses parents, il a toutes les chances de passer pour un homme nourrissant des sentiments chaleureux, capable de dévotion et de loyauté.*

D'après Cleckley, les psychopathes sont des asociaux qui excellent à paraître sociaux – à ressentir, désirer, espérer et aimer comme tout un chacun. Ils sont virtuellement impossibles à repérer. De plus, ils réussissent mieux que les autres. Le sujet décrit par Cleckley est doté d'un charme et d'un esprit rares. Il est imperturbable et éloquent, il garde son sang-froid face à la pression. Sous son « masque de normalité », il s'avère cependant être un menteur, un manipulateur, quelqu'un qui ne tient aucun compte de ses obligations et qui a peu ou pas le sens des responsabilités. Il est fascinant parce qu'il est impulsif, fantasque et enclin à répéter ses erreurs à de multiples reprises. Son narcissisme l'empêche de forger de vrais liens émotionnels, il a tendance à mener une vie sexuelle dissolue. Son univers émotionnel est une pauvre réplique des sentiments naturellement répandus chez les êtres humains. Cleckley souligne que cet ensemble de traits caractéristiques permet au psychopathe de connaître le succès tant dans les affaires que dans le crime.

Nulle part ailleurs, je n'ai mieux identifié la sociopathe en moi que dans les profils cliniques établis par Cleckley il y a quelque cinquante ans. Ayant examiné des centaines de patients, il a défini ce qu'il considère être seize caractéristiques fondamentales de la psychopathie. La plupart sont encore utilisées aujourd'hui pour diagnostiquer psychopathie, sociopathie et autres troubles asociaux :

• Charme superficiel et bonne intelligence.
• Absence de délire et de tout signe de pensée irrationnelle.

- Absence de nervosité ou de manifestations psychonévrotiques.
- Sujet sur qui on ne peut compter.
- Fausseté et hypocrisie.
- Absence de remords et de honte.
- Comportement antisocial non motivé.
- Pauvreté du jugement et incapacité d'apprendre de ses expériences.
- Égocentrisme pathologique et incapacité d'aimer.
- Réactions affectives pauvres.
- Incapacité à l'introspection.
- Incapacité à réagir adéquatement dans ses relations.
- Comportement fantaisiste et déplaisant sous l'emprise de l'alcool, voire sans alcool.
- Rarement porté au suicide.
- Vie sexuelle impersonnelle, banale et peu intégrée.
- Incapacité à suivre un projet de vie.

Pour peu que vous vous soyez déjà reconnu dans un horoscope et vous soyez dit que l'astrologie n'était finalement peut-être pas une arnaque, vous comprendrez la révélation qu'a été pour moi l'ouvrage de Cleckley. Si les correspondances ne sont pas parfaites, de nombreux points restent frappants de vérité. D'une manière générale, d'ailleurs, ce livre est d'une justesse affolante. Mon manque de suivi dans la vie, la froideur avec laquelle je traite mes amis, mon incapacité à me concentrer sur mon travail, etc. Le schéma psychologique sous-tendant nombre de mes problèmes était ici dévoilé au grand jour. J'ai été particulièrement stupéfaite par la description des patients : je partageais tant de choses avec certains d'entre eux que j'ai eu l'impression que j'aurais pu rédiger en personne leur profil. Une femme notamment, Anna, avait tout d'une autre moi-même :

> *Elle n'avait rien de spectaculaire, mais quand elle entrait dans le bureau, vous aviez l'impression qu'elle méritait l'attention*

*– qu'elle obtenait d'ailleurs immédiatement.
Il n'était pas exagéré de dire qu'elle était belle,
pas autant toutefois que la plupart des belles
femmes auraient dû l'être pour provoquer
une impression comparable. Elle s'exprimait
dans un anglais aux intonations britanniques,
à une cadence rythmée et légère, soulignant
certaines syllabes comme on le fait à Londres.
Pour une fille née et élevée en Géorgie, pareil
langage aurait pu passer pour de l'affectation.
Or c'était tout le contraire, et cette qualité
contribuait pour beaucoup à l'effet agréable
qu'elle produisait invariablement sur ceux
qu'elle croisait. L'ingénuité a tant de conno-
tations hors de propos ici que ce n'est guère
le mot qu'il faudrait utiliser pour décrire cette
courtoisie et cette grâce, pourtant il m'est difficile de repenser à notre première rencontre
sans qu'il me vienne à l'esprit, avec tout ce qu'il
suppose de fraîcheur, de naturel et de candeur.*

Il est évident que l'auteur est séduit. J'aime sa façon de
décrire les idiosyncrasies de cette femme : l'accent, la spontanéité, l'éternelle jeunesse de l'esprit, le charme qui semble
relever de quelque chose de plus que de la simple beauté,
l'intelligence, le pouvoir de séduction. C'est tout moi. Anna
raffole des *Frères Karamazov* de Dostoïevski, mais Cleckley
mentionne plus tard qu'elle n'a ni les goûts élitistes, ni les
préjugés souvent associés à « l'intellectuel » sorti du même
milieu et ayant reçu la même éducation qu'elle. Anna traite
les magazines people avec un intérêt aussi prononcé que
celui qu'elle porte aux compositeurs russes. Là encore,
Cleckley pourrait parler de moi. Il continue en précisant
qu'Anna enseigne le catéchisme avec passion, qu'elle est
volontaire à la Croix-Rouge et qu'elle s'embarque au petit

bonheur la chance dans des liaisons homosexuelles, dont une fois avec une infirmière après un séjour à l'hôpital où tout le monde l'avait adorée. Les parallèles avec ma propre vie étaient incroyables, avec des détails aussi insignifiants que l'enseignement de la catéchèse ou d'avoir incarné la patiente modèle à des choses plus importantes comme la sexualité. J'en étais bouche bée.

Cleckley explique précisément pourquoi il estime qu'Anna correspond aux critères qu'il a définis, soulignant notamment son absence de remords quant à sa libido débridée, mais il est également évident que, pour lui, elle n'est pas qu'un ensemble de critères cochés sur une liste. Elle est une personne. Au demeurant, c'est moins à la fameuse grille d'évaluation que je me suis identifiée en lisant l'ouvrage qu'aux sujets qui y sont décrits. Même l'auteur a admis que ses seize critères étaient une généralisation grossière destinée à mettre en évidence des similitudes entre divers individus – malgré des différences notables entre eux en matière d'éducation, d'origines, de statut économique et social, de passé criminel, etc. – et ce qui les distingue du reste de la population. Si je pouvais toujours chicaner sur ma prétendue absence de fiabilité, je ne pouvais nier que je partageais de manière frappante certaines caractéristiques des patients de Cleckley.

Son livre a remporté un franc succès, dépassant les milieux purement scientifiques ou médicaux. L'auteur l'a retravaillé à plusieurs reprises en vue de définir un profil aussi complet que possible du psychopathe. Il avait compris que ses sujets, même s'il leur arrivait de commettre des actes extrêmement asociaux, étaient aussi en mesure de mener leur vie dans l'ombre en s'adaptant suffisamment à leur environnement pour paraître normaux, voire devenir des membres influents de la société.

« Il avait compris
que ses sujets, même
s'il leur arrivait de commettre
des actes extrêmement **asociaux**,
étaient aussi en mesure de mener
leur vie dans l'ombre en s'adaptant
suffisamment à leur environnement
pour paraître normaux, voire
devenir des membres influents
de la société. »

Parce que Cleckley a prouvé que tous les sociopathes ne sont pas des assassins ou des criminels trop malins pour se faire attraper, ce qui était au départ une étude concernant les seuls patients masculins d'institutions psychiatriques s'est transformé en une œuvre beaucoup plus considérable qui englobe des femmes, des adolescents et des personnes n'ayant jamais été internés. Nombre de ses sujets les plus récents, telle Anna, avaient appris à fonctionner relativement normalement au sein de la population. Selon ma propre expérience, si Cleckley jetait un coup d'œil dans les salles de classe des facs de droit et dans les bureaux des grands cabinets juridiques, il y dénicherait des tas de gens susceptibles de servir à ses études.

Maintenant que je savais que je n'étais plus unique et qu'il existait d'autres personnes comme moi, j'ai tenté d'en découvrir plus sur nous.

Son œil se promenait sur la gaieté générale répandue autour de lui, avec cette indifférence qui dénotait que la partager n'était pas en son pouvoir. On eût dit que le sourire gracieux de la beauté savait seul attirer son attention, et encore n'était-ce que pour le détruire sur ces lèvres charmantes, par un regard, et glacer d'un effroi secret un cœur où jusqu'alors l'idée du plaisir avait seul régné. Celles qui éprouvaient cette pénible sensation de terreur ne pouvaient se rendre compte d'où elle provenait. Quelques-unes, cependant, l'attribuaient à sa prunelle d'un gris mort qui, lorsqu'elle se fixait sur les traits d'une personne, semblait ne pas pénétrer au fond des replis du cœur, mais plutôt tomber sur la joue comme un rayon de plomb qui pesait sur la peau sans pouvoir la traverser. Son originalité le faisait inviter partout : chacun désirait le voir, et tous ceux qui avaient été longtemps habitués aux violentes émotions, mais à qui la satiété faisait sentir enfin le poids de l'ennui, se félicitaient de rencontrer quelque chose capable de réveiller leur attention languissante.

John William Polidori, *Le Vampire*.

En 1819, John William Polidori a écrit une nouvelle intitulée *Le Vampire*, d'après un poème de Byron. Le texte allait plus tard déclencher un engouement pour ces créatures dans toute l'Europe et inspirer Bram Stoker, l'auteur de *Dracula*, et ses successeurs. Le personnage principal est inspiré du capricieux Byron lui-même. Il s'introduit dans la haute société londonienne et envoûte tous ceux qui croisent son chemin par ses comportements mystérieux et originaux. Alors qu'il voyage à Rome puis en Grèce avec un jeune compagnon, il séduit et tue une femme à l'insu de son ami, puis meurt lui-même dans ce qui ressemble à un meurtre. Mais, un an plus tard, le vampire resurgit à Londres, où il charme et épouse la sœur de son compagnon avant de la saigner sur le lit nuptial.

À la fois beau et dangereux, le vampire occupe la place unique de monstre fascinant. Il est tout sauf fou et sauvage, ses manières sont même plus raffinées que celles des personnes qu'il rencontre. Son attitude est tout aussi étrange qu'attirante, son regard est vide et pourtant envoûtant. Ses défauts apparents piègent ses victimes, son côté fantasque les lui attache, alors qu'il ne les considère que comme des objets. Le vampire ne recherche pas la solitude ; il se borne à la vivre le plus pleinement possible, parce qu'il est incapable de faire autrement. Il boit du sang pour se nourrir, il joue avec les gens pour s'amuser. Son âme n'est jamais en repos.

Le vampire gothique est le sociopathe dans toute sa splendeur, prédateur charismatique et sophistiqué qui rôde parmi nous sans être détecté. Son mythe remonte au Moyen Âge et prend sa source dans la spiritualité slave, qui fait une distinction très claire entre le corps et l'âme. Une âme impure donne naissance au vampire, dont la vie est à la fois non naturelle et interminable.

Les sociopathes existent depuis longtemps, toujours en marge. Dans toute culture. D'après une étude anthropologique de 1976 menée par Jane Murphy, les membres de la tribu africaine des Yorubas appellent les âmes froides *arankan*, « terme désignant une personne qui vit sans se soucier d'autrui, refuse la communauté, fait preuve de méchanceté et d'impétuosité ». Les Inuits qui parlent le yupik désignent les membres asociaux de leur groupe comme des *kunlangeta*, dont il est précisé que « leur esprit sait que faire, mais eux non » ; ce type d'individu « ment, triche et vole systématiquement [...], abuse sexuellement de nombreuses femmes ; c'est quelqu'un qui ne prête aucune attention aux réprimandes et qui ne cesse d'être convoqué par les aînés qui le punissent ». Ce concept d'un être humain ayant la capacité mentale de comprendre les normes sociales mais refusant de s'y conformer est la clef du diagnostic clinique de la sociopathie.

Les personnes comme moi ont beau se trouver dans de multiples cultures dans le monde, nos sociétés modernes sont avides d'étiquettes : êtes-vous sociopathe ou autre chose ? Dans le film de science-fiction *Blade Runner*, les équivalents des sociopathes sont les androïdes qui, dans un monde postapocalyptique, ont rejoint la Terre et sont traqués par Harrison Ford. Ces « répliquants » ressemblent tant à des humains qu'on ne peut les identifier que grâce à une série de questions émotionnellement provocantes. Le personnage de Harrison Ford ne résiste pas aux charmes de Sean Young – peau de porcelaine et bouche en cœur –, bien qu'il sache qu'elle est un produit manufacturé, qu'elle ne ressent aucune empathie en dépit de ce qu'il lit dans ses grands yeux tendres.

Je me souviens d'avoir vu ce film jeune fille et d'avoir été captivée par l'équilibre instable de Sean Young (et ses tenues futuristes). Même alors, j'étais à peu près certaine que j'aurais été en mesure de résister à cet univers impitoyable, convaincue que les éclairages au néon et les tourbillons de vapeur auraient rendu le monde si dur que les faibles auraient été condamnés à la survie, tandis que les forts comme moi auraient joui d'une existence épanouissante. Je m'imaginais foncer à bord d'une voiture volante délabrée dans des ruelles, m'exprimer en pidgin chinois. L'ironie, bien sûr, est que, adulte, j'allais me soumettre volontairement à un questionnaire identique à celui du film, que je devrais moi aussi être cliniquement testée afin de mesurer mon degré d'inhumanité.

La comparaison avec *Blade Runner* est intéressante à cause de l'accent mis sur l'identification et non sur le diagnostic. Les androïdes sont véritablement « autres » et censément inférieurs aux humains. Du coup, aucune contrainte ethnique n'encadre leur devenir, bien qu'il soit évident que leur monde intérieur est aussi riche que celui des humains. De manière similaire, même une professionnelle comme Martha Stout, membre de la Harvard Medical School et auteure du *Sociopathe banal*, parle « d'identifier » les sociopathes et non de les diagnostiquer. Derrière cette opposition, le message est clair : ces individus sont des sociopathes, pas des gens qui souffrent de sociopathie. Comme il n'existe aucun traitement efficace pour les soigner, la question se résume à décider comment on résout la difficulté qu'ils posent. Dans *Blade Runner*, la société opte pour une solution définitive quant au destin à réserver à ses créations dénuées d'empathie.

Pour résumer, comment empêche-t-on les sociopathes de se comporter de manière asociale ? Mais avant de pouvoir répondre, il faut d'abord identifier la source du problème. Sauf que, avant de réussir à repérer les sociopathes, les psychiatres doivent être en mesure de les comprendre. L'un d'eux a illustré cette tautologie en ces termes : « Pourquoi cet homme a-t-il commis pareilles atrocités ? Parce que c'est un psychopathe. Et comment savons-nous qu'il en est un ? Parce qu'il s'est rendu coupable de ces horreurs. »

C'est le dilemme classique de l'œuf et de la poule qui conduit aux innombrables critiques des critères diagnostiques courants. Tous les outils d'évaluation à notre disposition reposent sur des traits de personnalité observés chez des gens diagnostiqués *a priori* comme sociopathes ; en sus d'être un argumentaire circulaire, ce système suppose de dangereuses dérives qui risquent de biaiser les caractéristiques censées ou non être prises en compte. Il y a forcément un point de départ. Cleckley et d'autres ont remarqué que certaines spécificités se retrouvaient plus souvent chez leurs patients que dans la population générale. Une fois établi ce groupe de spécificités, les chercheurs ont tenté de déterminer si elles avaient une origine commune, si elles étaient liées à d'autres traits de personnalité identifiables, combien de sujets les présentaient et ce qu'ils étaient susceptibles de faire par rapport au reste de l'humanité. Toutefois, Cleckley était bien conscient que sa grille n'était qu'une approximation réduite de sa compréhension de la nature de la sociopathie et que, par conséquent, elle n'était ni infaillible ni même universelle – il a ainsi fait preuve d'une humilité dont j'ai parfois l'impression qu'elle manque aux spécialistes actuels dans ce domaine.

Aujourd'hui, l'outil essentiel d'évaluation de la psychopathie (et, par association, de la sociopathie) est le PCL-R (*Psychopathy Checklist-Revised*, « grille d'évaluation révisée de la psychopathie »), mis au point par Hare, professeur émérite en psychologie médico-légale à l'université de British Columbia, et généralement considéré comme une autorité en matière de psychopathie criminelle. « La science ne peut progresser sans une définition précise et fiable de ce que vous essayez d'étudier », explique-t-il. Aidé par un assistant, il a établi une liste de vingt caractéristiques récurrentes chez la population carcérale objet de ses recherches : absence d'empathie ou de remords, mégalomanie, manipulation, séduction, égocentrisme, impulsivité, tendance au mensonge, etc. ; il y a ajouté des critères spécifiques aux criminels, tels que la délinquance juvénile, la violation des conditions de liberté conditionnelle et la diversité des délits commis. Il a ensuite recommandé à ses collègues désireux de pratiquer des estimations à partir de sa grille d'accorder deux points par réponse évidente, un seul par réponse impliquant des réserves ou des doutes, et aucun par réponse non caractéristique. Le test s'est révélé fiable, au sens où de nombreuses évaluations ont donné des résultats relativement proches, mais sa validité a été vivement critiquée.

La validité repose sur le taux de cohérence entre le diagnostic et l'objet de ce diagnostic – ici, l'identification des psychopathes par la grille de Hare. Cette dernière a été questionnée parce qu'elle se basait essentiellement sur une population carcérale. Hare lui-même a admis que c'était par facilité : « Les prisonniers sont d'un abord aisé. Ils aiment rencontrer des chercheurs. Cela rompt la monotonie de leur journée. En revanche, approcher des P-DG ou des hommes politiques… » Lors d'un scandale largement médiatisé, Hare a menacé de traîner en justice deux psychiatres ayant publié un article dans lequel ceux-ci soutenaient que sa liste de spécificités était de plus en plus mal interprétée et que la psychopathie recouvrait en réalité de nombreux troubles de la personnalité, intégrant l'autoaveuglement, l'impulsivité et la témérité, mais pas forcément l'agression physique ou les actes illégaux. Les auteurs affirmaient que la grille de Hare déformait le concept de sociopathie en surestimant l'importance des comportements criminels. Cet article reflète le consensus actuel, de plus en plus répandu, selon lequel sociopathie n'est pas synonyme de criminalité. Par ailleurs, Hare n'a pas non plus expliqué pourquoi chaque réponse de son questionnaire devait récolter un nombre identique de points. Il n'est pas acquis qu'une caractéristique profonde comme le manque d'empathie doive compter autant qu'une spécificité moins importante comme le pouvoir de séduction. Reste aussi la question de savoir ce qui définit ce trouble de la personnalité (tout trouble de la personnalité, d'ailleurs), les actes ou les motivations intimes. S'il est facile de définir un sujet qui n'apprend pas de ses erreurs, il n'en va pas de même quand il s'agit de saisir un état d'esprit.

Les chercheurs et les cliniciens sont loin d'être d'accord sur le concept d'un diagnostic possible de la psychopathie et de la sociopathie. Les membres bienveillants de l'Association américaine de psychiatrie ayant élaboré le *Manuel diagnostique et statistique des troubles mentaux* ont décidé d'exclure les deux termes, en dépit des protestations des chercheurs, pour favoriser l'expression « trouble de la personnalité antisociale », ou TPA, diagnostic basé sur des schémas comportementaux. La *Classification statistique internationale des maladies et des problèmes de santé connexes*, publiée par l'OMS, décrit un diagnostic similaire qu'elle nomme « trouble de la personnalité dyssociale » et n'inclut pas non plus la sociopathie. Les caractéristiques du TPA et de la sociopathie diffèrent. Le TPA s'attache, pour l'essentiel, au comportement criminel, négligeant la vie intérieure trop difficile à cerner, notamment face à des sujets internés et/ou réticents. Ainsi, bien que je me considère comme sociopathe à un haut degré à cause de mon empathie très faible, de mon échec à me conformer aux normes sociales et de ma prédilection à manipuler autrui, je ne saurais être reconnue comme souffrant d'un TPA.

Ajoutons à cette difficulté de diagnostic le partage de comportements typiques entre la sociopathie, d'autres troubles de la personnalité tels que le narcissisme – l'opinion exagérément positive de soi ou la faible empathie – et certains troubles de développement social tels que le syndrome d'Asperger, lequel est également catalogué dans le spectre de l'autisme.

Dans son ouvrage *Brève Introduction à la psychologie criminelle*, le professeur de psychologie de l'université de Huddersfield, David Canter, prévient que « nous devons éviter le piège de croire que ces diagnostics sont autre chose que des descriptions sommaires des sujets étudiés » et souligne le danger de « jugements moraux qui passent pour des explications médicales ». La première phrase de la préface du livre de Robert Hare dit : « Les psychopathes sont des prédateurs sociaux qui charment, manipulent et tracent leur impitoyable

<< Nous savons, grâce à des études menées sur des jumeaux, que les spécificités des sociopathes reposent en grande partie sur un composant **génétique** ; nous savons aussi que les sociopathes ont des **cerveaux différents** du reste de la population. >>

sillon dans la vie, laissant derrière eux un sillage de cœurs brisés, d'espoirs déçus et de portefeuilles vides. » Il n'est pas difficile de deviner de quel côté de la barrière se trouve Hare. Il n'empêche, on utilise malgré tout ces outils et on prend, en s'y référant, d'importantes décisions comme d'accorder ou non la liberté conditionnelle à tel ou tel individu.

Contrairement au problème que présente la psychologie quand il s'agit de poser un diagnostic, les neurosciences sont susceptibles d'apporter un peu plus de certitude au médecin. De récentes recherches à partir de scanners cérébraux et d'autres études suggèrent un lien entre les spécificités des sujets sociopathes et quelque chose de plus « définitif » et unique dans leur cerveau. Il serait cependant erroné d'amalgamer la liste des traits de caractère sociopathes avec la définition du mot, comme il serait faux de dire que tous les catholiques partagent des caractéristiques communes ou qu'avoir un certain nombre de ces caractéristiques fait de vous un catholique. Le diagnostic de la sociopathie est utile, mais à la seule condition de garder à l'esprit qu'il a ses limites. La principale étant que nous sommes incapables d'identifier la source du trouble : nous ne le connaissons que par ses symptômes et ses spécificités. Ce qui est assez décevant. Il serait si simple de considérer que je suis mauvaise parce que j'ai été maltraitée ou mal élevée, que j'ai grandi dans un environnement sans amour, voire hostile. Sauf que je n'ai pas subi les scandaleux abus malheureusement communs à tant de gens. Mes souffrances ont été ordinaires, un peu de négligence sans grandes conséquences peut-être. Lorsque l'on m'interroge sur mon enfance, je réponds qu'elle a été d'une relative banalité. Nous savons, grâce à des études menées sur des jumeaux, que les spécificités des sociopathes reposent en grande partie sur un composant génétique ; nous savons aussi que les sociopathes ont des cerveaux différents du reste de la population. Mais ces particularités n'expliquent pas qu'ils agissent d'une manière qui leur est typique. Elles pourraient au contraire affecter leurs circuits cérébraux. De la même façon, ce n'est pas parce que le cerveau d'un sociopathe est différent qu'il est à l'origine du trouble. Cela pourrait, d'après Hare, être « un effet secondaire de quelque facteur environnemental ou génétique communément observé parmi les psychopathes ».

Si nous ignorons où la psychopathie s'enracine, nous savons en revanche qu'il n'existe pas de médication, non que nous autres les sociopathes en désirions particulièrement une, pour des raisons que j'espère parvenir à exposer clairement dans la suite de cet ouvrage. Cleckley a observé et suivi des sociopathes en tant que psychiatre et professeur au Medical College de Géorgie. Il a tenté de traiter ses patients dont il estimait qu'ils étaient profondément troublés et, paradoxalement, incurables. Dans la préface de sa dernière version du *Masque de normalité*, qu'il a écrit à la toute fin de sa vie, il prône que, s'il n'a pas réussi à découvrir un traitement efficace, il est heureux d'avoir contribué à la compréhension de la sociopathie et, surtout, que la famille et les amis de ses sujets aient obtenu des explications au comportement inhabituel de ceux qu'ils aimaient. En effet, il cite d'interminables exemples de patients qui bénéficiaient de toutes les ressources et de tous les soutiens possibles pour aller mieux, mais finissaient par détruire leur entourage et commettre toutes sortes de vilenies. À ses yeux, ils étaient des causes perdues.

Cleckley n'est pas le seul à avoir cette opinion. De récentes estimations du taux de récidive montrent que les sociopathes ont tendance à rechuter en gros deux fois plus que les autres prisonniers non sociopathes, voire trois fois plus dans le domaine des crimes violents. Même les Yorubas ou les Inuits estimaient que ces individus asociaux ne pouvaient être changés. La seule solution était de les neutraliser ou de les marginaliser. « On le poussait de la banquise quand personne ne regardait », ainsi que le rapporte fort bien l'anthropologue Murphy.

Les psychiatres et criminologues actuels sont confrontés au même problème que celui que les Inuits et les Yorubas réglaient au moyen d'homicides discrets : que faire des sociopathes en qui il est impossible d'avoir confiance et qui détonnent dans le paysage ? Au Royaume-Uni, les autorités ont condamné des criminels sociopathes à la réclusion à perpétuité sur le seul chef de leur pathologie. Aux États-Unis, les sociopathes identifiés ont été enfermés dans des hôpitaux psychiatriques sans espoir de sortie, puisque leurs médecins affirmaient qu'ils étaient incurables. Prenez l'histoire de Robert Dixon, qui a été condamné à une peine de prison à vie, dont quinze années incompressibles, pour complicité de meurtre, alors qu'il servait de chauffeur à une attaque à main armée qui avait mal tourné. Après vingt-six ans d'incarcération, il a pu demander une remise en liberté conditionnelle. L'évaluation consistant en partie à déterminer s'il était susceptible de récidiver, il a été soumis à un test qui a démontré sa sociopathie. « Je me rappelle avoir eu le cœur brisé après la lecture des résultats, a écrit son avocat. Je savais que, quels que soient les efforts que je déploierais par la suite, notre demande serait rejetée. »

Si Cleckley, dans la première édition de son livre, a affirmé que les sociopathes devaient être considérés comme psychotiques à cause de leur réelle incapacité à fonctionner en société, il a revu sa position dans des versions plus tardives après s'être rendu compte que cette assertion empêchait les sociopathes d'être considérés comme responsables de leurs actes lors d'un jugement. Il s'est retrouvé confronté à un dilemme. Il n'a jamais cru que les sociopathes étaient « fous », au sens où ses autres patients l'étaient, mais il avait l'intuition qu'ils étaient tout aussi troublés, déficients ou mal armés pour la vie et devaient, par conséquent, être séparés du reste de la population. Il craignait que les sociopathes dangereux ne soient pas plus internés, dans la mesure où, en cas de procès, leurs propos rationnels et leur aptitude à s'exprimer ne jouent en leur faveur pour leur éviter la prison.

Priver les sociopathes de liberté en ne se basant que sur un diagnostic psychiatrique pose cependant des questions d'ordre moral. Les sociologues s'en inquiètent : comment nous débarrasser de ces drôles de créatures d'une façon qui ne fasse pas de nous des monstres ? L'absence de conscience d'un individu justifie-t-elle qu'on l'enferme ? La société condamne les fous à l'isolement sous prétexte qu'ils représentent un danger pour eux-mêmes et les autres. D'aucuns ont soutenu que les sociopathes ne pouvant fonctionner dans le monde extérieur, ce dernier devait prendre la décision drastique de les en écarter. Sauf que les sociopathes *peuvent* fonctionner ; d'une manière différente, c'est tout. Ce n'est pas comme si nous nous arrachions les mains ou nous jetions du haut des immeubles dans l'idée que nous pouvons voler. Nous ne sommes pas dingues. Il nous arrive même de connaître la réussite. Simplement, nous vivons, pensons et prenons nos décisions d'une façon que les autres condamnent ou jugent d'une amoralité gênante. Bref, que fait-on à ceux qu'on n'aime tout bonnement pas ?

Le rôle que peut jouer le diagnostic de sociopathie en matière de condamnation judiciaire soulève un problème épineux. Légalement, invoquer la folie suppose que l'accusé ne soit pas en mesure de distinguer le bien du mal. Or, les sociopathes savent, la plupart du temps, ce que la société considère comme bien ou mal, même s'ils ne ressentent pas la contrainte émotionnelle de se conformer aux comportements sociaux standards. La question est donc de déterminer si cette défaillance les rend plus, moins ou autant coupables qu'un criminel non sociopathe accusé des mêmes délits. Kent Kiehl, éminent chercheur dont la spécialité consiste à scanner les cerveaux des sociopathes emprisonnés, a suggéré de les traiter comme des individus au faible QI, qui comprennent que leurs actes sont fautifs, mais manquent de « freins » suffisants pour contrôler leurs violentes impulsions.

En outre se pose la question de l'efficacité de la sanction. Cleckley a soutenu que traiter les sociopathes comme des criminels ordinaires – en les enfermant tout simplement lorsqu'ils se rendent coupables de méfaits – ne fonctionne pas, dans la mesure où le châtiment ne les dissuade que fort peu. À mon avis, et plus généralement, l'efficacité de la menace sur quiconque reste à prouver. Je doute que les individus empathiques commettant des crimes passionnels soient influencés par la perspective d'un emprisonnement et je me demande combien de temps elle pèse sur les dealers vivant dans la pauvreté, au milieu des gangs, ce qui leur laisse peu d'alternatives. Par ailleurs, les recherches scientifiques ont prouvé que les sociopathes sont particulièrement peu sensibles aux conséquences négatives de leurs actes, ce que j'ai vérifié au fil de ma propre expérience. Les promesses de punition à la maison ou à l'école n'ont représenté à mes yeux qu'un défi m'incitant à trouver une solution pour éviter les retombées de ce que j'avais de toute façon décidé de faire. Je ne redoutais pas le châtiment, je le considérais juste comme un obstacle à contourner.

L'intuition de Cleckley, selon laquelle les sociopathes réagissent de façon particulière aux conséquences de leurs actes, a été validée par une célèbre étude de Hare ayant consisté à infliger de légères décharges électriques à un groupe constitué tant de sociopathes que de personnes normales. Un minuteur décomptait les secondes précédant la décharge. Les sujets normaux montraient des signes d'anxiété au fur et à mesure que l'instant fatal se rapprochait, ils anticipaient la légère douleur qui s'ensuivrait. Les psychopathes, eux, étaient d'une remarquable indifférence face à la décharge et ne trahissaient pas une montée d'angoisse comparable lors du compte à rebours.

« Mon expérience personnelle m'a appris que ma **témérité** s'enracine dans ma réaction médiocre ou mon **manque naturel d'anxiété** face aux situations potentiellement dangereuses, traumatisantes ou stressantes. »

Il est possible que l'euphorie ressentie par les sociopathes après des événements négatifs vienne de l'excès de dopamine qui caractérise leur cerveau. Des chercheurs de l'université Vanderbilt à Nashville ont établi un lien entre cet excès et un système de récompense hypersensible du cerveau, qui émet jusqu'à quatre fois la quantité normale de dopamine face à la perspective d'un gain financier suite à une mission réussie ou à des stimulants chimiques. Ces savants ont suggéré que ce système de récompense hyperréactif était responsable du comportement impulsif et risqué des sociopathes, dans la mesure où « ces individus semblent éprouver une telle attirance pour la carotte qu'elle dépasse de loin la peur du bâton ».

Je nourris cependant quelques doutes quant à cette hypothèse. Un système de récompense hypersensible pourrait expliquer la réputation de bêtes de sexe des sociopathes, comparée au reste de la population. Elle pourrait aussi expliquer pourquoi on les retrouve au sommet dans leur domaine de compétence, professionnellement parlant. Les sociopathes participent sans doute à la société de toutes sortes de façons afin de générer une quantité énorme de dopamine dans leur cerveau. Mais qu'en est-il du côté casse-cou ? Nous le sommes ; pour autant, je ne pense pas que ce soit à cause d'un excès de dopamine, notamment parce qu'une précédente étude menée par la même université Vanderbilt a démontré que de faibles quantités de dopamine étaient en relation directe avec la prise de risque et l'abus de drogues. Mon expérience personnelle m'a appris que ma témérité s'enracine dans ma réaction médiocre ou mon manque naturel d'anxiété face aux situations potentiellement dangereuses, traumatisantes ou stressantes.

Je fais des tas de choses irréfléchies et idiotes, surtout quand on sait que je suis un col blanc financièrement à l'aise, au QI brillant, qui a été élevé dans un foyer stable et pratiquant de la classe moyenne. Jeune, je me suis adonnée aux bêtises typiques des adolescents : pogo, auto-stop dans des pays sous-développés, se faire remorquer par une camionnette à bord d'un Caddie, bagarres, etc. Si j'ai suffisamment grandi pour laisser tomber les activités les plus puériles, je n'ai jamais vraiment appris à retenir les leçons de mes mauvaises expériences.

Un été, j'ai perdu toutes mes économies en boursicotant sur des actions à risque. Qui plus est, j'ai augmenté le danger en mettant tous mes œufs dans le même panier et en les gardant alors que j'aurais dû les vendre. Malgré plusieurs transactions désastreuses, j'ai continué à faire des paris hasardeux et inutiles. Objectivement, j'étais consciente de perdre beaucoup d'argent ; pourtant, je n'arrivais pas à en ressentir de malheur. Bien que cela n'ait aucun rapport apparent, je n'utilise plus de couteaux. Je ne pense jamais que je peux me blesser. Je me suis pourtant coupée à de multiples reprises, m'entaillant la peau jusqu'à l'os au point de devoir être recousue parfois. Malgré tout, je n'arrive pas à agir avec plus de prudence. Résultat, j'ai renoncé à me servir de couteaux.

J'ai toujours aimé arpenter les villes à bicyclette, notamment parce que c'est dangereux. Pour peu qu'une voiture morde sur ma file, je lui flanque un coup de pied ou de pompe à vélo. Si un véhicule me coupe la route, je le suis jusqu'à ce que je l'aie rattrapé, le double et m'arrête brutalement devant lui, l'obligeant à piler. Je ne doute pas que ces comportements me mettent, moi et moi seule, en danger, mais ils collent une frousse de tous les diables aux conducteurs, ce qui me ravit. Et je ne me soucie pas assez de ma sécurité pour changer d'attitude. Ce n'est pas que je suis irrationnelle ; c'est que, dans mon esprit, mes actes n'impliquent que rarement la perspective d'une souffrance. Il y a certes un brin d'excitation à défier les chauffards et à risquer mes économies ; par-dessus tout cependant, aucune angoisse ne suffit dans ces situations pour m'avertir et m'inciter à me montrer plus prudente.

Je ne saurais énumérer les fois où j'ai été victime d'intoxications alimentaires à force de manger des plats douteux. Pourtant, cela ne m'a rien appris. Il y a quelques années, je me suis réveillée nue sur le sol des douches d'une salle de sport. Impossible de me rappeler comment j'avais atterri là, mais c'était sûrement après avoir fait n'importe quoi. Les gens qui connaissent leurs limites ne finissent pas ainsi dans les douches d'une salle de sport. Mon cerveau n'a pas le bouton qui m'ordonne d'arrêter ; je suis dénuée de l'instinct naturel qui m'indiquerait que je suis sur le point d'aller trop loin. Lorsque je commets ce genre d'acte, j'ai moins l'impression d'être guidée par mon envie de la carotte que par mon indifférence totale envers le bâton.

J'ai toujours habité les quartiers les moins recommandables. Les loyers n'y sont pas élevés et j'estime inutile de m'offrir la sécurité à un coût exorbitant, puisque j'ai une assurance santé. Cela rend dingues mes amis et ma famille, mais cela leur facilite la tâche pour les cadeaux d'anniversaire et de Noël : bombe au poivre, serrure à pêne dormant, accessoires destinés à dissuader les voleurs de voiture, etc. Juste après l'université, j'ai vécu à côté d'une HLM de Chicago infestée par le trafic de drogue. La nuit, je faisais mon jogging, mes écouteurs sur les oreilles et le volume poussé à fond pour ne pas entendre les coups de feu, plutôt bruyants. Récemment, je suis rentrée chez moi pour découvrir que mon appartement avait été cambriolé. C'était la seconde fois, la première s'étant produite peu après mon emménagement. Lorsque je ne suis pas vandalisée, des visiteurs tambourinent à ma porte à toute heure de la nuit. (Je crois que l'un de mes voisins est dealer et que ses clients confondent mon appartement et le sien. Mais ce n'est qu'une conjecture…)

Mon amour des engins motorisés et les mésaventures qu'ils m'ont values illustrent peut-être encore mieux mes tendances à la prise de risque. Je raffole des voitures. J'ai le sentiment d'être invincible quand je suis au volant et je me mets souvent en danger – ainsi que les autres –, parce que je ne réfléchis pas aux conséquences de mes actes. Un jour que mes freins menaçaient de lâcher, j'ai préféré conduire jusque chez mon garagiste plutôt que payer une dépanneuse, alors que j'étais entièrement responsable de l'état lamentable de ma voiture. Il pleuvait, j'avais plusieurs kilomètres à parcourir le long d'une pente raide. Pire encore, en approchant du garage, je me suis rendu compte que j'allais devoir traverser un pont dont l'arche s'arquait de manière impressionnante au-dessus des voies ferrées. J'étais sur une quatre-voies encombrée. Quand je suis arrivée au bout du pont, je roulais à au moins soixante-dix kilomètres-heure, beaucoup trop vite donc pour la circulation ralentie à cause d'un feu rouge un peu plus loin. En une fraction de seconde, j'ai pris ma décision. Braquant à gauche, j'ai traversé à fond de train les deux voies d'en face puis celles d'une contre-allée, avant de m'arrêter brutalement quand la roue avant a heurté le trottoir. Levant la tête pour lire le numéro du bâtiment où j'étais, j'ai constaté qu'il me restait à peine quelques mètres à parcourir jusqu'à l'atelier. Je m'y suis rendue tout doucement, me suis garée sur le parking, stoppant la voiture à l'aide du frein à main, tout cela sous les regards hébétés des badauds.

Il va de soi que, sur le moment, j'étais plutôt contente de moi. Il est toujours agréable de se prouver qu'on est apparemment invincible. Mais si les choses avaient horriblement mal tourné – si ma voiture avait chuté du pont et explosé sur les rails, par exemple –, j'aurais ressenti exactement la même satisfaction, pour peu que je m'en sois sortie indemne – tant que je survis, tout va bien. Ce n'est pas qu'il ne m'arrive pas d'ennuis, au contraire ; c'est juste que je les prends à la légère. Il arrive quelquefois que, dans l'instant, j'éprouve regrets ou angoisse. Cependant, je les oublie vite, et le monde déborde aussitôt de nouvelles promesses. Je n'ai rien de supra humain, je ne suis pas entièrement immunisée contre le chagrin ou la douleur ; je suis seulement d'un optimisme et d'un amour-propre fort robustes qui m'amènent à contempler le monde à travers des lunettes roses.

Bien que je sois largement vaccinée contre le malheur, ce n'est pas le cas de mes frères et sœurs, ni de mes amis. Parfois, ils me détestent pour la témérité dont je fais preuve et les répercussions qu'elle a sur eux. Je me souviens avoir essayé de réchauffer mes mains engourdies par le froid sur le bord d'une route en pleine tempête de neige afin de manœuvrer un cric et de changer la roue que j'avais moi-même « réparée » deux jours auparavant, cependant que mon frère m'agonisait d'injures. Après un cambriolage de trop, une amie m'a suppliée de déménager, histoire d'avoir l'esprit tranquille. Lorsque je lui ai répondu que cela m'était égal, elle a insisté : « Pense à la tranquillité de ceux que tu aimes alors. » Malheureusement, j'ai du mal à trouver des motifs suffisants pour changer. J'ai toujours réussi à me tirer des situations pénibles, même si cela m'obligeait à mendier auprès d'inconnus, à supplier les policiers d'être compréhensifs ou à inventer des tonnes de mensonges afin de couvrir mes traces. Étant prête à jouer quitte ou double à tous les coups, et plutôt veinarde (la poisse ne dure jamais longtemps), j'ai échappé au pire. Au demeurant, la prudence coûte cher, que ce soit en termes de montant ou de bonnes occasions ratées. Les gens estiment que la prudence a un prix, ne serait-ce que celui de la « tranquillité d'esprit », pour reprendre l'expression de mon amie. D'accord. Sauf que, quoi que je fasse, mon esprit n'est presque jamais tranquille. Voilà pourquoi je ne me donne pas la peine d'être prudente.

« Puisque j'avais décidé
de sortir du placard et de **révéler
mon appartenance** à l'un des groupes
humains les plus haïs qui soient,
autant apporter les **preuves**
de mes dires. **»**

Plusieurs années après m'être autodiagnostiquée sociopathe et avoir créé mon blog, j'ai décidé de me soumettre à un bilan officiel. En vérité, je ne désirais guère consulter un professionnel. J'avais lu toutes les critiques possibles sur les critères d'évaluation et je me faisais autant confiance qu'à n'importe qui doté d'un diplôme en psychologie. Néanmoins, l'absence de diagnostic formel risquait d'amener certains de mes lecteurs à dédaigner mon opinion : comment croire à l'authenticité de mes propos s'ils n'étaient pas corroborés par un spécialiste ? Puisque j'avais décidé de sortir du placard et de révéler mon appartenance à l'un des groupes humains les plus haïs qui soient, autant apporter les preuves de mes dires.

Mon choix s'est porté sur le Dr John Edens, professeur à l'université Texas A&M et chercheur renommé dans le domaine de la sociopathie. Ses avis ont été, par exemple, récemment sollicités par des journaux comme le *New York Times* et des radios non commerciales comme la NPR. Le Dr Edens m'a confié qu'il craignait que le test qu'il envisageait de me faire passer soit fortement lié au modèle du sujet criminel de Hare. Comme je n'avais pas de casier judiciaire, mes résultats risquaient d'être quelque peu biaisés et de sous-estimer mon niveau de sociopathie.

J'ai donc subi, parmi d'autres tests, un questionnaire plus récent inspiré de la grille de Hare, le PCL:SV (*Psychopathy Checklist: Screening Version*, « grille d'évaluation de la psychopathie : version abrégée »). Si cette échelle reprend les caractéristiques définies par Hare, elle tient moins compte des données historiques et criminelles que l'original. Elle comprend douze critères, notés entre 0 et 2 – le total va donc de 0 à 24. Elle est scindée en deux parties : la première s'intéresse aux traits typiques de personnalité sociopathes, tels que l'absence de remords et d'empathie, le mensonge et la vantardise qui imprègnent nos relations ; la seconde s'intéresse plus aux attitudes et activités déviantes, comme l'irresponsabilité, l'impulsivité et le comportement asocial.

Durant l'entretien, nous avons abordé mon passé : épisodes où ma fougue, mon agressivité et ma légèreté comportementale s'étaient manifestées (bagarres et vols à l'étalage) et auraient facilement pu, sans nécessairement me conduire devant un juge, m'amener à me frotter au système répressif américain. Dans son rapport, le Dr Edens note que mes actes semblent avoir été accomplis en vue d'obtenir un certain plaisir plutôt que des bénéfices, financiers ou non. Il écrit : « À ce stade, il est difficile de déterminer si le fait que Mme Thomas n'ait jamais eu d'ennuis avec les forces de l'ordre est dû à ses talents de manipulatrice quand il s'agit de se tirer d'une difficulté, si l'on en juge par les facteurs de protection évidents qu'elle a mis en place (grande intelligence, bonnes études, structure familiale sur laquelle s'appuyer, divers avantages socio-économiques), à une formidable chance ou à une combinaison des deux. » Je lui ai parlé de ma famille, de mon adolescence téméraire, de mon incapacité à garder mes emplois après mes études de droit, de l'autoanalyse qui s'était ensuivie et m'avait amenée dans son cabinet. J'ai raconté des histoires que j'avais tout sauf oubliées.

Mon résultat au PCL:SV a été de 19 points sur 24. Si des conclusions nettes et précises sont impossibles, il est cependant admis qu'un score dépassant les 18 points est « l'indice d'une réelle psychopathie ». J'ai obtenu 12 à la première partie (personnalité) et 7 à la seconde (comportement). Le Dr Edens précise : « Notons que 12 est le maximum qu'on puisse atteindre à la première partie de ce questionnaire, ce qui sous-entend la présence de puissantes caractéristiques affectives et relationnelles typiques constatées chez des individus psychopathes. »

Le système de notation linéaire conforte les preuves qui ont récemment montré que « la psychopathie est dimensionnelle (autrement dit, plus ou moins grave) et non catégorielle (autrement dit, entre deux maux choisissons le moindre) », pour reprendre la formulation de Hare. Les sujets atteignant les plus hauts scores sont les plus évidemment asociaux, mais même ceux qui obtiennent de faibles résultats « sont susceptibles de poser des problèmes significatifs à leur environnement, à l'instar des patients qui, à la limite du seuil accepté de l'hypertension, courent un risque médical ». Aussi, le Dr Edens m'a soumise à d'autres tests afin de traquer chez moi les traits d'une personnalité sociopathe. Le plus parlant a sans doute été le PPI-R (*Psychopathic Personality Inventory-Revised*, « inventaire révisé de la personnalité psychopathique »), un questionnaire d'autoévaluation destiné à mettre en évidence diverses caractéristiques historiquement considérées comme indicatrices d'une personnalité psychopathique. Cette échelle propose à la fois un score total significatif de traits psychopathiques et un score individuel pour huit sous-groupes qui concernent des traits plus spécifiques. Le Dr Edens note dans mon dossier : « D'une façon symptomatique, Mme Thomas a obtenu des résultats dépassant le 99e percentile des bases de données normatives dans tous les sous-groupes du PPI-R, sans considération d'âge ou de sexe. Inutile de préciser que ces résultats correspondent parfaitement à une structure de la personnalité psychopathique. »

J'ai également passé, entre autres, le NEO-PIR (*Neuroticism-Extraversion-Openness Personality Inventory Revised*, « inventaire révisé de la personnalité névrose-extraversion-ouverture »), un questionnaire d'autoévaluation à la suite duquel le Dr Edens a conclu que mon profil reflétait celui « d'une personnalité psychopathique prototypique chez les femmes ». Enfin, j'ai subi l'épreuve du PAI (*Personality Assessment Inventory*, « inventaire d'évaluation de la personnalité »), pour lequel j'ai obtenu des notes très élevées en matière d'égocentrisme et de recherche de sensations fortes, de domination dans mes relations personnelles, d'agressivité verbale et d'estime de soi excessive, et des notes très basses en termes d'expériences affectives négatives (phobies, sources de tension traumatique, symptômes dépressifs), d'attention aux autres et d'événements vécus comme stressants.

Le Dr Edens m'a plu. Il avait tout d'un homme raisonnable, était vraiment bienveillant. À un moment de notre entretien, j'ai cru qu'il allait se mettre à pleurer, tant il paraissait désolé pour moi. Je ne me souviens pas de quoi nous étions en train de discuter, peut-être d'une correction que m'avait infligée mon père. À mon avis, il s'inquiétait, notamment des répercussions qu'était susceptible de provoquer le diagnostic de sociopathie dans mon existence. Naturellement, moi, j'ai du mal à m'inquiéter de ce genre de choses. Puisque je me moque de ma santé et de ma sécurité, il y a peu de chance que je me soucie des inconvénients professionnels et personnels qu'une telle étiquette risquerait de générer. Le Dr Edens a dû s'en apercevoir aussi. C'est peut-être pour cela qu'il était si troublé.

Nous sommes convenus qu'aucun des tests existants ne correspondait à une personne comme moi, en quête volontaire d'un diagnostic. Dans un environnement institutionnel, les criminels ont tendance à mentir et à déformer leur analyse, surtout si une éventuelle libération sur parole est en jeu. Toutes ces grilles d'évaluation se doivent d'être pratiquées avec une bonne dose de scepticisme. Néanmoins, que faire d'un individu dont la personnalité semble correspondre à celle d'un sociopathe ? Plusieurs fois, le Dr Edens a souligné que j'étais capable de le tromper afin de me rendre plus sociopathe qu'en réalité ; mais il était obligé de reconnaître que mentir en vue de se glorifier est également un trait typique du trouble. Il n'empêche, je n'avais aucune envie de le tromper. C'eût été idiot. Je cherchais sincèrement des réponses et une opinion – pour autant qu'on puisse en obtenir lors d'un rendez-vous de trois heures avec un inconnu.

Lorsque de potentiels sociopathes m'écrivent pour me demander s'ils doivent se faire tester, je le leur déconseille presque toujours. C'est courir un trop grand risque.

Parce qu'il n'existe aucun véritable traitement, le seul avantage d'un diagnostic établi est la tranquillité d'esprit liée à la connaissance de soi ; l'inconvénient, c'est la tache majeure sur son dossier, qui pourrait affecter toute une vie s'il tombait entre de mauvaises mains. Même le Dr Edens a pris des trésors de précaution afin d'aseptiser sa version e-mail du rapport.

À la fin de notre consultation, le Dr Edens m'a posé une question :

> « Comment réagiriez-vous si je déclarais que vous n'êtes pas sociopathe ?
>
> Je m'étais interrogée plusieurs fois à ce sujet. Et si je laissais tomber le blog ? Si j'arrêtais de chercher des réponses dans la psychiatrie moderne ?
>
> – Je ne sais pas, ai-je répondu. Je serais sûrement agacée d'avoir consacré ma journée à voyager et à discuter avec vous pour rien. »

Il a ri. À l'heure de nous quitter, il m'a annoncé combien je lui devais pour le temps qu'il m'avait consacré. J'avais oublié mon chéquier. Nous en avons plaisanté, car c'était le geste typique d'un sociopathe.

Je suis sortie de son cabinet sans avoir la moindre idée de ce qu'il écrirait dans son rapport. Cependant, j'étais consciente que nous étions d'accord sur le fait que la sociopathie n'est pas assez étudiée, qu'elle est diabolisée et qu'elle pose un problème difficile à résoudre. Lorsque, quinze jours plus tard, j'ai reçu le rapport, il a corroboré ce que je soupçonnais depuis un moment pour ce qui concernait tant le diagnostic que je m'étais forgé que la confirmation de mes doutes quant à l'intangibilité des résultats et la subjectivité des modes d'évaluation de la psychiatrie contemporaine.

L'ultime question en matière de détection est la suivante : pourquoi faut-il identifier les sociopathes ? Dans mon enfance, mon grand-père élevait des poules et d'autres animaux dans sa ferme. Chaque volatile pondait environ un œuf par jour. Par conséquent, si nous en avions sept, nous espérions sept œufs. Mon grand-père prenait toujours grand soin de nourrir les volailles et de récupérer les œufs chaque jour. Il m'a appris à être aussi diligente quand je séjournais chez lui. Si nous manquions de le faire, disait-il, les poules risquaient de manger leurs propres œufs, or une fois qu'une poule y a goûté, elle ne peut plus s'en passer, et la seule solution est de la tuer. J'ignore s'il est vrai qu'il n'existe aucun remède contre les volailles cannibales, mais c'est ce qu'il m'a raconté afin de m'effrayer pour que je visite tous les jours le poulailler. Alors que j'étais absente, il est tombé malade et n'a pu s'y rendre. Quand il a enfin pu se lever, il a constaté qu'il y avait des coquilles brisées partout, preuve qu'une poule s'était résolue à manger des œufs. Par la suite, il en a toujours manqué un ou deux à l'appel. Au moins l'un des volatiles y avait goûté et refusait d'y renoncer, quelles que soient les quantités de nourriture qu'on lui donnait par ailleurs.

« Comment allons-nous découvrir la coupable ? ai-je demandé.

— Comment ça ?

— Il faut que nous éliminions celle qui mange les œufs des autres.

Mon grand-père s'est contenté de rire.

— Je te jure, papi. Une poule nous prive de nos œufs tout en occupant une place au poulailler. Nous devons la trouver et la tuer, non ?

— Je n'ai pas le temps de les surveiller. Et puis, cette poule nous rend service, en vérité. Elle m'incite à la vigilance. Elle me rappelle aussi que la nature est assassine, ce qui est aussi le cas de la nature humaine. »

Ce raisonnement ne m'a pas satisfaite. Le lendemain matin, je me suis réveillée tôt et j'ai monté la garde près du poulailler. J'ai vu les poules s'installer dans leurs nids et y déposer leurs œufs l'une après l'autre. J'ai aussi remarqué que l'une d'elles se mettait à jouer avec un œuf, l'agaçant de ses serres et le picorant de son bec. J'ai envisagé de la tuer. J'avais appris à le faire : la suspendre par les pattes d'une main et lui trancher la jugulaire de l'autre ; le sang gicle sur le sol, tandis que le volatile bat des ailes jusqu'à ce que mort s'ensuive. L'exécution durait moins de cinq minutes. À la place, j'ai poussé un cri, et la coupable a filé. J'ai récupéré les œufs et je suis retournée à la maison. Je me suis demandé si les poules avaient identifié la cannibale, et si ce n'était pas encore le cas, comment elles réagiraient quand elles la découvriraient.

3.
NOUS SOMMES FLIPPANTS ET ZARBIS

« Je pense souvent à Jim,
mon double empathique, quand
se pose la question de déterminer
si je suis née sociopathe ou si je le suis
devenue au gré des circonstances
de mon enfance. »

S i j'ai grandi au sein d'une nombreuse fratrie, mon frère préféré a toujours été mon aîné le plus proche en âge, Jim. À dix-huit ans, il a craqué, se transformant en ce qu'il a appelé un « loup solitaire ». Lors d'un voyage avec des amis, il a été malade et s'est souillé sur le parking d'un supermarché. La gêne et l'angoisse générées par cet incident semblent avoir déclenché un état de fuite ; Jim n'a rien dit à ses camarades, il n'a même pas eu le bon sens d'entrer dans le magasin pour se nettoyer. Au lieu de cela, il a retiré ses sous-vêtements et les a abandonnés sur l'asphalte, puis il s'est isolé du groupe. Après l'avoir cherché, ses amis l'ont découvert errant dans une autre partie du parking et l'ont habilement convaincu de regagner la voiture. Durant le reste du voyage, à l'ambiance désormais lourde, il a porté la même tenue crasseuse et a refusé de se laver. La majeure partie du temps, il s'est révélé incapable de formuler des phrases cohérentes ou d'agir comme un être humain normal. Au bout de quelques jours, il a fini par redevenir lui-même, mais n'a su répondre aux questions sur le loup solitaire. Il ne le peut toujours pas aujourd'hui.

Faute de meilleure formulation, je dirais que le Jim adulte est fragile. Il est extrêmement sensible au stress, vite dépassé par les événements les plus insignifiants et d'une nervosité presque permanente. Il se comporte comme un chien mal-traité qui a reçu trop de coups de pied dans le ventre pour être à l'aise en présence d'inconnus. En dépit d'une thérapie intensive, il continue à avoir des difficultés qu'il exprime avec violence de façon passive-agressive ou en s'abstrayant entière-ment, ne laissant que sa « coquille vide ». Lorsque je l'observe, je me demande parfois si je lui aurais ressemblé si j'avais été de nature empathique. Je ne m'imagine pas devenir comme lui, ce qui m'amène à m'interroger : comment un environne-ment identique a-t-il réussi à produire deux caractères aussi opposés ? Je pense souvent à Jim, mon double empathique, quand se pose la question de déterminer si je suis née socio-pathe ou si je le suis devenue au gré des circonstances de mon enfance. Des preuves scientifiques fascinantes suggèrent que la sociopathie a une composante génétique forte. Des études montrent également que les caractéristiques du trouble sont stables et constantes tout au long de la vie de l'individu. Il a été prouvé que les vrais jumeaux, qui partagent 100 % de leurs gènes, seront beaucoup plus susceptibles d'être tous les deux atteints de troubles de la personnalité sociopathe que les faux jumeaux, qui ne partagent que 50 % de leurs gènes. Mon frère Jim est ce qui s'apparente le plus à un jumeau pour moi. Séparés par à peine plus d'une année, enfants, nous avons souvent été pris pour des jumeaux. Lui et moi faisions tout ensemble. On peut, sans se tromper, affirmer que nous avons reçu une éducation et vécu des expériences presque identiques ; pourtant, nous sommes devenus deux adultes totalement opposés.

Dans un grand parc de la ville où j'ai grandi, il y avait un immense dinosaure en béton – un brontosaure pour être exacte –, enfoui en majeure partie dans un bac à sable. Seuls son long cou et sa queue mauves étaient visibles – et irrésistibles pour que des gosses comme nous grimpent et glissent dessus. Mon frère Jim et moi avons passé bien du temps – des heures parfois – en compagnie de ce brontosaure, jusque tard dans l'après-midi ou tôt dans la soirée, à attendre que notre mère daigne venir nous chercher à l'école. Si le parc n'était guère éloigné de cette dernière, il était cependant assez retiré pour être hors de vue des enseignants. Personne ne pouvait soupçonner que notre mère nous avait oubliés ; du reste, nous avions des histoires toutes prêtes au cas où quelqu'un s'en serait inquiété. « Notre maman parle de nos progrès avec le directeur » ou « Notre maman vient d'être appelée pour une urgence. Une voisine va venir nous chercher ». En vérité, nous n'avions pas la moindre idée des raisons de l'incapacité constante de notre génitrice à être à l'heure à la sortie de la classe. Nous refusions toutefois l'aide des personnes bien intentionnées. Quitte à mentir. Nos salades ne manquaient jamais d'impliquer un adulte supposé être dans les parages, même lorsque le soleil commençait à se coucher.

Un bel après-midi, alors que j'avais dans les dix ans et Jim onze, nos parents nous ont amenés au parc. C'était sûrement pendant les vacances scolaires des primaires, car je me souviens que notre frère aîné avait encore cours au lycée. Quoi qu'il en soit, nous étions les seuls enfants dans le coin. Nos père et mère nous ont déposés près du brontosaure, puis sont partis vaquer à leurs occupations pendant que nous jouions à nos jeux de soldats et de sous-mariniers avec notre vieil et quelque peu décrépit ami le dinosaure, joignant nos mains dans la crevasse sombre de sa gueule paresseusement entrouverte. Une fois lassés de lui, nous nous sommes lancés dans l'aventure au milieu du ruisseau envahi par les bambous, prétendant être des hommes du Viêt-cong qui rampaient sans bruit dans la jungle.

Au bout d'environ une heure, nous sommes revenus au parking, juste à temps pour voir nos parents monter en voiture. J'ai un souvenir très clair de mon père tenant la portière à ma mère qui, avec la nonchalante élégance qui lui était familière, s'installait sur son siège. Constatant qu'ils s'apprêtaient à partir, nous avons pressé le pas. Nous avions hâte de rentrer à la maison pour manger, nos jeux guerriers nous ayant ouvert l'appétit. Nous étions à environ cent cinquante mètres d'eux quand nous avons entendu le moteur démarrer. Mais ce n'est qu'en voyant les feux de recul s'allumer que nous avons pris nos jambes à nos cous. Je ne me rappelle pas quand, exactement, j'ai saisi que nos parents nous abandonnaient. Je n'y croyais pas, même lorsque le véhicule s'est éloigné sur les allées étroites du parc, tandis que nous courions en nous époumonant. Ont-ils distingué dans les rétroviseurs leurs enfants qui les poursuivaient, monstres auxquels ils tentaient d'échapper à vitesse réduite, le ronronnement sourd du moteur couvert par nos hurlements et nos piétinements sur le trottoir ?

Nous avons suivi la voiture sur plus de huit cents mètres. Naturellement, nous n'avons pas réussi à la rattraper, encore moins lorsque, une fois sur la rue principale, elle a accéléré et disparu.

L'instant où vous cessez de courir après la voiture de vos parents est un condensé de désespérance. « Les dieux ont chu, et tout sentiment de sécurité s'est volatilisé[1]. » C'est une prise de conscience physique, pendant laquelle l'espoir vous déserte aussi vite que le taux d'adrénaline était monté. Des centaines de battements de cœur plus tard, pliés en deux pour tenter de reprendre notre souffle, il se peut que nous ayons tendu l'oreille à l'affût d'un crissement de freins et du bruit d'un véhicule faisant demi-tour. Si tel a été le cas, nous n'en avons pas parlé entre nous. À la place, nous avons réfléchi aux

---

1 *À l'est d'Éden*, John Steinbeck.

raisons qui les avaient poussés à nous abandonner. Ils avaient peut-être oublié d'être venus au parc avec nous, ou avaient été appelés par une urgence, genre écartèlement ou mutilation pour le moins. Ou alors ils s'étaient chamaillés. Nous avons cherché à expliquer leur comportement, à en dégager une sorte de vraisemblance à laquelle nous raccrocher. Malheureusement, leur attitude était souvent erratique. En revanche, nous avons senti avec certitude qu'ils ne reviendraient pas. Nous l'avons deviné, et ça s'est vérifié.

Nous aurions pu tenter de rejoindre la maison à pied ; nous avons préféré voler de nos propres ailes. Pour mon frère, je pense que l'idée était de faire honte à nos parents de leur comportement inqualifiable, à la façon dont les petits enfants se sauvent souvent, dans l'espoir que leurs géniteurs verseront de grosses larmes pleines de remords. Quant à moi, j'avais envie de vérifier si nous avions vraiment besoin d'un père et d'une mère ou si, au contraire, appartenir à notre famille relevait d'une fiction qu'on nous enseignait à l'église et qu'on nous montrait à la télévision, histoire de nous convaincre d'accepter les corvées ménagères du samedi.

J'ai été l'enfant du milieu d'une famille aussi perturbée que celle des Tenenbaum dans le film du même nom, avec un père violent et humiliant, et une mère indifférente, hystérique parfois. Nous étions cinq frères et sœurs, une petite milice bien entraînée et unie. Nous avons grandi en ayant le sentiment de valoir mieux que les autres, convaincus que les seuls à être en mesure de nous comprendre et de nous apprécier étaient les autres membres de la famille.

Mes parents se sont mariés jeunes, ma mère à vingt ans et mon père à vingt-trois. Elle avait été contrainte par sa famille dysfonctionnelle d'abandonner ses études. Rentrée chez elle, elle s'était mise à fréquenter les garçons avec agressivité, testant ceux qui étaient susceptibles de la sauver. Je ne sais pas trop ce qui l'a amenée à choisir mon père, mais elle l'a fait rapidement, le coinçant et lui demandant s'il comptait l'épouser quelques mois seulement après l'avoir rencontré. Elle a donné naissance à mon frère aîné dès la première année de leur mariage, puis a continué à mettre au monde des bébés avec constance.

Mon père était avocat. À l'époque où il sortait avec ma mère, il travaillait pour un gros cabinet juridique. Lorsqu'il a été licencié pour raisons économiques, il a lancé sa propre affaire, modeste. Il aimait à se prendre pour une espèce d'Atticus Finch[1], acceptant parfois que ses clients le règlent en gâteaux faits maison. En tant que père nourricier, il était franchement au-dessous de tout. Souvent, nous rentrions le soir de l'aire de jeux pour découvrir que l'électricité avait été coupée suite à de nombreuses factures impayées. Il dépensait des milliers de dollars en passions onéreuses, alors que nous n'avions pour déjeuner que les oranges poussant dans notre jardin. L'année de mes douze ans, il n'a pas réglé un arriéré d'impôts. Entrepreneur indépendant, il avait omis de s'en acquitter et n'avait nullement l'intention de s'y résoudre à la date butoir. Il a eu droit à un redressement fiscal, et le peu qu'il restait de notre sécurité financière s'est volatilisé.

---

1 Avocat droit et honnête, luttant contre les préjugés, du roman *Ne tirez pas sur l'oiseau moqueur*, de Harper Lee.

Plus grave que ces difficultés d'argent, l'hypocrisie de mon père m'a appris à n'avoir confiance ni dans les sentiments, ni dans tout ce que n'étayent pas des faits objectifs et irréfutables. Si mon cœur s'est durci, c'est – je crois – en réaction à son étalage de sensiblerie larmoyante et à ses références mensongères à la vertu.

J'ignore comment les autres percevaient mon géniteur, mais ce qui est sûr, c'est qu'il s'efforçait avec acharnement de donner – au monde, à lui-même et à nous – l'image d'un homme bon et d'un père attentionné. Il aimait à se croire admirable, et presque tous ses actes étaient dictés par la satisfaction de sa propre estime. Il avait l'habitude de dresser la liste de ses réussites pour pouvoir en faire état à tout moment : le barreau auquel il appartenait, les services qu'il rendait à ses clients, son rôle au sein de notre paroisse et, par-dessus tout, ses entreprises philanthropiques. Il avait besoin que l'univers sache à quel point il était généreux et désintéressé.

Mes parents s'impliquaient dans les activités de l'école, notamment la musique. Il arrivait que mon père joue les éclairagistes pour un concert de la fanfare scolaire, tandis que ma mère accompagnait la chorale. Ils étaient sûrement des piliers de notre petite communauté provinciale. Un jour, alors que nous étions déjà en retard pour un concert, je me suis aperçue que j'avais oublié mon instrument à la maison. Plutôt que de risquer de manquer à leurs engagements en faisant demi-tour, je me suis retrouvée dans les coulisses pendant que ma mère chantait et que mon père s'occupait des projecteurs. Il ne m'a pas semblé anormal que mes parents participent à la soirée de mon école alors que j'en étais exclue.

Lorsque mon père se comportait mal, je crois qu'il était plus déçu de trahir son image que de nous amocher. Peu importait qu'il soit réellement la personne qu'il prétendait être ; ne comptait que l'impression de l'être, y compris à ses propres yeux. Il m'était impossible de respecter ce mensonge à soi-même.

« J'ai été l'enfant du milieu d'une famille aussi perturbée que celle des Tenenbaum dans le film du même nom, avec **un père violent** et **humiliant**, et **une mère indifférente**, **hystérique** parfois. **»**

Nous regardions un film en famille, il se tournait vers ma mère, les prunelles mouillées de larmes, tendait le bras et s'exclamait : « Regarde ! J'ai la chair de poule ! » Il cherchait de manière désespérée à ce que nous soyons témoins de son aptitude à ressentir, à être humain et il avait plus besoin de cette confirmation que de tout autre chose.

Un jour, alors que j'avais huit ans, je regardais en sa compagnie les informations. Quand je me suis permis une remarque déplacée à propos d'un enfant handicapé, il m'a demandé, horrifié : « Tu n'éprouves donc aucune compassion ? » J'ai dû l'interroger en quête d'explications. Le mot m'était inconnu, or il réagissait comme si j'étais un monstre. Le message était on ne peut plus clair : ses émotions et sa droiture faisaient de lui un modèle d'humanité ; mon absence de sentiments faisait de moi une tache sur sa réputation.

Mon mépris pour lui était extrême. Le premier rêve récurrent dont je me souviens me voyait l'assassiner à mains nues. Cette violence onirique avait quelque chose d'enthousiasmant : je l'assommais à coups répétés de porte sur la tête, je ricanais quand il s'affalait par terre sans plus bouger, sans plus pouvoir parader autour du globe en exhibant sa prétendue grandeur d'âme. J'étais rassurée d'être en mesure de le tuer en cas de besoin, et ces songes me permettaient de planifier sa mort et de m'y entraîner, d'y réfléchir minutieusement et de me réjouir de la perspective de débarrasser nos vies de sa présence.

Ma mère était une belle femme. Toute mon enfance, j'ai vu les passants l'arrêter dans la rue pour le lui dire. Jeune, elle avait un vrai talent pour la musique – enfin, nous le croyions. Elle donnait des leçons de piano aux gosses du quartier et, quelquefois, la famille semblait vivre des quarante dollars par mois qu'elle gagnait auprès de chacun de ses élèves. Trois heures par jour après l'école, les enfants se relayaient pour taper sur le clavier familial, pendant que nous autres regardions la télévision ou faisions nos devoirs.

Je me souviens d'avoir patienté sur l'escalier qu'un enfant en termine avec son cours, jugeant son jeu et lui reprochant de me voler l'attention de ma mère. Lors des récitals de fin d'année, je soupçonnais que le plaisir affiché de cette dernière tenait moins aux progrès de ses élèves qu'à son propre exploit d'avoir réussi à tirer une musique belle ou passable de créatures aussi incultes.

Elle adorait être le centre du monde, passion qui lui allait bien. Après la naissance de ma plus jeune sœur, elle a décidé d'assouvir sérieusement ses ambitions d'actrice et de chanteuse. Elle a passé des auditions, a décroché un second rôle auprès d'une production qui organisait des dîners-spectacles. Après chaque représentation, elle rentrait rayonnante à la maison, grisée par les applaudissements et l'admiration. Par la suite, elle a fait quelques apparitions dans des comédies musicales et des concerts, et n'a pas tardé à devenir un pilier des événements culturels locaux.

Mon père raffolait des concerts où se produisait la chorale de notre paroisse, car nos amis et voisins ne manquaient jamais d'y assister. En revanche, dès que la carrière de ma mère l'a trop éloignée de nous, n'apportant aucune pierre à sa réputation, il s'est mis à lui reprocher d'avoir besoin de l'attention et de l'adulation du monde extérieur, autrement dit de tous sauf de lui.

Ce n'était pas faux. À mon avis, elle comblait ainsi le vide qu'elle ressentait, elle y puisait une ressource temporaire qui lui permettait de continuer à être une adulte et une mère soucieuse et efficace. Lorsqu'elle s'est lancée dans ses rêves de comédienne, elle n'espérait déjà plus que mon père devienne un avocat riche et couronné de succès. Ses enfants ne cessaient de se multiplier, d'occuper l'espace et de grandir, lui imposant des tâches et des responsabilités qui l'empêchaient toujours plus de respirer et de rêver. Les personnages de fiction représentaient un refuge où échapper à sa vie et à nous, où se perdre dans des répliques et des dialogues qui n'impliquaient ni genoux écorchés ni nez morveux. La liberté dont elle jouissait en devenant quelqu'un d'autre lui était indispensable, ne serait-ce que quelques soirs par semaine. Être appréciée pour des raisons artistiques plutôt que ménagères.

Quand l'un de nous tombait malade ou se blessait, elle levait les bras au ciel et s'écriait : « Formidable ! Et maintenant, je fais quoi, moi ? » Ses projets gâchés et ses occasions ratées pour la journée marquaient brièvement ses traits. Toute tasse de thé qu'elle vous préparait s'accompagnait d'un soupir. Tout « Vas-tu mieux ? » prononcé sur un ton impatient nous accusait, comme si notre incapacité à guérir était une atteinte directe à son désir de vivre.

Quand la saison des représentations s'achevait, elle sombrait inévitablement dans une profonde dépression, au point d'en être physiquement malade. Elle a réduit en miettes plusieurs voitures. Je l'imagine traquant inconsciemment dans son cerveau des souvenirs heureux de passages sur scène ou d'éclats de rire avec ses amies, insouciante des feux rouges et des panneaux de signalisation. À moins qu'elle n'ait eu aucun souvenir pour la distraire, juste des fantasmes de l'existence qu'elle aurait pu avoir si seulement elle avait fait des choix légèrement différents.

Ses accidents de la circulation répétés représentaient de petits séismes dans nos vies, nous remémorant que nous étions mortels et, par conséquent, que nous (et elle) étions vivants. Je respectais ses infimes rébellions, même si elles impliquaient que la tête de mon frère ait été entaillée suite à un choc contre le pare-brise. Je ne me rappelle pas avoir éprouvé de colère face à cela : elle essayait juste de vivre, et il est vrai que nos existences, sur lesquelles elle avait peu de contrôle, avaient contrarié son bonheur de multiples façons. Naturellement, mon père râlait à cause de la blessure de mon frère. Sauf que personne ne s'en souciait vraiment – mon père moins que quiconque –, et que la vie continuait à l'identique.

Pourtant, elle nous apportait de la soupe quand nous étions alités. Elle nous nourrissait et nous blanchissait, et mon père aussi. Elle prenait notre température avec des rides anxieuses ; elle nous embrassait à l'heure du coucher. Lui aussi. Et quand il me frappait à coups de ceinturon, pour des raisons dont j'ai tout oublié, elle pleurait. Ce qui n'était pas mon cas. Lorsque j'ai décroché mon diplôme en droit, mon père s'est sincèrement réjoui – je ne crois pas l'avoir vu aussi heureux que ce jour-là. Je n'ai jamais douté de leur amour, mais ce dernier était instable et pouvait devenir très laid. Il ne m'a pas empêchée de souffrir ; plus souvent même, il m'a fait souffrir. Plus mes parents étaient sûrs de leur amour pour moi, moins ils paraissaient enclins à veiller sur moi.

Ils m'ont beaucoup appris. À me protéger des émotions d'autrui, à en limiter les effets, à devenir autosuffisante. Ils m'ont enseigné que l'amour est tout sauf sûr. Aussi, je n'ai jamais compté dessus.

La question de l'inné et de l'acquis fait débat pour ce qui concerne les sociopathes. Invoquer l'inné semble les affranchir de leurs mauvaises actions, les rend plus pitoyables et acceptables aux yeux de la société. En revanche, l'acquis suggère qu'ils devraient réussir à changer à force d'efforts et de longues thérapies ou, à l'inverse, qu'ils sont susceptibles de faire de nouvelles recrues en maltraitant leur progéniture. La vérité est plus complexe. Psychiatres et scientifiques estiment que la sociopathie est une combinaison des gènes et de l'environnement. Même si l'héritage génétique est évident, le milieu joue un rôle majeur dans le déclenchement de ces gènes et le développement particulier d'un sociopathe. D'après le psychologue Daniel Goleman, auteur d'*Intelligence relationnelle*, pour peu qu'un gène ne s'exprime jamais, « nous pourrions tout aussi bien en être dénué », ce qui soulève une question intéressante : êtes-vous un sociopathe dès lors que vous êtes porteur des gènes du trouble même s'ils ne s'affirment pas dans votre comportement ? Parfois, il n'est pas évident de définir pourquoi les gènes d'un sociopathe se manifestent ou non. Pour ma part, j'ai toujours senti que je vivais dans un équilibre instable, ni du bon ni du mauvais côté de la vie, mais prête à tout moment à basculer complètement dans un sens ou dans l'autre. Je me demande souvent à quel point mon existence aurait été différente si j'avais été élevée dans des conditions meilleures ou pires que celles que j'ai connues.

Certains des facteurs environnementaux les plus formateurs peuvent se manifester avant les tout premiers souvenirs de l'individu. Bien que le cerveau n'atteigne pas sa maturité avant l'âge de vingt ans, selon Goleman, les vingt-quatre premiers mois d'un être humain sont les plus cruciaux de son développement, car c'est la période où il grandit le plus. Chez les souris, la période équivalente est de douze heures après la naissance. Les souriceaux qui sont léchés, et donc plus choyés, par leur mère durant ce laps de temps s'épanouissent

« Ils m'ont beaucoup appris.
À me **protéger des émotions
d'autrui**, à en limiter les effets,
à devenir autosuffisante. Ils m'ont
enseigné que **l'amour est tout
sauf sûr**. Aussi, je n'ai jamais
compté dessus. »

mieux, sont plus intelligents et plus sûrs d'eux que ceux qui ont été moins léchés, lesquels deviennent des animaux lents, vite dépassés et anxieux. Les scientifiques ont émis l'hypothèse qu'il en allait de même chez les humains, l'équivalent des coups de langue étant la bienveillance, l'harmonie et le toucher. Les recherches de Goleman corroborent la théorie de l'attachement de l'enfant avancée pour la première fois par le psychiatre et psychanalyste John Bowlby, lequel a enquêté auprès d'orphelins de la Seconde Guerre mondiale. Avec des collègues, il a découvert que les enfants qui, dans leur prime enfance, n'avaient pas eu assez de contacts physiques avaient du mal à se développer, à grandir, qu'ils pouvaient même en mourir. Selon cette étude de la relation mère-enfant, les bébés qui reçoivent peu ou pas de réactions de la part de leur mère en période de détresse ont tendance à devenir des enfants rebelles, indépendants et détachés, qui échouent à préférer leurs parents à des étrangers. Une fois adultes, ils éprouvent des difficultés à instaurer des relations durables et profondes.

Bébé, j'ai souffert de coliques particulièrement pénibles, mal comprises bien que fort répandues, et dont le symptôme consiste en pleurs fréquents et inconsolables. Aujourd'hui encore, mes parents en parlent en s'en plaignant, soulignant quelle enfant difficile j'étais, d'autant que j'étais arrivée trop tôt après mon frère Jim qui, à sa manière, avait également besoin d'attention.

Mes parents ont le souvenir très vivace de m'avoir emmenée à des réunions de famille durant lesquelles je ne cessais de crier. Chaque tante, oncle ou grand-parent estimait avoir la solution avant de renoncer, au bord de la crise de nerfs. Lorsque, à présent, mes parents racontent ces événements, c'est pour se justifier : personne n'arrivait à me consoler. Cela les arrangeait : ils n'avaient rien à se reprocher en tant que parents, j'étais la seule à blâmer. Mon père admet sans vergogne qu'il me laissait souvent dans une pièce jusqu'à ce que, épuisée par les sanglots, je cède. Quand j'ai eu six semaines, ils m'ont conduite chez le pédiatre – je m'étais rompu le nombril à force de pleurer. Je ne doute pas que mes parents ont fait leur possible, mais il est évident qu'il était difficile d'accepter pareil bébé, encore plus de le cajoler.

Cet épisode des coliques terminé, ma mère dit que j'étais une enfant d'une remarquable indépendance. La première fois qu'ils m'ont déposée à la crèche de l'église, j'ai été la seule à ne pas fondre en larmes, ni à réclamer mes parents ; c'est avec bonheur et calme que j'ai joué avec des joujoux inconnus jusqu'à ce qu'ils viennent me chercher. À croire que j'étais indifférente à l'endroit où je me trouvais et à ceux qui veillaient sur moi. J'ai peut-être loupé quelque chose, à l'instar de ces souriceaux trop peu léchés.

Le cerveau fait ses différents apprentissages à des étapes diverses liées au développement et à la croissance des neurones. Pour peu qu'un enfant rate l'occasion fondamentale d'acquérir un outil particulier, l'empathie par exemple, son cerveau risque de ne jamais pouvoir le faire. L'illustration la plus extrême est celle des petits ayant grandi dans l'isolement complet, qu'on appelle parfois « les enfants sauvages ». Le *Tampa Bay Times*, un quotidien de Floride, a ainsi rapporté le destin de Danielle Crockett, retrouvée en juillet 2005 par la police dans la maison maternelle débordant d'ordures et de vermine. En découvrant la petite enfermée à clef dans un placard au milieu de ses propres excréments, l'un des policiers, un bleu, a titubé jusqu'à la porte afin de vomir. Une enquêtrice aguerrie du Bureau pour l'enfance et la famille de Floride a été vue en train de sangloter sur le volant de sa voiture. Elle a décrit la situation comme « incroyable ». « Je n'ai rien vu de pire. » À l'époque, Danielle avait six ans, mais en paraissait quatre. Elle portait des couches, ne parlait pas, était incapable de marcher ou de se nourrir seule. Quand l'officier l'a prise sur son épaule, ses couches fuyant sur son uniforme, la mère lui a crié : « Ne me prenez pas mon bébé ! »

Danielle avait un cerveau « normal », sans nulle trace génétique de retard, mais elle se comportait comme si elle souffrait d'un sérieux handicap mental. Un médecin a parlé d'« autisme environnemental », tout en précisant que « même un enfant atteint de l'autisme le plus grave répond aux câlins et marques d'affection ». Danielle, elle, ne réagissait à aucune avance. « 85 % du cerveau se développe au cours des cinq premières années de la vie, poursuivait ce médecin. Les premières relations, plus que tout autre chose, aident le cerveau à opérer ses connexions et fournissent aux enfants des occasions de faire confiance, d'apprendre une langue et de communiquer. Ce système leur est indispensable pour se lier au monde environnant. »

Danielle ne sera jamais normale. Au bout de plusieurs années, elle a appris à être propre et à se nourrir seule, mais elle reste muette. Lorsqu'une famille l'a adoptée, le *Miami Herald* a demandé : « Leur amour suffira-t-il ? » La réponse est brève et précise : non. Son cerveau a manqué trop d'occasions fondamentales, et trop de liens neurologiques ne se sont pas mis en place.

Parfois, j'entends des gens affirmer qu'ils sont « nés ainsi ». Dire qu'on est né sociopathe est comme dire qu'on est né intelligent ou grand. Certes, il est possible d'avoir une prédisposition génétique à être intelligent ou à avoir une grande taille, ou simplement à parler et à se tenir debout, mais l'existence des enfants sauvages nous rappelle durement que personne n'est prédestiné à quoi que ce soit dès la naissance et que nous dépendons des relations basiques quotidiennes – nourriture, culture, éducation, expériences et diverses autres choses – pour devenir ce que nous sommes.

Suis-je née pour séduire ? Née pour blesser ? Si ce n'est pas évident, comment en suis-je arrivée là ? Étant donné la propension aux troubles émotionnels qui caractérise ma famille, j'estime que le développement de ma prédisposition génétique à la sociopathie doit largement à ce que je n'ai jamais appris la confiance. L'inconstance de mes parents m'a notamment enseigné que je ne pouvais compter sur personne pour me protéger. Plutôt que de chercher la stabilité auprès d'autrui, j'ai appris à ne dépendre que de moi. Les interactions avec autrui étant inévitables, j'ai forcément appris à manipuler, à attirer ou à écarter l'attention des gens en vue d'atteindre mes objectifs. Ainsi, mes expériences m'ont enseigné qu'il était vain d'en appeler à l'amour ou au sens du devoir des gens, si bien que j'ai recouru à d'autres émotions plus fortes, comme leur peur ou leur désir désespéré d'être aimés. J'ai envisagé tout un chacun comme un pion sur mon échiquier. Je n'avais aucune conscience du monde intérieur des autres et aucune compréhension de leur palette émotionnelle, dont les couleurs vives étaient trop différentes de mon spectre personnel terne et grisâtre. Peut-être parce que je n'ai jamais pensé aux gens comme à des individus distincts ayant une image d'eux-mêmes et de leur destin manifeste, je n'ai jamais appris non plus à m'envisager de cette manière. Je n'ai jamais eu d'image de moi à laquelle adhérer ou dans laquelle m'investir. Déstructurée, ma vie s'est transformée en une interminable série de réactions aux contingences et de décisions impulsives qui m'amenaient d'un jour au lendemain. Contrairement à ceux qui n'auraient pas eu ma prédisposition génétique et seraient sortis de ces expériences en souffrant d'une soif désespérée d'amour destiné à combler leur vide, j'étais d'une totale indifférence.

Le jour de l'abandon au parc, quand nous sommes arrivés à la maison, mon frère Jim et moi avons constaté que la voiture était, comme d'ordinaire, garée dans l'allée. Nos parents ne nous ont posé aucune question. En général, notre souffrance ne les inquiétait guère. Je pense qu'ils ne la remarquaient pas tant qu'ils n'avaient pas à en subir les conséquences. Et comme nous étions le genre d'enfants qui n'exigent pas d'explications, ils n'ont jamais eu à faire face à nos récriminations. Tout s'est passé comme si l'événement ne s'était pas produit. Ils sont allés se coucher, heureux que leurs reje-tons, comme ceux de n'importe qui, soient bien au chaud et en sécurité.

À présent que je suis adulte et mieux à même d'analyser les modes de fonctionnement de ma famille, je suis plus convaincue que jamais que l'environnement dans lequel j'ai grandi a joué un rôle significatif dans le développement de ma sociopathie. Bien des enfants vivent dans des milieux où les parents ne sont pas fiables, où s'exerce une forme de discipline physique, où règne l'instabilité financière – ces cas ne sont pas rares. Néanmoins, il est évident que les comportements asociaux et l'attitude mentale qui me caractérisent se sont accentués durant mon enfance, que mon univers émotionnel s'est peu à peu pétrifié, que sont morts ma compréhension et mon respect des autres. Ce qui me confronte alors à une question relevant de l'œuf et de la poule : il m'est difficile de définir si les démonstrations de compassion appuyées de mon père m'ont conduite à une faible conscience morale ou si je n'en avais guère dès le départ, raison pour laquelle mon père m'a toujours semblé d'un ridicule consommé.

Si je ne me souviens pas d'avoir pensé différemment d'aujourd'hui, j'ai le sentiment très net de m'être trouvée assez jeune confrontée à une intersection de la connaissance de soi et d'avoir opté pour la voie de la réflexion anticipée. Voici un exemple pour illustrer ma pensée : avez-vous déjà été piéton à un carrefour équipé de feux de signalisation ? Nous éprouvons tous un instant d'hésitation lorsque nous arrivons au croisement et que le petit bonhomme rouge nous indique qu'il est dangereux de traverser. Soit nous lui obéissons et attendons qu'il passe au vert, soit nous nous forgeons notre propre opinion de la dangerosité de la situation en observant la circulation. Les deux approches ont chacune leurs avantages. La première est sûre et n'exige aucun effort mental ; la seconde est risquée et, au mieux, vous fera gagner quelques secondes sur votre trajet, au pire vous enverra à l'hôpital. Toutefois, si vous êtes doué, ces quelques secondes se multiplieront par mille au fil des années. Et puis, il y a quelque chose de démoralisant à rester planté sur le trottoir pendant que des âmes mieux trempées plongent dans le grand bain, pressées de vivre leur vie.

Vers quatre ans, j'ai eu cette révélation sur l'existence. Soit je choisissais de prendre ma vie en main, d'influer sur le temps qui m'était imparti, de profiter de la vie ou de mourir ; soit je me bornais à faire la queue et à attendre mon tour. Ça n'a pas été un dilemme, mais plutôt une décision que j'ai adoptée en réaction à mon environnement, afin de survivre, voire de m'y épanouir. De plus, ce choix semblait aussi m'offrir l'avantage d'être compétitive. J'ai préféré esquiver l'instinct pour privilégier l'analyse mentale et l'hyperconscience.

Des années plus tard, je me suis demandé si j'avais commis une erreur et s'il m'était possible d'être encore normale. L'opinion qu'avaient les autres de l'existence avait peut-être des raisons légitimes ; pleurer était peut-être une meilleure réponse à la souffrance que la vengeance ; l'amour avait peut-être plus de valeur que le pouvoir dans une relation. Malheureusement, il était trop tard : les occasions étaient bel et bien passées.

« À présent que je suis adulte et mieux à même d'analyser les modes de fonctionnement de ma famille, je suis plus convaincue que jamais que **l'environnement** dans lequel j'ai grandi a joué un rôle significatif dans le développement de ma sociopathie. »

Au cours de mon enfance, toute ma famille a eu tendance à considérer mes actes comme normaux. Il existait en effet d'autres mots que « sociopathe » pour définir celle que j'étais. « Garçon manqué » expliquait ma constante témérité. Saviez-vous que les garçons meurent quatre fois plus de noyade accidentelle que les filles ? Personne n'a de franche explication à cela, sinon qu'ils sont portés à être plus audacieux, moins judicieux, plus impulsifs qu'elles. Aussi, quand je me précipitais dans de grosses vagues du haut d'une jetée, nul ne songeait à moi comme à une sociopathe, mais comme à un garçon manqué.

« Précoce » expliquait ma fixation sur les dynamiques du pouvoir dans le monde des adultes. La plupart des enfants sont heureux de vivre dans leur monde enfantin. Je les trouvais, en dehors de ma fratrie, d'une simplicité d'esprit ahurissante. Contrairement à eux, j'étais obnubilée par l'idée d'apprendre tout ce qu'il y avait à apprendre sur la façon dont fonctionnait le monde, tant au niveau personnel qu'au niveau global. Si je saisissais, à l'école ou lors d'une conversation entre adultes, des termes comme Vietnam ou « bombe atomique », je passais les deux semaines suivantes à tenter de me renseigner dessus de manière obsessionnelle, puisqu'il s'agissait de domaines qui paraissaient tellement importants pour les autres. Je me rappelle la première fois que j'ai entendu parler du sida. Je devais avoir sept ou huit ans, et ma tante me gardait. C'était une femme-enfant. J'avais décelé à travers les relations qu'elle entretenait avec mes parents qu'elle n'avait ni pouvoir ni influence (elle était loin d'être la seule, avais-je déjà remarqué). N'ayant pas d'enfants elle-même, elle nous adorait (là encore, ils étaient nombreux dans ce cas-là, proies faciles pour l'instinct manipulateur d'un enfant). Les informations évoquaient le sida, et ma tante, bouleversée, a fondu en larmes. Je l'ignorais à l'époque, mais je n'ai pas tardé à découvrir que son oncle, mon grand-oncle, gay, était contaminé – d'où la délicatesse du sujet dans la famille. Je lui ai demandé ce qu'était le sida ; elle m'a servi une réponse grossière qui aurait dû me suffire à mon âge. Mais non. Mon besoin de comprendre était difficile à satisfaire. J'ai donc interrogé d'autres adultes (les seules personnes partageant apparemment mes intérêts). Tous ont ri de ma curiosité, m'ont traitée de fille précoce. Pas de sociopathe. Ils ne se sont pas demandé pourquoi j'avais envie de savoir. Ils sont partis du principe que j'étais poussée par la même raison qu'eux : la peur. C'était vrai. En partie, le sida ne m'effrayait pas, je souhaitais juste découvrir la source de la frousse générale qu'il inspirait. Pour résumer, mon comportement particulier n'avait guère d'importance, puisque les adultes étaient prêts à l'excuser comme ça les arrangeait, ou qu'ils l'ignoraient purement et simplement.

Ma vie intérieure débordante transpirait à la surface sous la forme de troubles de toutes sortes que ma famille prétendait ne pas remarquer. Je me parlais constamment à moi-même, répétant chaque mot *sotto voce*, comme si je répétais une pièce. Mes parents fermaient les yeux sur mes tentatives maladroites mais évidentes de manipuler, tromper et rouler les adultes. Ils négligeaient de voir les étranges relations que j'entretenais avec les enfants de mon âge, ne nouant aucun lien véritable, ne les envisageant guère plus que comme des objets animés, des instruments de mes jeux. Je passais mon temps à mentir. Je volais, même si, le plus souvent, je me débrouillais pour amener les autres enfants à m'offrir leurs possessions. Je me faufilais chez les gens, déplaçais leurs affaires, en cassais, en brûlais, et je frappais.

Je tenais mon rôle avec maestria. Je ne manquais jamais d'augmenter la mise lors de nos jeux entre voisins. Si nous sautions du plongeoir de la piscine, je suggérais qu'il serait beaucoup plus amusant de le faire du haut du toit. Si nous nous déguisions en soldats, je proposais de kidnapper les nains de jardin du quartier afin de réclamer une rançon. Nous découpions des journaux pour fabriquer des lettres anonymes, nous réalisions une vidéo destinée à prouver que la victime était « en vie ». Nos voisins étant charmants, nous nous donnions tant de peine pour mettre au point nos aventures absurdes que nous nous en tirions avec des sourires indulgents.

Car tel était mon talent. Je faisais tellement sourire les gens qu'il était facile de rire de mes actes et de les considérer comme inoffensifs et sots, plutôt que comme périlleux ou inconscients. J'étais un clown-né, j'avais le don de divertir. Je dansais avec brio, hurlais et racontais des histoires. Si YouTube avait existé à l'époque, j'aurais attrapé le virus. Parce que j'étais délicieusement zinzin, mes parents se permettaient de ne prêter aucune attention à mes bizarreries. Ils se bornaient à croire qu'ils vivaient en plein feuilleton grâce à cette gosse fougueuse avec ses rigolades débridées et hautes en couleur. Tout le monde y allait de son sourire à la fin de chaque épisode, haussait les épaules et secouait la tête avec bienveillance.

Toutefois, mon absence d'inhibitions m'amenait parfois à me comporter sans entrave, et le charme se mêlait alors au gênant, voire au déroutant. Quand j'étais « branchée », j'étais en mesure de ravir tout le monde. Cependant, il arrivait que j'exige trop d'attention, et que la joliesse le cède au grotesque. À d'autres moments, je me « débranchais », me retirais entièrement en moi-même, comme si j'étais seule au monde. J'avais l'impression d'avoir le pouvoir de me rendre invisible.

Si j'étais une gosse perspicace, j'étais incapable d'entretenir des relations autrement qu'en amusant la galerie, ce qui était à mes yeux une énième façon de les amener à se comporter ou à agir conformément à mes désirs. Je n'aimais pas qu'on me touche, je rejetais toute marque d'affection. Les seuls contacts physiques auxquels j'aspirais étaient empreints de violence. J'adorais ça. À l'école primaire, le père d'une de mes meilleures camarades a été obligé de me prendre à part pour m'ordonner sévèrement de cesser de battre sa fille.

Cette dernière était une petite chose maigrichonne, tas d'os dénué de muscles, dotée d'un rire idiot. À croire qu'elle avait envie qu'on la gifle. J'ignorais que la frapper était mal. Il ne me traversait même pas l'esprit que je risquais de la blesser ou qu'elle pouvait ne pas aimer ça.

Je n'étais pas une enfant typique. Cela sautait aux yeux de tous. Or, bien que consciente de ma différence, je ne disposais d'aucun élément tangible censé m'expliquer pourquoi et comment je l'étais. Les enfants sont des créatures égoïstes ; je l'étais sans doute plus que la majorité. Ou alors je déployais plus d'énergie pour obtenir ce que je voulais, sans vergogne ni remords. Jeune et impuissante, j'ai développé mes propres formes de pouvoir en persuadant les gens que me plaire était dans leur intérêt. Comme nombre d'enfants, je considérais mon entourage comme des objets. Ceux qui traversaient mon existence étaient des robots qui ne fonctionnaient plus dès lors que je n'avais pas de relation directe avec eux. J'adorais obtenir de bonnes notes en classe, car cela me donnait des privilèges en tant que gamine brillante. Je veillais à rester dans le royaume du comportement infantile socialement acceptable ou, du moins, d'avoir une histoire à servir pour peu que je me fasse attraper. Mis à part mon amour pour la manipulation, je semblais ne pas me distinguer de mes camarades, en tout cas pas d'une manière que ne puisse justifier mon exceptionnelle intelligence.

Ce que j'ai appris sur le pouvoir – bonheur de l'avoir, horreur de s'en sentir dépourvu –, c'est mon père qui me l'a enseigné. Pour l'essentiel, nos relations peuvent se résumer à une lutte sournoise pour l'exercice du pouvoir. Il exigeait de me dominer sous prétexte que j'étais sa fille et habitais sous son toit ; je jouissais de saper ce que j'estimais être une autorité imméritée. Quand je faisais des âneries, il me corrigeait parfois jusqu'à ce que je sois couverte de bleus. Pourtant, je ne réagissais jamais. La seule chose qui m'inquiétait, c'est qu'il croie que ces raclées lui permettaient de l'emporter sur moi, tout en sachant cependant que cela ne durerait pas. Quand quelqu'un qui vous aime vous maltraite avec autant de violence, c'est que vous exercez une emprise sur lui. Vous avez provoqué en lui une réaction qu'il est incapable de contrôler et, si vous êtes comme moi, vous utilisez l'incident comme cela vous arrange. Pour mon père obsédé par son image, la menace que je dévoile ses maltraitances constituait une torture suffisante. Lors d'un rassemblement de prières à la paroisse, il me suffisait de grimacer en m'asseyant avec précaution, tout en lui adressant un regard lourd de sens alors qu'un tiers s'enquérait avec bienveillance de ma santé, et la terreur envahissait son visage tandis qu'il guettait ma réponse. D'un point de vue purement stratégique, ses coups ont été la meilleure chose qui me soit arrivée. Sa culpabilité et sa haine de soi étaient plus puissantes que n'importe quelle autre arme de mon petit arsenal infantile, elles étaient aussi plus durables que mes hématomes.

Mon père formulait souvent des exigences grotesques auprès de ses rejetons. Il punaisait des listes sur les portes de nos chambres afin que nous les découvrions le matin au réveil, nous ordonnant de construire une clôture ou de réparer l'évier. Je me suis habituée à tenter de faire l'impossible quand il me le demandait. Son mode d'expression me donnait toujours l'impression d'un défi lancé, d'une remise en question de mon intelligence ou de mon courage face à la tâche donnée. Je tirais orgueil de mener à bien mes missions.

Contrairement à mon père que je jugeais d'une confondante inefficacité, j'étais douée pour régler les affaires de la maison. C'est même devenu mon rôle dans la famille.

Il m'aimait. Par pur narcissisme. Mes réussites déteignaient sur lui. En même temps, elles l'amenaient à me haïr, parce que je refusais de croire à l'image qu'il se faisait de lui – la seule chose comptant véritablement à ses yeux. Ses succès ne signifiaient rien pour moi, parce que je n'étais pas dupe ; les miens étaient et seraient plus considérables que les siens. Je crois avoir suivi ses traces dans de nombreux domaines – base-ball, fanfare, études de droit – rien que pour lui montrer que j'étais meilleure que lui. J'ai vécu ma vie de façon à n'avoir aucune raison de le respecter.

Un soir, alors que j'étais jeune adolescente et que nous rentrions du cinéma en voiture avec mes parents, je me suis disputée avec mon père à propos de la fin du film. Pour lui, elle soulignait la nécessité de surmonter les obstacles, cependant que, naturellement, j'y voyais le triomphe du non-sens de l'existence. J'étais animée par une irascibilité typique de mon âge, à laquelle se mêlait une dose un peu plus élevée d'intelligence et de cruauté que la moyenne.

Me prendre la tête avec lui ne me gênait pas. D'ailleurs, je mettais un point d'honneur à ne pas céder lors de nos joutes verbales, surtout si elles m'offraient l'occasion de piétiner un peu sa vision du monde provinciale, dont j'avais d'ores et déjà conclu qu'elle était orientée dans un but intéressé. Nous nous disputions encore quand nous nous sommes garés devant la maison, et j'ai deviné qu'il ne céderait pas. Aussi, je lui ai dit qu'il pouvait croire ce qu'il voulait, j'ai tourné les talons et je suis rentrée. Mon impassibilité avait le don de déclencher le pire chez lui.

J'aurais dû me douter qu'il ne me laisserait pas m'en tirer à si bon compte. Ou alors je m'en doutais, mais ça m'était égal. Il m'a suivie au premier étage, mécontent que sa fille, rien qu'une gosse, refuse de lui donner raison, se moque de leur désaccord et ne se gêne pas pour l'envoyer paître avec désinvolture.

« Jeune et impuissante, j'ai développé **mes propres formes de pouvoir** en persuadant les gens que me plaire était dans leur intérêt. »

À ce moment-là, mes parents traversaient l'une de leurs périodes difficiles. Mon père maltraitait moralement ma mère, qui craquait à intervalles réguliers, s'allongeait sur le carrelage de la salle de bains et répondait à tout ce que nous lui disions par des rimes :

« Maman ? Ça va ?
– Pourquoi dis-tu ça ?
– Tu as besoin d'aide ? Tu te sens bien ?
– Je me sens en pleine forme. »

Parfois, quand ils s'engueulaient, elle tentait de s'affirmer en recourant à ce qu'elle avait lu dans les ouvrages de développement personnel qui s'alignaient sur l'étagère au-dessus de la tête de leur lit. L'une de ses répliques favorites était : « Je te ferme la fenêtre à la figure. » Ce qui signifiait qu'elle refusait de se laisser affecter par les paroles qu'il lui lançait. Ça le rendait dingue. Rétrospectivement, je me demande qui est l'auteur de cet ouvrage et combien de ses lectrices ont fini avec une lèvre enflée et un cocard. La perspective de n'avoir aucune influence sur les autres enrageait mon père. Si ma mère lui avait littéralement fermé une vitre au nez, il aurait explosé le carreau.

Ce soir-là, donc, son hostilité a augmenté au fur et à mesure de notre discussion. Du haut des marches, je lui ai alors crié : « Je te ferme la fenêtre à la figure », avant de m'enfermer dans la salle de bains.

Nul doute, j'en paierais le prix. Il détestait cette phrase ; que j'y aie recouru incarnait la menace d'une nouvelle génération de femmes qui, dans sa maison, refuseraient de le respecter, de l'apprécier à sa juste valeur et le mépriseraient. Je savais aussi qu'il ne supportait pas les portes verrouillées. Il allait souffrir, exactement ce que je voulais. Par ailleurs, j'avais envie de faire pipi.

Il n'a pas tardé à tambouriner au battant. J'imaginais son visage, de plus en plus rouge et déformé par la colère.

Je me souviens de m'être demandé avec détachement combien de temps je devrais attendre avant qu'il parte. Il s'est mis à hurler :

« Ouvre ! Ouvre ! Ouvre ! »

Toujours plus fort, avec une violence croissante. Après une pause lourde de sens, il a asséné un premier gros coup de poing dans la porte, qui a craqué. Je me suis, assez curieusement, interrogée sur la résistance du bois, me suis demandé si son fabricant avait songé à ce genre de scène de ménage. Combien de coups seraient-ils nécessaires à mon père pour en venir à bout ? Quel danger exact courais-je ? Qu'est-ce qu'il s'imaginait ? Qu'il me tirerait hors de la pièce par les cheveux, qu'il me frapperait dans le ventre avec ses pieds en me hurlant de partager son point de vue sur la fin du film ? C'était absurde.

Je me suis assise sur le rebord de la baignoire en attendant que cela lui passe. Son comportement avait déclenché en moi une bouffée d'adrénaline qui se manifestait par un pouls plus rapide, une sensibilité aiguisée aux bruits, une vision périphérique réduite, autant de manifestations physiques que j'ai observées avec calme. J'ai ignoré ces signes m'indiquant que j'étais acculée, je les ai jugés contre-productifs. Malgré ce que mon corps trahissait, je n'éprouvais aucune panique. Qu'aurait d'ailleurs bien pu faire une personne en proie à l'affolement ? Ces lieux exigus n'offraient guère de solution. Par-dessus tout, j'étais intriguée, curieuse d'assister à la suite des événements.

Désormais, ses coups avaient creusé un trou, au travers duquel je voyais ses jointures enflées et sanguinolentes. Je me fichais de sa main, bien que, j'en ai conscience, une autre fille que moi s'en serait souciée. En même temps, je n'étais pas contente qu'il se soit blessé, car cela lui procurait un sentiment de puissance au point d'en oublier sa souffrance.

La porte de la salle de bains n'était pas la première à être endommagée par les poings paternels. Celle de la chambre à coucher au bout du couloir (repaire de mon frère aîné) affichait déjà de multiples traces d'enfoncement, ainsi que celle de la chambre parentale (témoins de bagarres avec maman). Les murs portaient également des traces, là où ils avaient été cognés près d'une tête indocile.

Mon père a continué à s'escrimer jusqu'à ce que le trou soit assez grand pour qu'il y passe la tête – autant dire que l'espace était vaste. Je me souviens d'avoir eu la confirmation de sa laideur en découvrant cette figure luisante de sueur sous l'éclairage cru de la salle de bains. Toutefois, il ne grimaçait pas de colère comme je m'y étais attendu : il souriait de toutes ses dents. Et, plein d'une joie délirante, il m'a lancé :

« Et maintenant, vas-tu m'ouvrir cette fenêtre ? »

Ma perplexité a dû suffire à son plaisir. Il s'est retiré, prouvant ainsi que sa rage l'avait déserté. Le pouvoir que j'avais réussi à obtenir en m'éloignant et en lui claquant la porte au nez m'avait été dérobé dès lors qu'il avait remarqué un éclat de détresse dans mes yeux, aussi ténu soit-il. Il est allé chercher pansements et pommades pour soigner sa main. Jeune, il avait travaillé comme secouriste et en tirait une grande fierté – il se soignerait bien, ne serait-ce que par orgueil. Une fois certaine qu'il était concentré sur sa tâche, j'ai filé de mon refuge, dévalé l'escalier, et je suis sortie dans le jardin obscur.

J'y suis restée un bon moment, à respirer profondément et à réfléchir à ma prochaine attaque. Je n'avais pas peur à strictement parler, plutôt conscience du bouleversement qui venait de se produire dans mon univers. Soudain, je m'inquiétais moins de mon devoir de maths que de l'obligation de me préparer à une agression physique. Avant de me cacher derrière un arbre, je me suis emparée d'un marteau dans la cabane de jardin. Pendant quelques secondes, j'aurais été capable de tuer quiconque se serait approché de moi. Un peu plus tard, mon frère aîné m'a hélée. Je n'ai pas réagi, à l'affût. Il est rentré à la maison, en est ressorti quelques instants après.

« Tout va bien. Il y a du monde. »

« OK, ai-je songé. Des témoins. » Je savais cependant que mon père était déjà passé à autre chose. Il avait eu la satisfaction de se blesser, de me flanquer la frousse et de détruire une porte au vu et au su de toute la famille. Il avait donc obtenu ce qu'il voulait. C'en était fini pour ce soir-là.

De son côté, ma mère avait téléphoné à un représentant de l'église pour l'aider à calmer mon père. Nous étions conscients qu'il n'oserait pas lever la main sur moi devant lui. Jusqu'à ce que nous allions nous coucher, il ne ferait montre que de contrition. Car cela aussi serait un régal pour lui, un élément crucial du drame que lui et moi avions mis en branle. Lâchant le marteau, j'ai réintégré la maison.

La porte de la salle de bains n'a pas été réparée pendant des mois. Lorsqu'il s'est enfin décidé à le faire, mon père a jeté la vieille à côté de la maison. Notre jardin était la décharge familiale où nous entassions les victimes de notre violence. Jim a découvert la porte et m'a invitée à descendre la regarder. J'ai obtempéré, mais mon frère avait disparu. Il est revenu au bout de quelques minutes avec une masse et une pioche. Jim m'a laissé l'honneur du premier coup, puis nous nous sommes relayés pour démolir le battant jusqu'à le réduire en miettes. Rayer de l'existence cet objet qui avait contribué à provoquer mon anxiété, qui avait dissipé en moi tout sentiment de la fausse sécurité que j'avais pu éprouver dans mon propre foyer m'a remplie d'une ivresse destructrice. Le bruit du métal sur le bois, la douleur musculaire dans mes bras, tout cela était merveilleux, m'inspirait une sensation de pouvoir.

J'ignore où Jim se trouvait quand notre père avait défoncé la porte. S'il avait été dans les parages, il n'avait pas bronché pour calmer le jeu. Je ne pouvais pas compter sur lui pour me défendre. Il n'en avait pas la force, ce que je ne pouvais lui reprocher. En vérité, j'étais plus capable que lui de me protéger. En revanche, je pouvais compter sur lui pour entretenir une haine profonde et durable de mon père par solidarité avec moi, ce qui constituait la pire vengeance de ma part contre notre géniteur. Les enfants ont ce genre de cruauté – s'aimer les uns les autres bien plus qu'ils aiment un parent, en dépit de l'affection que ce dernier leur prodigue.

La légende familiale assure que, si je n'étais pas la plus brillante de la fratrie, j'en étais sans aucun doute le membre le plus accompli, puisque aucune contrainte émotionnelle ou morale ne m'entravait. Avec mon obsession pour les structures du pouvoir et le fonctionnement des choses, j'étais naturellement au cœur des opérations, commandant en chef qui inventoriait les ressources et les déployait avec tactique. Au lieu d'être la pacificatrice, rôle souvent dévolu à l'enfant du milieu, j'étais la révolutionnaire qui menait les négociations entre les différentes factions guerrières, parce que j'étais relativement dénuée de passions.

Notre fratrie était très fermée sur elle-même et soudée, pas pour de quelconques raisons affectives, mais parce que nous partagions un désir commun d'optimiser nos succès. Sans qu'il soit besoin d'en parler, nous semblions avoir saisi que notre survie collective primait sur tout – à la différence de mes frères et sœurs, à mes yeux, l'objectif essentiel était mon propre sauvetage. J'aurais, sans hésiter, sacrifié n'importe lequel des membres de ma famille pour sauver ma peau, si leur présence n'avait pas été, à des degrés divers, essentielle à mon bonheur. Je m'en suis clairement rendu compte le jour où Jim et moi avons détruit la porte. Voire plus tôt encore. Nous étions comme des bâtons : séparés, il était facile de nous briser ; unis, nous devenions forts. Dire que j'aimais mes frères et sœurs serait insuffisant ou hors de propos. J'aimais les avoir autour de moi.

Par certains aspects, nous aurions pu incarner la famille américaine idéale, forte d'enfants aux jeunes visages (mais vides), exposés à peu de soucis en dehors de leur petit univers. Nous nous considérions, de même que nos parents, comme des réalités immuables de la vie. Nous jouions, nous lisions, nous courions dans le jardin, nous construisions et détruisions des objets, nous partions en expédition dans les bois et en revenions toujours vivants.

Les traumatismes nous soudaient. Bien que mes frères et sœurs y réagissent chacun à sa manière, un brin de rudesse idiote court dans nos veines à tous, un peu comme chez mes grands-parents qui ont survécu à la dépression des années 1929. La plus dure, moi exceptée, est ma sœur Kathleen. Son mari estime qu'elle est encore plus sociopathe que moi, et je comprends pourquoi. Elle peut se montrer très intransigeante et calculatrice. Elle inspire une sainte terreur à ses enfants, l'échec n'est pas envisageable. Elle a eu son premier au bout d'un an de mariage environ. Elle qui refusait auparavant d'avoir des enfants ne pensait plus qu'à mettre au monde un bébé parfait, et ce aussi vite que possible. Quand le bébé est venu au monde, elle s'est attelée à la tâche de l'élever avec une efficacité toute militaire, en accord avec les manuels qu'elle avait lus avant la naissance. À croire qu'elle avait décidé de recommencer à zéro, de remplacer la famille au sein de laquelle elle avait grandi par une nouvelle, qu'elle pourrait créer et modeler en une structure bien meilleure.

Kathleen, me suis-je aperçue, en veut à nos parents pour tout ce qu'elle n'a jamais reçu et qu'elle estimait mériter. Ils n'ont pas assisté une seule fois à ses spectacles de danse, par exemple, n'ont jamais été bénévoles dans les pièces de théâtre de son école. Il m'a fallu longtemps pour comprendre que ces éléments participaient à sa perception d'elle-même et que les manquements de nos géniteurs étaient directement liés dans son esprit à son sentiment d'infériorité. Elle a établi des standards afin de jauger sa valeur dans quasiment tous les domaines de sa vie, notions immuables du bien et du mal, du suffisant et de l'insuffisant, du moral et de l'amoral. En gros, Kathleen a transformé le mode *impératif* en *impératif moral*.

C'est ici qu'elle et moi nous différons. Là où elle met toute son énergie manipulatrice au service de ce qu'elle estime bien et juste, je l'investis simplement dans ce qui m'est le

« Souvent, je me dis qu'il serait intéressant de mener une expérience sur de vrais jumeaux dotés de **gènes sociopathes** identiques, mais qu'on élèverait différemment, l'un dans un "bon" environnement, l'autre dans un "mauvais". »

plus bénéfique à tel ou tel moment de mon existence. Là où je cible les gens uniquement en fonction de mes intérêts, elle trie les pommes pourries des bonnes, jetant les premières et gardant les secondes (dont elle se veut l'incarnation). Là où l'image que j'ai de moi est celle d'un dieu païen, la sienne est celle d'un ange vengeur. Sabre au clair (et, si vous voulez mon avis, avec un peu trop d'enthousiasme), elle a toujours été prête à lutter pour la juste cause, à défier l'autorité quand celle-ci s'exerçait avec iniquité. J'aimais bien ça, chez elle. Parfois, j'avais l'impression que nous formions une équipe jumelle invincible qui provoquait alternativement la crainte et l'admiration parmi les enfants de notre âge. Je n'avais aucune difficulté à éveiller sa colère et à l'enrôler dans n'importe laquelle de mes « causes » – il suffisait que je leur donne cette apparence. Ainsi du jour où, sélectionnée pour prononcer le discours d'adieu des terminales au lycée, je l'ai convaincue de transformer l'exercice en une blague de potache, histoire de défier l'administration qui « maltraitait » les élèves. Le temps que notre benjamine, Susie, soit en âge d'aller au lycée, rares étaient les professeurs que Kathleen et moi avions épargnés ; Kathleen, parce qu'elle se faisait un devoir de corriger les erreurs du système, et moi, parce que j'exigeais de gagner à tout prix, quitte à ce que ça me coûte très cher, rien que pour vérifier l'étendue de mon pouvoir.

Néanmoins, c'était Jim, mon vrai complice. Bien que mon aîné, tout s'est passé, au fil des ans, comme si j'étais sa grande sœur. Il était adorable et facile à manipuler. Il ne m'opposait aucune résistance. Sa faiblesse était de m'accorder ce que je voulais, aussi étions-nous les meilleurs amis du monde. Toutefois, mon attachement à lui m'a posé un problème. J'étais accoutumée à ce que rien ne dure ; l'imprévisibilité de mes parents m'avait appris à ne compter que sur moi. Quand ça bardait, je trouvais un vrai réconfort à l'idée que rien ne me retenait à la maison, sinon Jim.

J'avais l'habitude de me demander à quoi ressemblerait la vie sans lui. Je m'inquiétais que ce que nous partagions soit amené à disparaître ; je recourais à mon esprit analytique pour l'éviter. Lui et moi parlions des heures durant de notre avenir commun d'adultes. Nous projetions sur l'endroit où habiter, la façon de subvenir à nos besoins, les activités qui occuperaient nos journées. Pendant un moment, notre rêve a été d'ouvrir un magasin de modèles réduits de trains. Ensemble, nous bâtirions des villes miniatures autour desquelles rouleraient nos convois, wagons rouges, jaunes et bleus effectuant d'inlassables circuits. Plus tard, l'idée a été de jouer de la musique tous les deux. Et peu importait le style que nous choisirions.

Jim a été l'unique repère stable de mon enfance. Je pouvais toujours m'appuyer sur lui pour qu'il subvienne à mes besoins dans la mesure de son possible ; aussi, j'étais d'un égoïsme extraordinaire à son égard. Je l'obligeais à me payer pour jouer aux jeux qui lui plaisaient. S'il résistait parfois, il finissait toujours par céder. Je ne nourrissais d'ailleurs aucun doute à ce sujet, tant il avait envie de jouer avec moi, et parce qu'il se fichait tant d'être exploité qu'il ne faisait pas de crise. Il ne s'opposait jamais à mes avis, ne se défendait pas. Mes exigences auprès de lui étaient constantes, et j'étais consciente qu'il s'y plierait.

Il craignait de me déplaire, alors que je n'envisageais pas un instant que mes actes puissent le heurter. J'étais juste contente d'agir à ma guise et d'avoir ce frère toujours partant pour me tirer d'affaire quand ça bardait. Il ne m'était pas constamment utile. Il avait le cœur tendre, il était sensible, passif la plupart du temps, mais mes ennemis étaient les siens, et il luttait contre eux avec les armes qu'il avait à sa disposition.

Bien que mon plus vieux frère, Scott, maltraitât tout le monde, y compris nous, Jim était sa cible préférée. Scott était une brute ; nous l'appelions « le crétin », parce qu'il n'avait pour lui que sa force primaire, à laquelle il recourait pour obtenir ce qu'il désirait. Son instinct le poussait à s'en prendre à Jim, qui transpirait la faiblesse par tous les pores. Scott, c'était les muscles. Il martyrisait les autres sans tenir compte des conséquences. Longtemps, il a frappé Jim sans même songer que ses coups pouvaient avoir des répercussions négatives sur lui. En cela, Scott et moi nous ressemblions beaucoup.

J'avais beau ne pas l'aimer, il n'était pas dénué d'utilité à mes yeux. C'est lui qui m'a appris à me servir de ma force physique pour intimider psychologiquement, à canaliser mon amour de la bagarre dans des jeux et le sport. Nous boxions l'un contre l'autre avec des gants de ski, prétendions être des lutteurs de la Fédération mondiale de catch. Je lui résistais en étant plus petite et rapide, ce qui m'amusait. J'appréciais qu'il me traite comme son égal, et non comme une mauviette plus jeune que lui, que cela ne lui traverse même pas l'esprit. Nous nous encouragions mutuellement, inventions des jeux toujours plus violents.

Jim, lui, n'avait aucune inclination à se battre contre Scott ou moi. Résultat, il encaissait les coups. Il se contentait de rester allongé par terre en se protégeant le visage. Je ne saurais dire s'il estimait ne pas avoir d'autre choix ou s'il pensait en avoir un et que cette passivité était une décision. En revanche, je n'avais aucune envie de vivre sa vie. Cela m'aurait été impossible. À mes yeux, les choix de Jim relevaient du domaine sensible, et ils étaient mauvais. Ses actions me paraissaient irrationnelles, et donc au-delà de mon entendement. À force de l'observer, mon respect pour son univers émotionnel a diminué, en même temps que toute considération pour les sentiments d'autrui et les miens.

Je ne me rappelle pas exactement quand c'est arrivé, mais Scott et moi avons fini par réaliser qu'il nous fallait cesser de battre Jim, qu'il était trop délicat pour que nous continuions, et même qu'il nous revenait de le protéger, sous peine qu'il ne survive pas aux aléas de l'existence. Nous étions les forts, ceux en mesure de régler les problèmes. Nous avons commencé par retenir nos coups, puis par totalement arrêter de les lui assener. Très vite, nous avons également arrêté ceux des autres. Aujourd'hui, nous prétendons avoir passé nos vies à le dorloter. Ce qui signifie que, de son adolescence jusqu'à aujourd'hui, nous nous décarcassons pour lui, lui achetons voitures et maisons, nous nous portons garants de prêts qu'il ne rembourse jamais. Notre souci est qu'il « pète les plombs » si nous n'agissons pas ainsi.

Jim était si différent de moi. Parce que nous étions très proches en âge, j'avais souvent l'impression que nous étions confrontés aux mêmes défis, mais que nous choisissions des façons opposées de les relever. Les comportements asociaux qui me caractérisent désormais ont constitué le meilleur des choix pour moi durant mon enfance, et c'est consciemment que je les ai faits. Ayant un an de moins que Jim, il m'était facile de constater ce qui était efficace et ce qui ne l'était pas, et de ne pas reproduire ses erreurs. Pour moi, sa sensibilité émotionnelle et sa fragilité physique allaient de pair. Là où je fonçais bille en tête, il pliait ; là où j'exigeais, il cédait ; là où je résistais de toutes mes forces, il préférait la résistance passive ou se rendait tout bonnement au destin qu'un autre lui choisissait. « Quelle vie ! Qui en aurait voulu ? », songeais-je. Il était si préoccupé de me satisfaire ou de satisfaire mon père qu'il donnait la priorité à notre bien-être émotionnel plutôt qu'au sien.

Souvent, je me dis qu'il serait intéressant de mener une expérience sur de vrais jumeaux dotés de gènes sociopathes identiques, mais qu'on élèverait différemment, l'un dans un « bon » environnement, l'autre dans un « mauvais ». Nous obtiendrions alors peut-être de vrais résultats quant au rôle signifiant de la génétique. Un jour, j'ai lu un article sur un médecin qui s'était laissé aller à mener une expérience de savant fou afin de déterminer le rôle que joue la génétique dans le développement du genre. La chance lui avait souri. Une circoncision ratée avait eu pour résultat de mutiler horriblement le pénis d'un vrai jumeau. Le médecin avait alors convaincu les parents qu'il valait mieux pratiquer l'ablation complète du pénis et élever le garçon en fille. Ils avaient accepté. L'enfant a dû se battre contre des émotions ambiguës jusqu'à ce qu'il parvienne à confronter ses géniteurs, lesquels ont avoué. Par la suite, il a commencé à vivre en homme. Qu'a-t-il ressenti face à son jumeau ? Voyait-il en lui « ce qu'il aurait pu être » ? Parfois, je me demande si mon frère se pose la même question quand il me regarde. Mais comme il est compassionnel, il est plus probable qu'il ait pitié de moi.

Mes frères et sœurs et moi-même sommes d'une franchise brutale les uns envers les autres, parce qu'il est dans notre nature d'être brusques, mais aussi parce que nous partons du principe que, si nous ne nous disons pas nos tristes vérités, personne d'autre ne le fera. Nous avons l'esprit compétitif. Si vous nous demandiez de citer l'un des traits de caractère de chacun – attrait, intelligence, agilité ou perversion, par exemple –, nous serions en mesure de le faire sans avoir à y réfléchir. Tous les miens ne sont pas sociopathes ; je suis la seule à avoir été diagnostiquée formellement. Mais nous avons grandi dans une famille qui privilégiait le sens pratique et le mépris envers la moralité, et nous avons tacitement adopté une attitude de rejet collectif du monde extérieur.

Nous n'étions d'ailleurs pas souvent encouragés à nous faire des amis en dehors de la maison. Quand des étrangers venaient chez nous – amis ou futurs conjoints –, nous les ignorions. Un jour que notre père avait invité un jeune homme à dîner, nous avons mangé en silence et ne lui avons pas adressé une seule fois la parole. Ensuite, nous sommes partis dans une autre pièce afin de jouer sur l'ordinateur. Sans proposer au convive de se joindre à nous. Notre géniteur s'en est plaint,

« J'avais décidé d'envisager
le monde comme une série
d'occasions de **gagner** ou de **perdre**
lors d'un jeu à somme nulle et **j'utilisais**
chaque rencontre pour obtenir
des informations à mon avantage. »

ce à quoi j'ai répondu avec décontraction que nous voulions que son hôte décampe. Il nous a décrits comme « méchants », ce qui, d'après moi, suppose à tort que nous faisions des efforts pour blesser les autres. Nous ne nous donnons pas cette peine. Simplement, nous portons très peu attention à qui que ce soit. À l'opposé, bizarrement, nous tenons beaucoup les uns aux autres, veillons mutuellement à notre survie et à notre relatif bien-être. Cela relève peut-être d'un impératif évolutif destiné à préserver nos gènes, ou il s'agit d'une alliance formée depuis longtemps ayant pour but la perpétuation individuelle de chacun – je ne saurais dire. Malgré nos différences, nous sommes soudés et, pour l'essentiel, en avons tiré de véritables bénéfices.

Nous sommes devenus des adultes qui auraient toutes les chances de s'en tirer en cas d'apocalypse, éventualité que, mormons, nous avons appris à ne pas négliger. Peu importe qu'elle revête la forme d'un nouvel âge de glace ou celle d'une catastrophe nucléaire : nous nous regrouperons pour résister et sans ressentir un instant la culpabilité des rescapés. Chacun de nous a son rôle dans la fratrie, dévolu par son utilité perçue par les autres, et chacun est prié d'accomplir ses tâches avec compétence et efficacité. Ensemble, nous sommes capables de retaper des maisons, de construire des pièges, de coudre des vêtements et de nous débrouiller dans les méandres de l'administration. La plupart d'entre nous sont capables de se défendre à l'aide de pistolets, d'arcs, de couteaux, de bâtons ou de leurs poings. Lorsque l'un de nous échoue, nous exigeons qu'il en assume les conséquences. Nous ne sommes cependant pas des sauvages. Nous aimons les arts. La musique a toujours été présente dans nos vies – mon frère au piano, ma sœur dansant sur l'escalier. Tout se passe comme si un peu de joie existait dans notre monde.

L'amour n'était pas absent non plus. Il prenait la forme de la volonté non exprimée de veiller les uns sur les autres, quitte à exclure les étrangers si nécessaire. Bien que mes frères et sœurs m'acceptent et n'aient jamais remis en question mes comportements dans l'enfance, je sais qu'ils sont tentés de se reprocher celle que je suis devenue, qu'ils se demandent ce qu'ils ont fait ou ont omis de faire pour que j'en arrive là.

Quant à mes parents, leur déni absolu de reconnaître aujourd'hui que quelque chose cloche en moi vient du profond sentiment de m'avoir irrémédiablement endommagée. Dès ma naissance, ils m'ont considérée comme atteinte d'un trouble, et tous leurs actes semblent avoir aggravé la situation par la suite. Mon côté garçon manqué les a poussés à redouter que je sois une lesbienne. Mon inclination à la violence, au vol, aux incendies volontaires les a amenés à craindre que je sois une criminelle. J'imagine que mes coliques de bébé leur ont donné le ton quant aux relations à entretenir avec moi : ils ne pouvaient rien pour moi. Mes cris aigus trahissaient déjà mon inadaptation. Même bébé, je ne renonçais pas ; j'étais inflexible, déraisonnable, extrémiste. Ils se sont sûrement occupés de moi avec consternation, comme si je leur étais étrangère.

Si j'étais enfant aujourd'hui, une institutrice déciderait sûrement d'avoir une sérieuse conversation avec eux afin qu'ils procèdent à une évaluation psychologique. Je n'ai été envoyée chez un thérapeute qu'à seize ans. À cette époque, ma mère s'était émancipée de la tyrannie de son époux. Elle souhaitait nous fournir « l'aide émotionnelle » dont nous pouvions avoir besoin ; je suis cependant la seule qu'elle a jugée tellement abîmée au point de recourir à un professionnel. Elle avait constaté que je n'étais pas seulement téméraire et totalement indépendante, mais aussi apathique d'un point de vue émotif. Or, rien n'indiquait que cela me passerait avec l'âge. Malheureusement, il était trop tard. J'étais déjà trop futée pour un psy. Ou bien j'étais immunisée contre la thérapie. Quoi qu'il en soit, je ne changerais pas. J'avais décidé d'envisager le monde comme une série d'occasions de gagner ou de perdre lors d'un jeu à somme nulle et j'utilisais chaque rencontre pour obtenir des informations à mon avantage.

Tout ce que j'apprenais sur les motivations, les espoirs, les désirs et les réactions sensibles d'autrui, je l'enregistrais dans mon cerveau pour plus tard. À cet effet, la thérapie a constitué une aubaine. Elle m'a enseigné ce que l'on attendait de moi en tant que personne normale et, de fait, m'a rendue plus habile à la dissimulation et plus précise dans la mise en œuvre de mes stratégies manipulatrices. Elle a notamment cristallisé une donnée vitale que j'avais déjà assimilée : la fragilité excuse n'importe quoi. J'ai appris à capitaliser sur mes vulnérabilités, réelles ou imaginaires. Les thérapeutes m'ont aidée à les trouver, leur travail consistant à les dévoiler, à dénicher les raisons de mes insuffisances et à creuser en quête de traumas partout où c'était possible. Mes séances à l'adolescence m'ont fourni bien des tactiques de séduction et d'exploitation. Et l'école a été l'environnement dans lequel je me suis exercée.

4.
LA PETITE SOCIOPATHE À LA DÉCOUVERTE DU VASTE MONDE

« Et ce qui m'importait par-dessus tout, voir **la peur des autres**, qui m'indiquait que c'était **moi** qui avais le **pouvoir**, qui dominais la relation. **»**

Quand des personnes de mon blog ou autres me demandent comment savoir si elles sont sociopathes, je les interroge souvent sur leur enfance. Si vous avez eu tendance à observer depuis le banc de touche, séparé des enfants de votre âge, voire de votre famille, par un mur d'émotions qu'ils donnaient l'impression d'éprouver sans effort alors que vous ne ressentiez rien ; si vous avez instinctivement deviné comment le pouvoir s'exerçait entre les divers groupes, élèves et enseignants ou au sein de votre famille par exemple ; si le sentiment d'appartenance n'a jamais rien signifié à vos yeux, mais que vous étiez en mesure d'intégrer aisément une bande et de la manipuler comme bon vous semblait ; alors, peut-être, et seulement peut-être, vous avez été un louveteau dans la peau d'un agneau, un sociopathe en herbe qui s'ignorait.

Ma jeunesse a ceci de particulier qu'elle n'a eu ni début ni fin. Très jeune, j'ai nourri mon existence de détails infimes et de petites victoires. Là où les autres apprenaient à jouer avec un ballon, j'ai appris à jouer avec les gens. J'agissais sans subtilité. J'utilisais mes amis comme des pions dans le seul but d'accéder à leurs jouets ou à ce qu'ils avaient à m'offrir. En général, il ne m'était pas nécessaire de recourir à des ruses compliquées, au contraire de celles que j'ai élaborées par la suite. Je me contentais du minimum pour m'insinuer dans les bonnes grâces d'autrui afin d'obtenir ce que je convoitais : de quoi manger à la pause déjeuner, alors que nos placards étaient vides ; être véhiculée de la maison à l'école ou à diverses activités quand mes parents manquaient à l'appel ; être invitée à des anniversaires dans des parcs d'attractions ou des salles de jeux qui n'étaient pas dans nos moyens ; et ce qui m'importait par-dessus tout, voir la peur des autres, qui m'indiquait que c'était moi qui avais le pouvoir, qui dominais la relation. Je crois que mes fréquentations étaient un brin agacées par le peu de cas que je faisais de ce qui leur tenait à cœur, comme le bien-être d'autrui ou ma propre sécurité physique. Quand un camarade de classe pleurait parce que je lui avais fendu la lèvre d'un coup de poing, je restais là à l'observer, puis m'éloignais dès lors que j'étais lassée du sang et du drame que ce dernier avait provoqué. J'aimais les joujoux et les bonbons comme tout le monde, mais il était impossible de me manipuler ou d'exercer un chantage sur moi avec eux, car je refusais d'être roulée en vue de partager ou d'être gentille, contrairement aux autres enfants.

Ces derniers n'étaient pas mes seules cibles. Les adultes ont tendance à croire les enfants, surtout lorsque ceux-ci ont des visages apparemment ouverts aux émotions et quand ils semblent être victimes de violence ou de maltraitance de la part des grands. Je savais comment afficher la victimisation pour l'avoir lue sur les traits des autres gamins : ils écarquillaient les yeux avec étonnement, marquaient une pause, puis se dessinait leur lente prise de conscience de la réalité de la situation (le monsieur à la camionnette pleine de sucreries gratuites était-il gentil ou cachait-il quelque chose de plus équivoque ?), cependant que les rouages de leurs petites têtes se mettaient en branle et que leur bouche s'entrouvrait. La consternation se manifestait sur leurs doux visages ronds qui, cédant ensuite à la tristesse, se refermaient. Ils étaient des victimes, et vous, l'adulte, étiez le seul à pouvoir les secourir. Parfois, je m'entraînais devant un miroir.

J'étais plus douée pour manœuvrer les adultes que les enfants, ce qui m'amène souvent à penser aux jeunes sociopathes incapables de rester à couvert. Les adultes n'observent pas de très près le comportement des gamins. Leur vision du monde à travers leurs propres yeux de gosse remonte à tellement loin qu'ils ne se rappellent plus en quoi consiste la normalité à cet âge. Certes, il leur arrive de ne pas les comprendre, mais ils ont également le vague souvenir de ne pas l'avoir été non plus au même âge. En s'efforçant de ne pas répéter les fautes de leurs géniteurs, ils tendent à être beaucoup plus tolérants ou à opérer avec une marge d'erreur plus grande dès lors qu'ils sont confrontés à un comportement infantile inhabituel. Ils mettent plus volontiers sur le compte de l'une des excentricités propres à la jeunesse l'obsession d'un enfant à ramasser des vers de terre pendant la récréation alors que ses camarades le classeront sans hésiter dans la catégorie des « tarés ».

Les petits sociopathes n'étant pas décelés par les adultes, leur existence même est sujette à caution. Il est rare d'entendre des récits de sociopathes qui semblent avoir été empruntés aux pages de *Mauvaise Graine*, le roman de William March[1]. Dans un article du *New York Times Magazine* intitulé « Est-il concevable de traiter de sociopathe un enfant de neuf ans ? », l'auteur raconte l'histoire de Michael, un petit garçon qui s'est mis à terroriser ses parents peu après la naissance de son frère. Michael entrait dans de terribles crises de rage à la moindre contrariété, quand on lui demandait de mettre ses chaussures par exemple, il frappait les murs à coups de pied et de poing tout en hurlant. Un jour que sa mère tentait de le raisonner en lui rappelant qu'ils avaient déjà parlé de son attitude et qu'elle avait espéré qu'il en changerait, il a cessé net son caprice et lui a répondu : « Eh bien, tu n'y as pas très bien réfléchi, hein ? » Autre conte horrifique, celui d'un enfant de neuf ans qui avait poussé un autre plus petit dans la piscine d'un motel avant d'approcher une chaise pour s'y installer et le regarder se noyer. Lorsqu'on lui a demandé ce qui l'avait poussé à pareil acte, il a répondu la curiosité. Indifférent au châtiment, il semblait ravi de se retrouver au centre de l'attention.

Ce genre de comportement constitue – de loin – une exception. L'enfant sociopathe est bien plus subtil à identifier, du moins par les adultes. Paul Frick, pédopsychiatre à l'université de la Nouvelle-Orléans, explique que le symptôme le plus répandu est l'absence de remords après avoir été démasqué.

---

1 Paru en 1954, il raconte comment la mère d'une fillette angélique découvre que celle-ci a commis un meurtre. Immense succès adapté par la suite à Broadway puis au cinéma.

Ainsi, un enfant normal tend à être partagé quand il est pris la main dans le pot de confiture. D'un côté, il avait envie de cette douceur ; de l'autre, il devine qu'il y a quelque chose de moralement répréhensible dans le vol. Un petit sociopathe, lui, n'éprouvera aucun remords, juste le regret d'avoir été attrapé. Même le journaliste du *New York Times* ayant interviewé Michael a été surpris par la normalité apparente du garçon : « En entrant dans la maison, je songeais bien sûr aux psychopathes adultes qui ont vécu des décennies dans le crime, leur façon habituelle d'attirer notre attention. J'attendais peut-être une version enfantine de cela, ce qui était absurde. Même parmi les adultes, les criminels sont minoritaires. »

Non, tromper les adultes n'a jamais été un problème pour moi. En revanche, les enfants ont toujours été plus perspicaces et exigeants dans le type de comportement « normal » qu'ils attendaient de moi. Permettez-moi d'illustrer mon propos par un exemple. Une personne qui se rendrait dans une église mormone pour la première fois de sa vie serait trahie par de nombreux détails prouvant qu'elle n'appartient pas au sérail – un homme en jean, peut-être, ou une femme en pantalon au lieu d'une robe ou d'une jupe, voire une femme en jupe lui arrivant au-dessus du genou. La culture mormone se caractérise par un degré extrêmement élevé d'homogénéité, d'une façon, qui plus est, pas immédiatement perceptible au non-initié. Il ne s'agit pas seulement d'une espèce de conformisme obligatoire qui rend tout le monde uniforme ; c'est réellement le reflet d'un système profond de croyances et d'expériences similaires partagé par tous. S'il est possible à quelqu'un d'imiter l'apparence physique d'un mormon, il ne sera pour autant jamais pris pour tel, à moins d'avoir énormément étudié et pratiqué. De manière identique, ne partageant pas les mêmes points de vue sur le monde, croyances intimes et expériences que mes camarades, je pouvais bien prétendre les imiter tout mon soûl, subsistaient cependant certains petits hiatus qui me trahissaient ou, du moins, me donnaient une réputation d'originale auprès d'eux.

Malgré mon étrangeté évidente, j'avais d'ordinaire des amis, mais il m'est arrivé de traverser des périodes où les autres m'évitaient, voire m'excluaient. J'étais susceptible de les accabler et de les dégoûter. J'étais trop agressive pour eux, ou alors ils voyaient clair dans mes tromperies, mon égoïsme, mes calculs. Parfois, mon charisme considérable l'emportait sur les aspects déplaisants de ma personnalité, parfois c'était le contraire qui se produisait. Je ne parvenais pas toujours à comprendre mon statut intermittent de paria social ; si j'étais douée pour observer les réactions des autres à mon encontre, je n'y accordais quelquefois pas assez d'importance pour y remédier. Trop spontanée, j'étais prête à sacrifier plusieurs mois de popularité en échange d'une pulsion de ma vraie nature.

Il va de soi qu'on ne me cherchait pas d'ennuis, car j'inspirais la peur par-dessus tout. Au demeurant, j'avais assez de bon sens pour sélectionner mes cibles – des gens qu'on n'appréciait guère. Les enfants adorant faire leur propre auto-défense, je m'attaquais souvent aux tyrans. Je me souviens en particulier de jumeaux issus d'un milieu très « petits blancs ». L'un d'eux souffrait d'un problème de jambe et il venait à l'école équipé d'un appareillage orthopédique ou de chaussures spéciales. Il excédait de très loin notre tolérance à la différence. Peut-être parce qu'ils étaient de vrais jumeaux et qu'il tenait à se distinguer de son frère moins chanceux, celui qui ne souffrait pas d'un handicap est vite devenu une brute. Sa petite taille ne l'empêchait pas de déborder d'agressivité, et comme il ne pouvait décemment défier les plus forts, il s'en prenait aux autres, dans l'espoir d'établir sa domination en tant que second. Il était universellement détesté, mais personne ne tenait à déclencher sa colère. Il m'était complètement indifférent. Je crois que je l'effrayais. Un jour pourtant, il a été contraint de m'affronter au cours d'une partie de course au drapeau non surveillée par un adulte. J'avais réussi à tricher, et son équipe l'a incité à me défier. Les mots ont tourné aux coups, et très vite, je l'ai cloué au sol et l'ai battu comme plâtre. Pas trop longtemps, histoire de ne pas attirer l'attention, mais suffisamment pour qu'il ne se relève pas pendant quelques minutes. Par la suite, mes camarades m'ont voué une adoration qui a duré au moins plusieurs mois. Cette correction m'avait ravie. À mes yeux, abattre un tyran s'apparentait à participer à l'extinction d'un incendie. Le feu n'a peut-être pas encore atteint ma maison, mais les flammes sont imprévisibles et effraient la faune locale, qui adopte des comportements tout aussi imprévisibles. La probabilité que je sois touchée est assez élevée pour que je prenne des mesures préventives. Au demeurant, tabasser une petite brute vous assure une réputation de héros. À mon avis, c'est pour cette seule raison que Batman le fait.

Je me demande souvent en quoi ma vie aurait été transformée si je n'avais pas été éduquée dans le système scolaire public américain. Aurais-je moins joué la comédie ? Aurais-je été moins douée pour cela ? En l'état, tenter de me fondre dans la masse des autres élèves a exigé de ma part des talents d'anthropologue. Observatrice extérieure essayant d'adhérer au groupe, j'ai dû en apprendre les mœurs, en identifier les schémas récurrents. Cela m'a rendue très perspicace. Et bonne actrice. Constatant que les autres enfants réfléchissaient et agissaient d'une manière différente de la mienne, faisant notamment preuve d'émotion là où je restais de marbre, je me suis mise à les imiter. Je crois sincèrement que mes premières tentatives de parodie relèvent d'une authentique volonté d'être normale, à l'instar du bébé, qui reproduit les sons émis par ses parents non pour les tromper, mais afin de communiquer avec eux. Je ne l'ai pas compris à l'époque, mais j'ai su après que je ne serais jamais normale. Était-ce dû à cette confrontation face à une intersection de la connaissance de soi lors de mes quatre ans ? Au code inscrit dans mon ADN ? Quoi qu'il en soit, il était déjà trop tard pour faire demi-tour, pour peu que ce fût seulement imaginable. Je me distinguais irrévocablement des autres, en adoptant des comportements qu'il me restait encore à découvrir et à appréhender pleinement. Si je n'étais bien sûr pas capable de le formuler, je le sentais au plus profond de mon corps.

Durant mes années d'intense observation, j'ai constaté avec mépris que les enfants qui n'étaient pas populaires rampaient devant ceux qui l'étaient. Je les considérais comme des mauviettes et me demandais pourquoi ils estimaient qu'appartenir aux élites importait au point d'être prêts à s'avilir pour y parvenir. Je n'arrivais même pas à concevoir qu'une personne ou un groupe compte assez à mes yeux pour que je m'humilie. À force d'étude et d'apprentissage, je suis évidemment devenue l'une des stars de mon entourage. Néanmoins, tout en fréquentant les vedettes sportives, les cheerleaders, les amuseurs – ces idoles des lycées américains – et même des camarades moins populaires,

« En l'état, tenter de me **fondre dans la masse** des autres élèves a exigé de ma part des talents d'anthropologue. Observatrice extérieure essayant d'adhérer au groupe, j'ai dû en **apprendre les mœurs**, en identifier les schémas récurrents. »

j'avais conscience de mon extranéité ; je savais que je ne serais jamais l'un d'eux, quelle que soit leur approbation, parce que celle qu'ils pensaient connaître n'était pas moi.

Ce qui ne m'empêchait nullement de me jouer d'eux avec bonheur. En général, je m'acharnais sur leurs points faibles. Avez-vous déjà gratté la croûte d'une cicatrice ? Tripoté une dent sur le point de tomber ? Appuyé sur un muscle endolori ? Il y a dans ces gestes insignifiants quelque chose qui relève de l'exploration, et c'est ce à quoi je m'exerçais en jouant sur les craintes de mes amis. Elles me fascinaient – après tout, je n'en avais jamais éprouvé aucune. Cela semble absurde, et ce n'est pas comme si j'estimais que j'étais la meilleure dans tous les domaines. Je suis consciente de mes nombreuses imperfections. Simplement, les complexes ne me fragilisent pas, et il est évident que je ne m'y identifie pas avec l'étrange obsession que j'observe souvent chez les gens.

Il n'était pas rare que mon absence de fragilité déclenche celle des autres. Par exemple, l'une de mes amies de lycée était timide envers les garçons. Elle craignait de ne pas provoquer leur désir. De mon côté, j'étais cernée par le sexe fort : je jouais de la batterie, je pratiquais le surf, j'étais une sportive d'un enthousiasme démesuré – autant de domaines fondamentalement masculins. Presque tous mes amis étaient des garçons, et je n'ai jamais souffert d'insomnie en me demandant si je leur plaisais ou pas, ce qui d'ailleurs devait participer de mon pouvoir de séduction sur eux. Je devinais que cette amie aurait souhaité plus me ressembler de ce point de vue-là, et qu'une part d'elle-même me détestait de posséder cette tranquille assurance dont elle était dépourvue. Par-dessus tout, je me doutais qu'elle voudrait me prouver un jour qu'elle était plus désirable que moi. Aussi, j'ai concocté un petit jeu divertissant.

Un garçon s'était amouraché de moi. Appelons-le Dave. Il ne m'en avait rien caché, mais souffrait de son attirance parce qu'il était chrétien très pratiquant, et moi mormone. Cela en faisait un compagnon idéal. J'adorais me moquer de son béguin pour moi, d'autant que j'avais l'assurance qu'il ne passerait pas à l'acte, sous peine de se rebeller contre son Dieu. Je traînais régulièrement avec Dave et mon amie complexée – appelons-la Sarah –, car cette dernière était vaguement amoureuse de lui, assez en tout cas pour ne pas s'apercevoir que c'était moi qui intéressais Dave. À moins qu'elle l'ait remarqué ? Aucune idée. En tout cas, je jouissais de la gêne qui imprégnait toutes nos relations.

Un samedi que nous étions en ville, nous avons décidé de nous rendre à une fête le même soir. Nous sommes passés chez Dave afin qu'il se change. En l'attendant, Sarah et moi avons discuté. Plus exactement, je l'ai poussée à me parler. Je pressentais qu'elle croyait tenir sa chance ce soir-là de montrer qu'elle était plus appréciée que moi. Peut-être parce que Dave avait flirté toute la journée avec elle, histoire de me rendre la monnaie de ma pièce. Quoi qu'il en soit, Sarah arborait une expression de confiance et de triomphe un peu prématurée.

> « Pourquoi souris-tu ? lui ai-je demandé.
> – Pour rien, s'est-elle esclaffée.
> – Allez, sérieux, dis-moi. De quoi s'agit-il ?
> – De rien. Des bêtises.
> – Tu veux parier laquelle de nous deux Dave embrassera en premier ?
> – Comment as-tu deviné !
> – Ha ! Je n'avais rien deviné du tout jusqu'à maintenant. Mais pourquoi pas ? Ça te tente ? »

Évidemment, que cela la tentait. Elle était persuadée de gagner. Elle tenait à assister, une fois n'est pas coutume, à mon humiliation. Nous avons mis au point un règlement compliqué avec récompense à la clef. (Je savais que, plus les « règles » seraient élaborées, plus la compétition paraîtrait légitime et équitable, alors que, en réalité, j'étais en train de lui tendre un piège pour la plonger dans l'embarras et nourrir sa fragilité.) Il va de soi que je l'ai emporté, mais uniquement après avoir fait durer le plaisir le plus longtemps possible et après que Sarah se fut jetée au cou de Dave, qui l'a rembarrée sans ménagement. Ma jubilation était double, puisque j'avais non seulement réduit à néant la confiance toute neuve de Sarah en elle, mais aussi poussé Dave à trahir sa foi pour moi, car je l'ai largué dès le lendemain, bien sûr.

Malgré mes mauvaises intentions, la plupart de mes actes étaient relativement bénins, du moins si on les compare à ces adolescents qui massacrent des lycées entiers avec une mitrailleuse. Je ne me suis jamais envisagée comme prédatrice, dans la mesure où je n'ai ni violé ni tué. Cependant, avec le recul, je me demande si ma différence consciemment assumée, combinée à mon instinct d'observation, ne relève pas d'un mode de pensée typique du prédateur humain.

Et si je suis une prédatrice, est-ce que je chasse pour ma survie ou pour mon plaisir ? J'ai appris à me comporter ainsi pour sauver ma peau, mais il est vrai aussi que je cède à mes penchants quand ce n'est pas nécessaire. C'est le cas de nombreux prédateurs, qui se rendent coupables de ce que l'on nomme le *surplus killing*, autrement dit qui tuent plus de proies qu'ils n'en peuvent consommer. Phénomène illustré par ces vidéos de baleines tueuses qui harcèlent leurs victimes, les tuent, puis les abandonnent. D'après les scientifiques, ces chasses ne relèvent en rien de tueries pour le plaisir (qu'en savent-ils ?), mais plutôt d'un mécanisme de survie – les prédateurs qui commettent ces meurtres inutiles sont les plus agressifs, ceux qui réchappent à tout et se reproduisent.

Les responsables de *surplus killing* sont constamment à l'affût, toujours prêts à tuer. De la même façon, je suis toujours prête à jouer afin de gagner, et peu importe l'identité de mes partenaires de jeu, de leur degré d'innocence ou d'inoffensivité. Logique. Si je n'étais impitoyable que quand les circonstances l'exigent ou seulement envers des gens qui le « méritent », je ne serais pas aussi efficace. Je passerais mon temps à m'interroger : cette personne en vaut-elle la peine ? Suis-je vraiment obligée de m'en prendre à elle ainsi ? Mon inclinaison naturelle est d'être agressive envers tous. Aujourd'hui, je déploie énormément d'efforts pour brider ce penchant. J'ai accepté d'être domptée par d'autres gens afin de nouer des relations plus durables ; néanmoins, mon instinct animal de détruire est toujours à fleur de peau. Nombreux sont ceux qui me considèrent comme un animal domestique beau et exotique, mais dangereux. Je suis un peu le tigre blanc de cirque de ma famille et de mes amis.

Cette agressivité innée a toujours représenté le plus grand obstacle pour moi à une vie sociale normale. Durant ma jeunesse, j'ai eu beau tout faire pour dissimuler ma vraie nature, celle-ci a systématiquement trouvé moyen de transpirer sous la forme d'agressions bien visibles. Quand un malheureux déclenchait ma fureur – un camarade de classe malveillant ou un professeur insipide –, mon regard devenait alors noir et vengeur. J'avançais la tête, je serrais les poings, je plissais les paupières, comme si je concentrais toute mon énergie et mon antagonisme afin de faire le plus de mal. J'incarnais la méchanceté, et l'illusion de normalité que je m'efforçais d'afficher explosait. J'ai souvent eu l'impression, socialement du moins, de faire un pas en avant, deux en arrière.

C'est à l'adolescence que j'ai réalisé à quel point il était crucial de cultiver activement des traits de caractère séduisants. J'étudiais les personnes de mon âge afin de déceler ce qui les rendait aimables les unes aux autres, puis je m'appropriais ces qualités. C'est pour cela que j'ai choisi de pratiquer le surf et de jouer dans des groupes de rock, que j'ai gravi les échelons sociaux. Non contente d'obtenir de bons résultats au lycée, je regardais des films indépendants et j'écoutais de la musique underground, je m'adonnais aux sports alternatifs comme le BMX et le streetluge, je m'habillais avec des fringues achetées aux puces. J'étais devenue si performante, talentueuse et charmante que j'avais naturellement intégré la liste de ceux à fréquenter, à apprécier (et à redouter). Non seulement j'avais fini par être capable de porter n'importe quel masque en fonction des circonstances, mais j'avais aussi appris à les porter avec constance.

« Cette **agressivité innée** a toujours représenté le plus grand obstacle pour moi à une vie sociale normale. Durant ma jeunesse, j'ai eu beau tout faire pour **dissimuler ma vraie nature**, celle-ci a systématiquement trouvé moyen de transpirer sous la forme d'agressions bien visibles. »

Je n'ai pas cessé pour autant de me comporter de manière atroce ; simplement, j'ai mis un point d'honneur à réussir mes études, si bien que tout dérapage était assimilé à une bizarrerie. L'amour que ma mère nourrissait pour la musique – qu'elle envisageait comme planche de salut – m'avait été transmis. Je jouais de la batterie dans l'orchestre du lycée et dans des groupes avec des copains. Elle m'a permis de dissimuler nombre de mes comportements asociaux, tant au collège qu'au lycée. On attend des musiciens qu'ils soient narcissiques et scandaleux ; ils décevraient s'ils se comportaient banalement. Mes actes semblaient donc appropriés à mes ambitions de rock star. Quand vous brandissez une guitare ou tapez sur des percussions, vous êtes censé hurler et danser comme un sauvage, faire preuve d'agressivité, obliger les spectateurs à se secouer frénétiquement, obtenir l'amour et l'attention qu'ils ne sont que trop enclins à vous donner.

J'ai eu la chance que Jim continue de me faire participer à sa vie sociale, alors que j'étais sa petite sœur. Au lycée, tous ses amis étaient plus vieux, pas forcément des agités mais bourrés d'énergie et fans de musique ska. Ils s'habillaient avec des costumes vintage, mettaient des cravates étroites. Tous les week-ends, ils fréquentaient des clubs et des fêtes afin d'écouter leurs groupes préférés. Mon frère et moi étions de la partie. C'est ainsi que j'ai découvert le pogo, le slam, les couteaux, les bouteilles brisées et les bagarres générales, dont certains ressortaient sur des brancards et d'autres dans des voitures de patrouille. C'était génial.

Au lycée, j'entrais dans des querelles élaborées. Je me suis ainsi disputée avec un professeur pour déterminer qui devait diriger les cours – j'estimais que ce rôle me revenait ; pour d'étranges raisons, il considérait que c'était le sien. J'ai acheté des mètres de tissu noir et fabriqué des brassards que j'ai réussi à faire porter à la moitié de l'établissement, en signe de « protestation » (les adolescents n'aiment rien tant que se rebeller contre toutes sortes d'autorité, ce que j'exploitais avec un bonheur sans égal). Une autre fois, j'ai essayé de monter un concours de batterie qui nous mènerait dans diverses villes de Californie du Sud. Comme nous avions besoin d'instruments, j'ai songé qu'il me serait plus facile de demander après coup le pardon que la permission avant. J'ai fabriqué de faux formulaires d'autorisation et emprunté le matériel du lycée pour le week-end, en m'assurant que personne ne s'en apercevrait. Je me battais avec des gens bien plus costauds et baraqués que moi, mais c'était essentiellement lors de concerts rock, de séances de pogo, où la violence était tolérée. Déjà sournoise et calculatrice, je parvenais à échapper aux ennuis sérieux et rester libre.

En vue d'éviter les plaintes et aussi parce que je préférais cela, enfant, j'ai surtout joué avec des garçons. Ils ont moins tendance à rapporter quand ils se font rosser. J'appréciais de courir et de chahuter en leur compagnie, de revenir en sueur et sale de mes expéditions. Très jeune, je refusais de porter une robe, histoire de ressembler en tout point aux garçons. Je ne comprenais pas pourquoi les filles s'intéressaient plus aux poupées qu'aux soldats et à la guerre.

Je raffolais des sports de contact sur tous les plans. À cet égard, le rugby était un grand classique. Surtout quand il avait plu et que les terrains étaient boueux – il était alors naturel de plaquer et de rentrer avec des yeux au beurre noir. Les parties de chat dans les aires de jeux étaient l'occasion de se jeter du haut des perchoirs, de courir à en perdre haleine et de nous bousculer. Quel plaisir de projeter mon corps dans celui d'autrui ! Quelle satisfaction quand l'un de mes camarades terminait à l'infirmerie avec le nez sanguinolent ! Si je n'étais sûrement pas la meilleure joueuse de softball du lycée, je ne doute pas, en revanche, que j'étais celle qui bousculait ses équipières plus que quiconque. J'adorais voler les bases de mes adversaires. Même si la balle avait déjà été renvoyée à la joueuse de base, ma détermination inébranlable à me ruer sur elle lui fichait souvent assez la frousse pour qu'elle s'écarte. Un jour que je volais le marbre, j'ai flanqué une telle peur à la receveuse qu'elle m'a plaquée alors qu'elle n'avait pas encore la balle ! Il est vrai que, parfois, les gens s'alarmaient de mon enthousiasme ; pour ma part, j'estimais que c'était leur problème, pas le mien.

La prise de risque, l'agressivité et un manque absolu d'inquiétude quant à sa santé ou celle des autres sont autant de symptômes de la sociopathie, et mon enfance fourmille d'exemples parlants en la matière. J'estime que frôler la mort est une expérience qu'il vaut mieux vivre jeune que vieux. Elle vous marque en effet d'une saine conscience de votre mortalité qui vous sera utile plus tard. À huit ans, j'ai failli me noyer dans l'océan. Si je ne me souviens pas des détails, je me rappelle la force des vagues me submergeant. Ma mère raconte que, lorsque les secouristes m'ont repêchée et ranimée, les premiers signes de vie que j'ai donnés ont été des éclats de rire. Le timing était on ne peut plus approprié. J'avais appris que la mort pouvait survenir à tout instant, sans pour autant être affreuse. Par la suite, je n'en ai pas eu peur. Il m'est arrivé de flirter avec, d'y aspirer même, mais je ne l'ai jamais activement recherchée.

Un dimanche, quelques mois avant mon seizième anniversaire, j'ai été très malade. D'ordinaire, je ne confiais pas ces choses : déjà, je n'aimais pas que des membres de ma famille ou des étrangers se mêlent de mes soucis personnels, ce que j'assimilais à une invitation à interférer dans ma vie. Ce jour-là cependant, j'ai confié à ma mère que je ressentais une vive douleur sous le sternum. Après avoir exprimé son exaspération habituelle, elle m'a fait avaler une espèce de tisane et ordonné de me reposer. À partir de là, j'avais non seulement mal, mais également la nausée.

Le lendemain, je ne suis pas allée au lycée, ce qui ne m'a inspiré que le sentiment de prendre du retard dans mes activités. J'avais besoin de mes cours, de la musique et des sports collectifs, des obligations extrascolaires, de la manipulation de mes amis, connaissances et professeurs pour m'occuper l'esprit et le corps. L'ennui était mon ennemi juré ; la maladie, qui en était indissociable, aussi. Voilà pourquoi, le jour suivant, en dépit de mon état, je suis retournée au lycée.

Cette semaine-là, lors d'une partie de softball, j'ai volé deux bases d'un seul coup.

Chaque jour, mes parents me proposaient un nouveau remède, et je transportais une trousse de médicaments partout avec moi, antalgiques et comprimés homéopathiques confondus. Si j'éprouvais de la douleur, j'étais incapable d'en juger le degré de gravité ou d'en analyser la signification. Elle représentait un obstacle, au même titre qu'un coéquipier manquant sur le terrain ou la myopie. Je devais jouer pour deux, plisser les yeux afin de surmonter la douleur dans mon ventre qui exigeait toute mon attention et me rendait moins forte.

Toute l'énergie que je consacrais normalement à gérer mes relations sociales afin de me fondre dans la masse et de charmer a été redirigée sur le contrôle et le mépris de la souffrance. Au bout de quelques jours, je suis devenue ronchonne et épidermique. J'ai cessé de pratiquer la flagornerie, voire la simple politesse. Je ne gratifiais plus personne d'un signe de tête ou d'expressions bienveillantes. À la place, je toisais les autres du regard vide que je réservais à mes instants de solitude. Je ne parvenais plus à me forcer à sourire. Le contrôle que j'exerçais sur mes pensées avait disparu, si bien que je balançais à mes camarades qu'ils étaient moches ou qu'ils méritaient les malheurs qui leur arrivaient. J'étais dépossédée de l'aptitude à réguler correctement mes émotions et à me « brancher » en mode séduction. Privée de la force mentale d'ajuster constamment l'effet que je produisais sur les gens, j'ai cédé à ma malveillance naturelle, à un mélange de sadisme latent et de mépris blessant.

Je n'avais pas conscience de mes actes, comme je ne m'étais pas rendu compte de la quantité d'efforts qu'il m'avait fallu déployer pour entretenir mes relations personnelles ni de l'énergie énorme qu'exigeait le contrôle de mes pulsions naturelles. Ce n'est que plus tard, quand plus aucun de mes amis ne m'a adressé la parole, que j'ai compris ce qui s'était passé. La tolérance n'a qu'un temps. J'avais fait preuve d'assez de méchanceté, je m'étais comportée avec suffisamment de bassesse pour que mes amis m'abandonnent. C'était comme si j'avais vécu mon adolescence protégée par une cotte de mailles sous mes vêtements et que, soudain, je l'avais perdue sans m'en apercevoir. Délivrée de son poids, mes mouvements étaient devenus étrangement libres.

Des matinées, des après-midi et des soirées se sont ainsi écoulés, dans une soumission silencieuse mais rétive à la souffrance. Mes douleurs abdominales ont migré vers le dos, au niveau des reins. Mon père a suggéré une foulure ! J'ai continué d'aller en cours, j'ai même participé à un festival de musique à soixante kilomètres de chez nous. Sur le trajet du retour, fiévreuse, j'ai été obligée de m'allonger sur le sol du car. De tout le week-end, je n'ai quitté le lit. Le mardi, au lycée, j'étais si malade que j'ai été incapable de suivre les cours et suis allée dormir dans la voiture de mon frère. Je ne me souviens pas de la saison, mais ces journées étaient ensoleillées au point que l'habitacle prenait des allures de serre ou d'incubateur. La délicieuse chaleur minimisait les douleurs diverses (sourde ou aiguë, latente ou soudaine) qui avaient désormais envahi tout mon corps. À la maison, je me réfugiais dans mon lit. Un soir qu'elle était montée me chercher pour dîner, ma mère a découvert une enfant brûlante, moite et tremblante. À son retour, mon père m'a observée en réfléchissant à la suite à donner aux événements. Comprenant enfin que c'était grave, il a cédé et conclu que nous irions chez le médecin le lendemain.

Au cabinet, tout le monde s'est montré bienveillant, calme et apaisant. Une fois les tests effectués, l'atmosphère a changé au profit d'une situation d'urgence et d'accusations en tout genre. Le médecin a évoqué le nombre de mes globules blancs sur un ton indigné, j'ai senti que ma mère se cantonnait dans un désaveu et une raideur mutiques, état dans lequel elle se réfugiait quand mon père lui hurlait dessus ou brisait des objets. Le médecin me pressait de questions – la douleur, mes activités des dix derniers jours, la raison de mon silence – qui suggéraient que j'avais mal agi ; aussi, j'ai cessé de répondre. J'étais à la fois fatiguée et agitée. Je voulais m'en aller, être libre de m'adonner à mes activités au lieu d'être victime de gens bien intentionnés. On m'a demandé si je souhaitais m'allonger. J'ai poliment décliné avant de m'évanouir. Quand je suis revenue à moi, j'ai entendu des cris et mon père qui essayait de persuader les employés de ne pas appeler d'ambulance. Malgré mon délire, la méfiance qu'il leur inspirait ne m'a pas échappé.

Mon père était prêt à tout pour échapper aux regards lourds de reproches. Derrière mes paupières à demi fermées, j'ai lu l'affolement dans ses yeux. Cette panique ne devait rien à l'état de sa fille. Enfin, si. Mais c'était plus le jugement moral de ses amis et voisins que mon éventuelle disparition qui le terrifiait. Que sa négligence ait pu provoquer la mort de sa fille ; que lui et ma mère n'aient pas décidé de consulter avant plus d'une semaine d'intolérables souffrances. Tout cela, ai-je découvert plus tard, parce qu'il avait cessé de payer notre couverture médicale auprès de son assurance. Quand j'y repense aujourd'hui, je m'étonne qu'il nous ait accompagnées, ma mère et moi, au lieu de nous laisser nous débrouiller toutes seules. En un sens, ma mère a été plus chanceuse que lui : l'oppression dont elle était victime lui permettait de rejeter toute responsabilité, et son impuissance toute culpabilité.

Lorsque j'ai repris connaissance après mon opération, j'ai découvert mon père penché sur moi, en proie à une colère lasse. Il m'a résumé la situation. Mon appendice s'était perforé, lâchant ses toxines dans mon organisme. L'infection avait gagné, les muscles de mon dos s'étaient gangrenés. Les chirurgiens avaient été obligés de procéder à l'ablation de tissus morts, un tube en plastique était enfoncé dans la plaie afin de drainer le pus. Il n'y aurait cependant pas de conséquences.

« J'ai vécu l'épreuve dans une **absence totale d'affect**. Chez une victime, il s'agit de courage, ce qui est admirable ; chez un prédateur, il s'agit juste d'un **manque d'humanité**, ce qui provoque la peur. »

« Tu aurais pu mourir. Les médecins étaient
fous de rage. »

À son ton, j'ai eu l'impression que c'était à moi de présenter
des excuses à tous.

Les hôpitaux sont, par nature, des lieux de déshumanisa-
tion. Le pire moment de la journée, c'est très tôt le matin,
à l'heure où les sols sont particulièrement froids et où les
rayons de la lumière extérieure filtrent à travers les stores
comme pour vous inviter à sortir. Les infirmières de nuit
cèdent la place à leurs collègues de jour, pimpantes comme
des personnages de dessin animé et avides de vous infliger
des soins douloureux. Les hordes d'internes et de médecins
font leur ronde, tirent les rideaux de séparation afin de vous
examiner et dressent la liste des chairs flaccides et endom-
magées reliées à des tubes et à des machines – cyborgs de la
fantasmagorie clinique.

Débarrassé de votre armure, vous vous conformez à la bête
que l'hôpital fait de vous ou vous vous raccrochez désespérément à ce que vous avez d'humain. Le choix n'a pas été
compliqué. Je connaissais l'animal en moi, celui qui savait
que seule sa volonté lui permettait de survivre et de se développer. Je n'ai eu aucun problème à oublier ma dignité ou
mon besoin de relations, consciente que c'était la façon la
plus efficace de traverser les jours suivants. J'ai également
été soulagée de ne plus devoir porter de masque. Cela m'a
permis d'économiser beaucoup d'énergie mentale. La vie a
été réduite à l'essentiel – dormir, manger et déféquer –, que
ponctuaient les fréquentes agressions physiques prévisibles
des soins. J'étais une malade modèle. J'obéissais aux ordres,
accomplissais avec soin mes exercices respiratoires et me pro-
menais dans les couloirs de l'hôpital, les fesses à l'air sous la
chemise de nuit réglementaire. Une infirmière a dit que j'étais
« courageuse ». Elle faisait sûrement allusion à mon regard
d'acier, à mon attitude encaisse-et-souris. Je n'ai ni versé de

larmes ni exprimé de plaintes. J'ai vécu l'épreuve dans une absence totale d'affect. Chez une victime, il s'agit de courage, ce qui est admirable ; chez un prédateur, il s'agit juste d'un manque d'humanité, ce qui provoque la peur.

Au bout d'une semaine environ, j'ai eu le droit de partir, à condition de ne pas rechuter. L'infirmière m'a confié que l'ultime obstacle à ma sortie était le petit déjeuner. Trop nauséeuse pour manger, j'ai grignoté sans conviction ; malheureusement, mon plateau paraissait presque intact. En l'occurrence, c'est mon père qui m'a sauvé la mise. Il a débarqué une heure avant un rendez-vous professionnel, s'est fourré les crêpes dans la bouche et a jeté les œufs brouillés aux toilettes avant de tirer la chasse d'eau.

Sur le trajet vers la maison, alors qu'il était pressé, il a fait un détour par le magasin de musique afin de m'acheter le disque que je convoitais. La boutique étant fermée, il a tambouriné à la porte jusqu'à ce qu'un employé le remarque, il m'a désignée avec quelques explications rapides et a regagné la voiture avec mon cadeau. Les gens vous surprennent, parfois.

Si j'ignore comment ma famille a survécu à la note de l'hôpital, je ne doute pas que mon père a déployé les mêmes talents pour se sortir de cette énorme dette que ceux qu'il avait utilisés pour m'obtenir mon CD. Une fois chez nous, il m'a escortée jusqu'à ma chambre en me jurant que quelqu'un viendrait changer mes pansements. Il promettait souvent ce genre de choses qui n'avaient aucune chance de se produire.

Mes parents n'étaient en général guère plus attentifs à leur bien-être que moi du mien. Nous avons eu un nombre d'accidents ahurissant. Lorsque nous étions petits, nous en avons eu un sur une autoroute de montagne dangereuse, alors que nous nous rendions chez des cousins. Un véhicule (dont le chauffeur était ivre, avons-nous appris par la suite) nous est rentré dedans par-derrière ; la force du choc nous a propulsés à travers plusieurs voies de circulation, et nous avons heurté un mur en béton. Comme nous autres les enfants étions entassés à l'arrière, nous avons été assez sérieusement assommés. Pourtant, nous ne sommes pas rentrés à la maison et avons poursuivi notre trajet de dix heures jusqu'à destination. Je nous soupçonne d'avoir vécu sur les indemnités de l'assurance durant plusieurs années. Aujourd'hui encore, quand je suis impliquée dans un accident de voiture (qui ne relève pas de ma faute en général, car je suis une excellente conductrice), mon premier instinct est de prendre un maximum de photos et d'obtenir des aveux de la part de l'autre chauffeur.

Je grimpe sur des engins à moteur depuis que je suis toute petite. Je sautais sur des engins qui démarraient ou sur des engins déjà en marche, j'ai même essayé de me glisser sous un engin en marche. J'adorais me balader à l'arrière de camionnettes à plateau et me suspendre au-dessus du vide.

Quand j'avais dix ans, et mon frère Jim onze, un ami de la famille nous a priés de conduire une voiturette de golf à huit places entre le parking et sa demeure – soit six cents mètres –, où il avait organisé une fête de Halloween. Nous nous sommes montrés courtois et prudents lorsque nous trimballions les passagers en haut de la butte où se tenaient les festivités, mais de plus en plus téméraires en redescendant. Lors d'un trajet, j'ai essayé de monter sur le toit depuis l'arrière du véhicule afin de ramper jusqu'à l'avant. Mon frère, qui ne me prêtait aucune attention, ne m'a pas vue et a cru qu'il m'avait oubliée à la maison. Lorsqu'il a fait demi-tour sur les chapeaux de roues, j'ai valsé sur la chaussée, où j'ai rebondi en plusieurs tonneaux. J'ai perdu conscience, me suis réveillée allongée sur le dos pour découvrir que des feux de recul fonçaient sur moi. Mon frère (qui ignorait toujours ce qui s'était passé) effectuait une manœuvre et m'aurait écrasée, si je n'avais pas roulé sur le côté.

« Où étais-tu ? m'a-t-il demandé, surpris, quand je suis remontée à bord de la voiturette.

– Aucune idée. Nulle part. »

Cela ne s'est pas arrangé par la suite. Un après-midi, ma mère m'a présenté ce qui, une fois réglés les 1 200 dollars qu'elle valait, allait être ma toute première voiture. C'était une merveilleuse catastrophe ambulante, une Pontiac LeMans Luxury de 1972, dotée d'un moteur V-8 et de deux pots d'échappement. Impossible de résister à cette sœur du modèle surpuissant GTO à la carlingue quasiment identique. C'était la dernière année que la marque avait produit cette carrosserie pleine de courbes imitant la musculature des animaux qui, à cette époque, servaient souvent à nommer les automobiles (Mustang, Charger, Cougar[1]). Les doubles phares avant ronds vous défiaient du regard ; la carlingue et le pare-chocs vous ricanaient au nez. Ses ailes étaient mangées de rouille au niveau des roues, et la seule chose qui empêchait le toit de tomber aussi était le revêtement en vinyle blanc. Aux yeux de ma mère, le meilleur atout de ce coupé était son acier fabriqué à Detroit. Elle était persuadée que, en cas d'accident, je n'aurais pas une égratignure, contrairement à l'autre conducteur éventuellement impliqué. J'ai confirmé cette intuition à de nombreuses reprises au cours des premières années au volant de ce monstre.

Le moteur était si simple que j'effectuais moi-même les petites réparations et autres réglages. Je tenais à en comprendre le fonctionnement, à le contrôler, et non l'inverse. Une année où j'étais à l'université, le starter m'a lâchée. J'ai réquisitionné mon petit ami pour m'aider à le remplacer là où j'avais laissé la voiture, le parking de l'appartement d'une copine. Ni lui ni moi n'avions la moindre idée sur la façon de s'y prendre, mais j'étais toujours partante pour de nouvelles expériences, aussi insensées soient-elles. Tout s'est bien passé, jusqu'à ce que nous nous mettions à retirer le starter avant la batterie. Des étincelles ont

---

1 Soit « destrier » et « puma » pour les deux derniers.

commencé à jaillir, flanquant le feu au bas de caisse. Nous avons dû nous extirper vivement de sous l'auto, et j'ai éteint l'incendie à l'aide d'un extincteur.

Cette voiture m'a valu beaucoup d'attention, parfois concupiscente, mais je m'y sentais invulnérable, presque invincible. J'ai appris à dominer sa puissance, à accélérer dans les virages, à démarrer à fond de train quand je faisais la course avec des potes et à m'adonner aux dérapages contrôlés sous les pluies diluviennes de Californie qui, en raison de leur rareté, rendent les routes particulièrement glissantes tant elles sont saturées d'essence et d'huile.

J'adorais la confiance en soi et la sensation de puissance que me donnait cette bagnole, qui représentait un vrai contraste avec mon statut d'adolescente privée de pouvoir. Mes frères casse-cou étaient plus proches de moi que mes sœurs, qui jouaient à la poupée et à des jeux de société. Avec leur groupe de scouts, ils tiraient à l'arc et rôdaient dans les bois armés de couteaux, tandis qu'en tant que mormone, on m'obligeait à coudre des sermons au point de croix sur des taies d'oreiller, à cuire des biscuits et à me contenter d'un bâton de colle pour seule arme. Les femmes de mon entourage me donnaient l'impression de ne jamais agir par elles-mêmes, de toujours subir une influence quelconque.

Pendant mon adolescence, les hommes ont commencé à me dire à quel point je ressemblais à ma mère. Ce que j'ai, à juste titre, interprété comme signifiant que je m'étais mise à devenir un objet d'attirance sexuelle. À dix ans, j'avais déjà des seins rebondis et des hanches de vase grec. Les hommes me reluquaient sans vergogne, leur agressivité était palpable. Les femmes me considéraient comme une traînée, bien que je ne saisisse pas du tout pourquoi. Aussi, mon nouveau corps a d'abord représenté un handicap. Si je n'y prenais garde, il fonctionnait comme une bombe ayant pour dommages collatéraux le jugement des autres femmes et le harcèlement des hommes.

« Je ne me suis jamais beaucoup identifiée à mon sexe ; du moins, j'ai fait preuve d'une grande **ambivalence**. [...]
À mes yeux, l'étiquette "fille" était trop étroite pour contenir ma conception personnelle et **grandiose** de qui j'étais. »

Toutes les adolescentes subissent à des degrés divers la pénible transition du statut d'enfant à celui d'objet sexuel. J'estime cependant que, par bien des aspects, elle est plus difficile pour les filles comme moi – les sociopathes en plein développement. Je ne voulais que pouvoir et domination. Si j'avais été un garçon, pensais-je, j'aurais été grand et costaud. Intimidant. J'avais toujours été sportive et agressive. Même au cours d'activités physiques fondamentalement masculines, comme le pogo, je tenais ma place à force de pure hostilité. Sauf que je mesurais 1 m 60 pour 60 kg. J'exigeais qu'on me craigne et me respecte, mais je finissais systématiquement par recevoir des avances importunes de la part de gars ivres deux fois hauts comme moi. Je n'avais rien d'une prédatrice, et tout d'une cible charmante qui attirait à elle des formes d'attention déplacées et agressives. Certes, j'étais forte, pour une fille, mais les hommes étaient en général plus forts et plus durs. Mon intelligence et ma malhonnêteté extraordinaires ne faisaient souvent pas le poids face à des adultes largement plus bêtes et moins malhonnêtes que moi. Ce n'est pas tant que je n'avais pas le sentiment d'être une femme, c'est plutôt que je n'avais pas l'impression d'être aussi faible que l'allure que je dégageais.

Je ne me suis jamais beaucoup identifiée à mon sexe ; du moins, j'ai fait preuve d'une grande ambivalence. Toutefois, nombre de filles passent par ces phases de rejet et de rébellion contre les stéréotypes de genre. Lorsqu'on grandit fille, c'est comme si des lignes à la craie très fines étaient tout le temps tracées à environ dix centimètres de votre corps, par la société, la religion, la famille, et notamment par les autres femmes qui, bizarrement, se sentent investies d'une responsabilité quant à votre comportement, comme si vos actes mettaient en danger leur féminité. Ces lignes à la craie circonscrivent vos relations au monde, elles sont à l'origine de l'implicite et lourd « pour une fille » qui semble accompagner tout compliment (« elle est dure, pour une fille »).

Vous avez alors envie d'agiter les bras le plus fort possible afin de les éparpiller au vent, mais elles vous suivent partout, vous confinent constamment dans cet espace de dix centimètres. À mes yeux, l'étiquette « fille » était trop étroite pour contenir ma conception personnelle et grandiose de qui j'étais ; aussi, je n'en faisais en général aucun cas.

Mon sexe avait des atouts indéniables, certes. Ma mère était largement passive face à mon père, mais quand elle voulait quelque chose, il lui suffisait d'une simple caresse, d'une esquisse de promesse de plaisir physique pour qu'il se plie à ses quatre volontés. Au travers des dizaines de mâles qui me disaient que ma mère était belle, je ne détectais pas seulement sa réduction à un objet, mais aussi son pouvoir de détentrice de plaisirs vivement convoités. J'ai entendu des hommes se plaindre du pouvoir des femmes, puisque ce sont elles qui acceptent ou refusent l'acte sexuel. Je n'étais cependant pas encore prête à utiliser ce genre d'arme. Au lycée, alors que mes camarades apprenaient et expérimentaient leur sexualité, j'étais assez largement asexuée. Je ne comprenais pas que le sexe puisse me donner du plaisir. Je ne l'appréhendais pas non plus comme une façon d'établir des liens avec les autres et, par conséquent, de gagner en domination sur eux. J'ignorais que le sexe était un moyen d'aimer, et que les gens étaient prêts à tout pour l'amour.

En revanche, je me servais de mon genre avec beaucoup d'efficacité sur nombre d'enseignants libidineux et répugnants. J'ai haï l'un d'eux avec une virulence particulière. Ce professeur de littérature avait attribué une note éliminatoire à l'un de mes devoirs, parce que c'était ma mère qui l'avait rendu pour moi un jour que j'étais à une compétition de softball ou de batterie. Il m'a ridiculisée devant toute la classe pour avoir dû compter sur ma « môman » et a voulu faire un exemple de mon cas. C'était un vieux type insignifiant et vindicatif. Dès le départ, je ne l'avais pas apprécié. Ayant été témoin de ses attaques impitoyables à l'encontre

de camarades de classe, j'avais tendance à faire profil bas.
Il n'empêche, le défi silencieux que je lui opposais devait
l'avoir agacé, parce qu'il a fini par inventer une excuse plausible pour s'en prendre à moi.

> « Thomas ! Vous aurez remarqué que je vous
> ai mis un F. Je n'ai même pas lu votre devoir.
> La prochaine fois, épargnez du temps à votre
> môman et venez en personne remettre votre tra-
> vail. Ou alors ne me rendez rien.
> Une bouffée de colère m'a saisie, pour aussitôt
> se calmer.
> – Va te faire foutre, gros con, ai-je sereinement
> répondu. »

Quelques minutes plus tard, j'attendais mon tour devant
le bureau du proviseur.

À compter de cet incident, ce professeur et moi nous
sommes engagés dans une lutte où tous les coups bas étaient
permis. Mon but était de l'abattre. Vu sa mauvaise réputation,
le plus simple était de créer un dossier sur son comportement
inapproprié. Je me suis mise à prendre des notes circonstan-
ciées de tous ses actes et de toutes ses paroles discutables,
y compris ce qu'il y avait de plus ténu. Je me suis liée d'amitié
avec les filles de mes cours, semant dans leur esprit la conviction que ses gestes même les plus innocents étaient suspects.
En vérité, ce n'était pas un mauvais bougre. Il était juste âgé
et un brin macho, ce qui est typique des hommes nés avant
les années 1950. Il projetait les tests sur le tableau, obligeant
toute la classe à s'en rapprocher, de manière à ce que les
élèves du fond voient quelque chose. Le premier rang avançait
ses chaises jusqu'à toucher son bureau ; or y était assise une
fille qui portait souvent un maillot moulant de danseuse. J'ai
lancé une rumeur laissant entendre qu'il nous demandait de
bouger histoire d'avoir une vue plongeante sur le décolleté de

la fille en question. C'était fort plausible, notamment parce que le visage du professeur affichait fréquemment une grimace évoquant la lubricité. Cela aurait même pu être vrai. Quoi qu'il en soit, les cancans ont pris rapidement et n'ont pas tardé à être considérés comme justes.

Mais cela ne m'a pas suffi. Cela n'a pas suffi non plus le jour où j'ai réussi à lui arracher un coup d'œil salace sur ma poitrine, accompagné d'un commentaire avilissant. Nous parlions d'un spectacle musical que nous avions organisé.

> « Et comment avez-vous trouvé mon solo ? ai-je ricané après avoir écouté le professeur commenter les prestations de chacun.
>
> – Thomas ! Vous n'avez aucune classe ! Vous trémousser ainsi sur scène en dévoilant tous vos charmes. Vous devriez prendre exemple sur d'autres jeunes filles. »

Sur ce, il a désigné la danseuse. Je crois qu'il essayait de monter les autres contre moi. Malheureusement pour lui, je l'avais précédé dans cet exercice. Je n'ai pas été blessée par ses remarques – il avait enfin et sans équivoque franchi la frontière élève-enseignant, et ce devant témoins.

Après le cours, j'ai demandé à la danseuse si elle n'était pas gênée par ce harcèlement à peine voilé. J'incarnais l'inquiétude bienveillante, ma sincérité l'a émue. Oui, elle avait eu vent de la rumeur les concernant, elle et cet enseignant (elle ignorait en revanche que j'en étais l'auteure) ; oui, cela l'embêtait. J'étais tout ouïe, elle m'a confessé son malaise. Non contente de la réconforter, j'ai alimenté son désarroi. J'ai utilisé l'attitude du professeur à mon égard pour le peindre sous le jour d'un homme qui ne se contrôlait plus. Je voulais qu'elle ait peur de lui, pour qu'elle soit l'une des personnes qui le condamneraient. J'ai souligné que nous devions l'arrêter avant qu'il allât trop loin, j'ai laissé entendre que j'envisageais de porter officiellement plainte pour harcèlement sexuel, je lui ai demandé si elle serait d'accord pour étayer mes dires en cas de nécessité. J'ai laissé penser que sa participation ne serait sûrement pas indispensable, et elle a accepté. Elle n'allait pourtant pas tarder à découvrir qu'elle serait mon témoin clé.

Rentrée chez moi, j'ai raconté à ma mère ce qui s'était passé en cours – rien que les faits, pas d'allusions à la lutte sourde qui m'opposait au professeur ni à mes projets pour qu'on le vire du lycée. J'ai précisé que je me sentais « violentée » par ses propos, que je n'étais pas la seule fille envers qui il se comportait ainsi. Je savais que ma mère éprouvait des remords pour toutes les fois où elle m'avait fait défaut durant mon enfance ; elle n'en a été que plus empressée à me soutenir dans cette affaire. J'avais appris que les plaintes dans ce genre d'histoire devaient être déposées directement au rectorat. Acceptait-elle de m'y accompagner le lendemain matin ? Comme mon père s'opposait violemment à ma démarche, ma mère n'en a été que plus portée à accepter.

J'ai rédigé ma plainte, puis j'ai enrôlé un groupe de fidèles pour dépeindre cet enseignant sous le plus mauvais jour possible. Il a eu droit à une surveillance de plusieurs semaines. Partout où il allait dans les murs du lycée, il était flanqué de quelqu'un. Ce qui m'a réjouie. Officiellement, il a reçu un « avertissement » ; officieusement, je crois qu'il a été contraint à une retraite anticipée et a dû renoncer à son poste de chef du département de littérature. J'ai considéré cela comme un succès. Je n'ai jamais été avide ou du genre à invoquer des principes. Je n'avais pas essayé de le faire renvoyer afin de protéger de futures générations d'élèves ; j'avais essayé de le faire renvoyer pour lui prouver qu'il était vulnérable, notamment en face de moi, jeune fille prétendument impuissante.

Cette affaire a quand même représenté une bonne leçon pour moi en termes de limites du système judiciaire, que j'aurais d'ailleurs à affronter de nouveau et brièvement en faculté de droit. Cet épisode n'a pas été le seul qui m'a vue m'en prendre à un enseignant, mais en dépit de mes efforts, aucun n'a été licencié ni même déchu de son poste. Tout en obtenant la satisfaction de provoquer leur souffrance, j'y ai aussi gagné la réputation d'une faiseuse d'embrouilles. J'ai sans doute menti, triché et exercé des pressions pour détruire ces gens, mais il n'en reste pas moins vrai qu'ils étaient de mauvais professeurs qu'on n'aurait jamais dû laisser enseigner. L'une de mes victimes était un imbécile qui favorisait les élèves populaires au détriment des autres, ignorant leurs talents auxquels il préférait l'adulation sociale dont lui-même avait été privé durant ses propres années de lycée. Un autre était sexuellement obsédé par ses élèves, portait une attention particulière à celles dotées de gros seins (moi) et ayant une mauvaise estime de soi (pas moi). Je rendais un service à tous en m'efforçant de les démolir. Je ne supportais tout simplement pas que des personnes aussi illégitimes puissent exercer un quelconque pouvoir sur moi. Mes motivations relevaient aussi d'un double sentiment d'injustice : celui d'être une jeune sociopathe et celui d'être une fille.

5.
JE SUIS UNE ENFANT DE DIEU

« J'aime l'idée d'un créateur universel, y compris des sociopathes ; j'apprécie d'avoir des **cadres** et des **raisons de me surveiller.** **»**

J'ai été élevée au sein de l'Église de Jésus-Christ des Saints des Derniers Jours. Cela a commencé quand j'étais petite, et je continue aujourd'hui d'être une mormone pratiquante. D'aucuns considéreront que c'est de l'hypocrisie de ma part ou que mon Église me renierait si elle découvrait que je suis sociopathe. C'est qu'ils ne comprendraient pas comment je concilie ma foi et celle que je suis. La nature fondamentale des croyances mormones échappe à ces gens : nous sommes tous les fils et filles d'un Dieu aimant qui n'aspire qu'à nos progrès constants et à notre bonheur. Les mormons estiment que tout un chacun recèle le potentiel d'être divin et créateur de mondes. (Cela fait de mon Église un idéal pour sociopathes : cette foi a toujours correspondu à mon sens mégalomaniaque d'une destinée divine.) Je pars du principe que « tout un chacun » m'inclut. Et comme nous sommes tous susceptibles d'être sauvés, je considère que ce sont mes actes qui comptent, et non mes déficits émotionnels, mes pensées impitoyables, mes motifs infâmes. Mon adhésion aux dogmes de mon Église, avec laquelle pourtant ma personnalité est fréquemment en conflit, est la preuve que l'enseignement des Évangiles s'adresse à tous, sans considération de nationalité, parentèle, langue ou peuple. J'aime l'idée d'un créateur universel, y compris des sociopathes ; j'apprécie d'avoir des cadres et des raisons de me surveiller ; j'adore être récompensée pour bonne conduite et éprouver le sentiment d'exaltation et le détachement du monde inhérents à la prière, aux cantiques et à la dévotion religieuse.

L'Église mormone me convient parfaitement à cause de ses canons et fondements très explicites. Toute mon enfance, j'ai réussi à compenser mon inadéquation aux normes sociales en me conformant à ses attentes et règles de conduite édictées – depuis les leçons détaillées sur la chasteté aux petits dépliants expliquant point par point comment s'habiller, qui fréquenter et de quelle manière, quoi regarder et écouter ou non, combien d'argent donner à l'Église. Il me plaisait que ces choses soient écrites. Je n'affirme pas que l'Église validait mes actes tant que je m'abstenais de boire du Coca, pratiquais l'abstinence et m'acquittais de la dîme. Je ne doute pas qu'elle considérait ces édits comme des règles de conduite et non pas comme une carte blanche à tous les possibles, mais qu'ils soient aussi clairement édictés m'a aidée à me fondre dans la masse.

Récemment, je regardais l'un de ces feuilletons policiers à la télévision où l'intrigue principale de toute une saison met en scène divers personnages tentant de découvrir l'assassin du héros. Après bien des épisodes riches en rebondissements horrifiants, l'un d'eux s'exaspère : « J'ai du mal à distinguer les êtres malfaisants de ceux qui sont juste méchants. » Cette distinction existe-t-elle ? Qui mérite la miséricorde, qui est une âme perdue ?

Je n'ai jamais eu le sentiment d'être malfaisante. Mon Église m'a enseigné que je suis une enfant de Dieu. Petite, j'ai lu l'Ancien Testament. Le livre des Rois raconte une histoire où Dieu fait déchirer par des ours quarante-deux enfants coupables de s'être moqués du prophète Élisée. Je n'ai eu sur le coup aucune difficulté à assimiler Dieu à mon père.

Par ailleurs, qui n'a pas de défauts ? La plupart d'entre nous estimons être des gens bien. Dans son ouvrage, *The (Honest) Truth About Dishonesty* (« la (Vraie) Vérité sur la malhonnêteté »), Dan Ariely décrit la façon dont la boutique de souvenirs du Centre multiculturel Kennedy de Washington a été victime d'un insidieux détournement de fonds essentiellement opéré par les bénévoles âgés qui géraient la caisse. Il est intéressant de constater que n'était pas impliquée une seule personne ayant volé une grosse somme, mais de multiples individus qui prélevaient de petits montants. Tout le monde triche, et si vous restez dans les limites de ce que fait la majorité, vous pouvez (apparemment) entretenir la bonne image que vous avez de vous-même.

Lors de nos conversations sur la religion, la collègue de mon stage d'été, celle qui m'a diagnostiquée la première, affirmait que le concept chrétien du péché concerne l'être et non le faire. Nous sommes tous des « pécheurs » et, en même temps, nous sommes tous « sauvés ». D'après elle, le sens du véritable mal, « pour peu qu'il en ait un, dépasse le simple "J'ai fait ça de bien ou de mal aujourd'hui" ». Boire ou non de la caféine, égrener ou non le bon nombre de fois son rosaire n'ont rien à voir avec le mal, qu'il ne faut pas confondre avec la « transgression ».

C'est peut-être exact ; et pourquoi, à notre époque de la religion « réformée » où l'on insiste plus sur le salut que sur le péché, aucun de ces retraités bénévoles n'a considéré ses larcins mineurs comme une preuve de sa profonde nature malfaisante. Les frontières entre être bon, être assez bon et être mauvais ne sont pas claires. Si le système judiciaire actuel est aveugle, il semble qu'il exerce une cécité sélective désireuse de passer sur les transgressions « normales », faites par les personnes normales, et de condamner les transgressions « anormales », que sont susceptibles de commettre les gens comme moi.

Je me souviens de l'une de mes premières expériences de la justice qui m'a beaucoup appris. J'ai toujours adoré lire, je pouvais y consacrer des heures d'affilée. Nos parents nous donnaient des corvées afin de nous occuper et de nous éloigner de la télévision, mais s'ils me voyaient en pleine lecture, ils me laissaient tranquille. Un été, j'avais dans les sept ou huit ans, j'ai pris l'habitude d'accompagner mon père à son bureau avant de gagner la bibliothèque municipale voisine et d'y passer la journée, blottie entre les rayonnages.

Je trouvais extraordinaire qu'il soit possible d'emprunter des livres gratuitement. Pour moi, ça relevait de l'arnaque ; or, malgré mon jeune âge, j'éprouvais déjà une attirance irrépressible pour les arnaques. Ayant lié connaissance avec les employées, j'ai tenté de les convaincre de lever la limite des dix ouvrages auxquels j'avais droit. Quand elles m'ont expliqué que c'était impossible, j'ai fauché les cartes de mes frères, sœurs et parents afin de prendre ostensiblement des dizaines de livres. J'étais si contente de mon stratagème que j'ai cessé de lire pour ne plus me consacrer qu'à mes emprunts. Je n'avais pas l'intention de rendre les livres, c'eût été contre-productif. Je les ai donc entassés dans ma chambre, butin de mes intrigues couronnées de succès à l'encontre d'innocentes bibliothécaires qui, désormais, ne pouvaient plus rien contre moi.

Un mois plus tard, toute la famille a reçu des courriers officiels nous informant que nous détenions des ouvrages à rendre avec des pénalités de retard qui s'étaient accumulées jusqu'à représenter une jolie somme. Mes parents n'ont pas mis longtemps à identifier la coupable. Je n'avais pas compris que la bibliothèque avait les moyens de forcer ses adhérents à respecter ses lois.

Mes parents ne se sont pas fâchés, mettant mes actes sur le compte de ma boulimie de lecture qui m'avait poussée à avoir les yeux plus gros que le ventre. Ils ont vaguement mentionné que je devrais accomplir plus de corvées afin de régler les amendes. Faire la vaisselle cent fois à raison de 50 cents l'unité ne m'enchantait guère, d'autant que j'estimais injuste d'être punie pour ce que je considérais comme une erreur commise en toute bonne foi (au sens où j'avais cru à des règles du jeu qui s'étaient révélées autres). Persuadée que ça ne pouvait pas en rester là, j'ai tenté une autre manœuvre.

« Tu ne pourrais pas juste leur envoyer un chèque ? » ai-je demandé à mon père.

Je l'avais déjà vu en remplir. Je savais ce qu'était l'argent, et les chèques paraissaient le remplacer judicieusement en cas de nécessité, sorte de sursis magique lorsque le liquide venait à manquer. Mon père m'a expliqué que ça restait de l'argent que la banque gardait pour nous. J'étais coincée. Mon cerveau de gamine n'arrivait pas à trouver de solution à mon problème, sauf à exiger un dollar par vaisselle effectuée. Ainsi fonctionnait la justice : il existait des règles dont il fallait subir les conséquences si on les enfreignait.

Permettez-moi d'expliquer pourquoi je considère cet événement comme ma première confrontation avec la justice. Ce n'était pas la première fois que j'étais punie ; cependant, les châtiments étant systématiquement sous-tendus par un élément de condamnation morale qui n'avait aucun sens à mes yeux, j'avais tendance à les ignorer et à les envisager comme le prix – incertain et imprévisible – à payer, inhérent à la vie d'un enfant. L'histoire de la bibliothèque représentait une nouveauté. Mes parents n'étaient pas en colère ; aucun jugement moral n'avait été émis ; payer une amende semblait une punition raisonnable proportionnelle au délit commis. J'avais à la régler, mais c'était une loi universelle ; par ailleurs, celle-ci permettait aux livres de circuler plus vite, ce qui me donnait une chance d'emprunter les plus demandés. Cette justice-là était d'une logique que n'avait jamais eue la morale.

Je comprenais que toute bonne action mérite récompense. Les Écritures mormones disent : « Il y a une loi, irrévocablement décrétée dans les cieux avant la fondation de ce monde, sur laquelle reposent toutes les bénédictions. Et lorsque nous obtenons une bénédiction quelconque de Dieu, c'est par l'obéissance à cette loi sur laquelle elle repose. »[1] Les sceptiques rejettent la vérité de ce dogme, mais quand vos parents et votre entourage y croient, il est simple de jouer la carte de la justice afin d'être justement récompensé de vos bonnes actions.

Les effets de cette foi sur ma famille ne sauraient être exagérés. La plupart du temps, la justice positive fonctionnait avec autant de régularité qu'un distributeur de chewing-gums. Si j'y mettais une pièce, j'obtenais une friandise. Sauf que je cherchais le rapport travail-récompense le plus élevé

---

1 *Doctrines et Alliances*, 130:20 et 22.

(à un tel point que cela prenait des allures d'arnaques) et que je tirais inlassablement les mêmes ficelles sans succomber à l'ennui. Contrairement à mes frères et sœurs, qui avaient une tendance naturelle à préférer telle activité à une autre, je ne recherchais que l'argent avec une froide détermination. Ainsi, Jim détestait devoir s'exercer au piano, alors qu'il était le plus talentueux de nous tous. Pour nous inciter à travailler, ma mère a proposé de nous payer 5 cents chaque fois que nous répétions un morceau. Je n'avais aucun amour pour la musique, ce qui ne m'empêchait pas de rester assise durant des heures devant l'instrument, tapant mécaniquement sur le clavier tout en imaginant comment j'allais dépenser mes sous.

« Par bien des aspects, ma religion
m'a servi **d'outil fort pratique**
pour justifier mes excentricités,
de couverture efficace pour **dissimuler**
ma personnalité sociopathe. **»**

Les mormons sont également très branchés miséricorde. Tous les ans, au printemps et à l'automne, la famille se rassemblait devant la télévision afin de regarder la diffusion par satellite des Conférences générales semestrielles de l'Église de Jésus-Christ des Saints des Derniers Jours, dont les orateurs sont choisis parmi les officiers généraux de notre confession. L'un de mes préférés était Thomas Monson, l'actuel président de l'Église. Il avait toujours des histoires divertissantes à raconter sur des veuves et des orphelins, ainsi que les tendres bontés de Dieu. Le message était clair : Dieu aime les veuves et les orphelins, et il m'aime tout autant.

Qu'en est-il des pécheurs ? Ils ne sont guère un problème dans la doctrine mormone, puisque tout le monde pèche. Les fidèles en parlent d'ailleurs constamment, allusions voilées aux « multiples épreuves et tentations de l'existence ». Je me rappelle avoir regardé autour de moi durant les services et m'être imaginé des doubles vies dissolues pleines de violence et d'infidélités sordides. Je n'ai jamais eu le sentiment d'être hors norme à cause de mes péchés. C'est encore vrai aujourd'hui.

Tout un chacun dérape, puisque personne n'est parfait. C'est à cela que sert l'absolution. Le seul souci, c'est quand vous répétez les mêmes erreurs, ce qui n'est pas du tout mon cas. D'aucuns pourraient croire qu'à force de manipuler et de « détruire » les gens, je passe ma vie à violer le concept du « ne pas faire aux autres ce que je ne voudrais pas qu'ils me fassent ». Sauf que je n'ai aucun problème avec l'idée que les autres essayent de me « démolir » à leur tour. Pour moi, ça n'a rien de personnel, c'est ainsi que va le monde. Tous, nous luttons pour affirmer notre primauté. Serais-je mécontente si je tenais une sandwicherie et que quelqu'un en ouvrait une de l'autre côté de la rue ? Ça m'agacerait sûrement, pour autant je n'y verrais rien de personnel. Je n'ai pas de haine dans mon cœur contre les personnes qui agissent ainsi. Si je leur souhaite du mal, ce n'est pas parce que je ne les aime pas. Simplement, elles jouent dans ma cour, et la domination d'autrui est ma manière de valider l'estime que j'ai de moi. On m'objectera qu'en essayant de contrôler les autres, je les prive de leurs propres pouvoirs, de leur dignité et de leur indépendance. Je ne considère pas cela comme un problème moral. Les gens ont toujours le choix de se soumettre à moi ou de se préparer à affronter les conséquences de leur résistance. Si ça se trouve, Dieu partage mon point de vue. C'est peut-être pour cela qu'il tue parfois des enfants, histoire de nous rappeler ses modes de fonctionnement.

L'obstacle le plus important que m'a posé ma foi mormone est le dogme de « la tristesse de Dieu[1] », que la Bible distingue de « la tristesse du monde ». Enfant, on m'a enseigné que la seconde consistait à être triste d'avoir été prise la main dans le sac, alors que la première signifiait regretter de m'être écartée du droit chemin. Elle était censée modifier mon comportement : « Et voici, cette même tristesse selon Dieu, quel empressement n'a-t-elle pas produit en vous[2] ! » La tristesse de Dieu est l'étape qui précède le repentir, lequel est bien sûr la clef de voûte quand il s'agit d'invoquer la clémence divine. Malheureusement, je crois bien n'avoir jamais éprouvé de remords. Lorsque j'agis mal, je peux m'inquiéter des répercussions spirituelles et d'un éventuel retour de bâton sur mon âme, de la même façon que je crains de récolter une contredanse ou de voir ma voiture finir à la fourrière quand je me gare en double file. Est-ce suffisant cependant ?

Par bien des aspects, ma religion m'a servi d'outil fort pratique pour justifier mes excentricités, de couverture efficace pour dissimuler ma personnalité sociopathe. J'ai pris l'habitude de me cacher en plein jour. Ma bonté étant présumée, il m'était possible de dire des horreurs ; j'étais en droit d'adopter des comportements asociaux, car mon éducation religieuse

---

1 Corinthiens 7:10.
2 Corinthiens 7:11.

pouvait être tenue pour responsable de mon embarras au sein de gens n'appartenant pas à ma communauté. Quant aux mormons eux-mêmes, je tirais avantage de leur naïveté et en appelais à la tolérance qui part du principe que nous sommes tous des enfants de Dieu :

> *Nous considérons les humains passés, présents et à venir comme des êtres immortels dont le salut est notre mission. Afin de parvenir à cette tâche aussi vaste que l'éternité et intense que l'amour de Dieu, nous faisons vœu de nous y dévouer aujourd'hui et pour toujours[1].*

Ce n'est pas pour rien que Salt Lake City[2] est la capitale mondiale de la fraude : les mormons ont une drôle de tendance à systématiquement voir le bien chez tout un chacun, en dépit de preuves manifestes du contraire.

Après le lycée, je me suis inscrite à la Brigham Young University[3], dont les étudiants étaient encore plus innocents que le mormon moyen, ce qui m'a offert d'innombrables occasions d'arnaques. Je me suis mise à voler au bureau des objets perdus. Je racontais avoir égaré un livre assez courant, comme le manuel de biologie de première année, puis je le revendais dans une librairie. Ou bien je repérais un vélo non cadenassé au même endroit plusieurs jours d'affilée, estimais qu'il ne manquerait à personne et me l'appropriais. Après tout, le trésor appartient à qui l'a découvert, non ?

Je n'agissais pas ainsi pour être asociale. Je ne considère même pas ces actes comme asociaux. Si je m'en rendais coupable, c'est parce qu'ils m'aidaient à continuer de trouver un sens au monde. La bienveillance des habitants de l'Utah les uns envers les autres m'ennuyait. Elle était inefficace.

---

1 Discours du président de la Conférence générale d'avril 1907.

2 Capitale de l'Utah et de la religion mormone.

3 Principale université de l'Église mormone au code moral très exigeant.

Par exemple, à un carrefour signalé par quatre panneaux stop, les conducteurs étaient paralysés par l'indécision. Le code de la route stipule que le premier arrivé doit être le premier à passer, mais les gens ne respectaient pas toujours la règle, traitant le problème comme s'il s'agissait d'une question morale exigeant chaque fois une nouvelle réflexion. Agacée de devoir patienter – tandis qu'ils s'invitaient mutuellement à passer à grands renforts de gestes de la main –, je m'interrogeais sur ce qu'ils avaient dans la tête. Peut-être un truc du genre : « Je suis arrivé le premier, mais comment savoir si l'autre n'a pas de besoins plus urgents que les miens ? Et ce n'est pas parce que j'ai la loi pour moi dans cette situation que j'ai le droit d'en abuser. » Résultat, des bouchons à n'en plus finir, le bon sens étant sacrifié sur l'autel de la piété. Les gens rivalisaient de bonté jusqu'à l'absurde. Ce n'était pas naturel. Ni divin, songeais-je. Un dieu n'aurait pas concédé un avantage sans bonne raison ; un dieu aurait cultivé son pouvoir, tout comme moi.

Cela me déstabilisait. En même temps, je n'avais jamais rencontré de personnes aussi adorables et aimantes. Un semestre, j'ai suivi un cours consacré au Nouveau Testament (tout étudiant de Brigham Young doit réussir quatorze unités de valeur religieuses pour obtenir son diplôme). Sans crier gare, le professeur a lancé :

« Comment réagiriez-vous si je vous faisais ça ? »

Sur ce, il a feint de gifler un élève. Sans réfléchir, d'instinct, l'étudiant a tourné la tête afin d'offrir sa seconde joue. J'en suis restée estomaquée. Il s'agissait là d'une interprétation littérale des Écritures, certes, mais n'était-ce pas aller un peu trop loin ? Une idée m'a alors frappée : les cibles de mes malveillances étaient peut-être comme ce garçon ; quand je leur dérobais leurs livres, elles tendaient l'autre joue et me laissaient leurs vélos aussi. Fallait-il les considérer comme des victimes à qui on aurait lavé le cerveau ? Étais-je malfaisante ? Étions-nous simplement les deux extrémités opposées nécessaires à l'obtention d'un certain équilibre ?

Le dogme mormon nous enseigne que chaque chose doit avoir son contraire, sous peine qu'il n'existe ni bonté ni méchanceté, ni sainteté ni détresse, ni bien ni mal, et par conséquent, que Dieu n'existe pas. L'opposé le plus important de notre foi est Lucifer, assimilé par la suite à Satan, dont le passé est littéralement passionnant. Enfant spirituel de Dieu dans le monde prémortel[1], il est notre frère, il a été considéré comme l'étoile la plus brillante du ciel avant de se rebeller et de devenir notre indispensable opposé. Ça a été génial pour Dieu, dont le projet avait besoin d'un méchant : « Le Seigneur Dieu donna à l'homme d'agir par lui-même. C'est pourquoi l'homme ne pourrait agir par lui-même s'il n'était attiré par l'attrait de l'un ou de l'autre[2]. » Et Lucifer, alors ? Quand j'ai pour la première fois entendu cette histoire, au catéchisme, j'ai presque trouvé qu'il était un pigeon un peu trop commode dans le plan de Dieu. Ce dernier l'avait-il roulé en l'incitant à se révolter ? Y avait-il eu un accord secret entre eux deux ? À moins que Lucifer n'ait été créé que dans ce but ? Les Écritures mormones disent : « Il y a un dieu, et il a tout créé, aussi bien les cieux que la terre, et tout ce qui s'y trouve, tant les choses qui se meuvent que les choses qui sont mues[3]. » Lucifer avait-il été conçu pour se mouvoir au lieu d'être mu ? Et moi ?

J'ai mis sur pied un stratagème élaboré pour faucher dans les magasins du campus. L'une de mes amies m'avait parlé d'un programme alimentaire que personne ne supervisait avec sérieux. En l'espace d'un ou deux trimestres, j'ai piqué pour plus de 1 000 dollars de marchandises. Au début,

---

1 Doctrine spécifiquement mormone, selon laquelle tous les humains ont vécu avec Dieu en tant que ses enfants spirituels avant de venir sur la terre en tant que mortels.
2 Néphi 2:16.
3 Néphi 2:14.

je mangeais mes produits ou les stockais, à l'instar des livres empruntés à la bibliothèque dans mon enfance. Peu à peu, j'ai entrepris de les distribuer dans des élans de générosité bien ciblés. Je ne l'ai pas fait pour l'argent (j'avais la bourse la plus élevée qui soit) ni même le plaisir de commettre un péché, puisque je ne considérais pas cela comme tel. Je n'étais pas motivée non plus par le risque d'être attrapée, dans la mesure où cette éventualité ne m'a jamais effleuré l'esprit. En réalité, sur le moment, je n'ai pensé à rien. Quand j'y songe aujourd'hui, je crois que la bonté de mes camarades avait créé comme un vide qui m'aurait aspirée. Nous étions tous des maillons de la chaîne alimentaire, et comme ils avaient choisi de s'installer au bas de la chaîne (« les choses qui sont mues »), les seules places restantes étaient celles du haut (« les choses qui se meuvent »). Je n'ai jamais réfléchi au bien ou au mal de ces vols, à l'instar du requin qui ne s'interroge jamais sur la moralité de sa chasse. Ce n'est pas moi qui ai créé la dynamique de la chaîne alimentaire, c'est Dieu. Je n'ai pas non plus demandé à en occuper le sommet. Tout se passe comme si j'avais été conçue pour ça.

La vérité, c'est que je suis entièrement dénuée de ce que les gens appellent une conscience ou des remords. Le concept de moralité – entendu comme une appréhension émotionnelle de ce qui est bien ou mal – me passe complètement au-dessus de la tête, comme une bonne blague qui m'échapperait. Du coup, je n'y porte qu'un intérêt mitigé ; je n'ai qu'un vague aperçu du mal, guère plus que le niveau de conscience de soi basique permettant à tout un chacun de saisir l'aspect malveillant des choses. Il n'empêche, je me demande souvent à quoi ressemblerait ma vie si j'avais cette compréhension, si j'étais dotée d'une boussole interne en mesure de m'indiquer un nord moral, si je « ressentais » constamment et avais des convictions, ce qui est apparemment la manière la plus répandue d'aborder le monde chez les humains.

« J'irais jusqu'à dire que, puisque nous autres sociopathes sommes **étrangers à la morale émotionnelle**, nous sommes libres d'être plus rationnels et tolérants. »

Jean Decety, neurobiologiste de l'université de Chicago spécialiste de la cognition sociale et de l'empathie, a établi que la conscience morale est initiée par le champ émotionnel. Les jeunes enfants, en particulier, réagissent d'une façon très négative aux situations iniques ou blessantes, mais le jugement moral émotionnel évolue à l'âge adulte pour être tempéré par « le cortex préfrontal dorsolatéral et ventromédian, parties du cerveau qui permettent d'analyser la valeur des actes et des conséquences ». Alors que les enfants partent du principe que toute mauvaise action est maligne, les adultes sont capables de raisonner, d'identifier et de négliger certains incidents, de déceler des nuances en matière de malveillance, de la hiérarchiser.

Decety étudie les mécanismes neurologiques afin de comprendre pourquoi les cerveaux des sociopathes et autres personnes atteintes de troubles de la personnalité ne génèrent pas chez eux les émotions négatives de malaise ou de répulsion face à des actes amoraux. Il me semble logique que les sociopathes aient un sens émoussé de la moralité, puisqu'ils n'éprouvent pas ou éprouvent moins cet élan que les individus empathiques, ce qui est sans aucun doute mon cas. Si je me sens mal quand je me comporte mal, j'ai toujours été étrangère à une émotion aussi violente que l'indignation morale. Le principe d'évolution a formaté nos réactions émotionnelles afin d'étayer un comportement qui nous soit favorable, comme aimer et veiller sur nos enfants, craindre et fuir un prédateur à l'approche. Posséder l'instinct naturel qui m'expliquerait comment être quelqu'un de bien serait très pratique, du point de vue de l'évolution. En même temps, le jugement moral émotionnel autorise aussi les gens à s'infliger mutuellement des horreurs, telles que le lynchage ou le « crime d'honneur », qu'ils justifient en les qualifiant de « morales ».

J'irais jusqu'à dire que, puisque nous autres sociopathes sommes étrangers à la morale émotionnelle, nous sommes libres d'être plus rationnels et tolérants. N'oublions pas l'avantage de la raison pure impartiale. Les hystéries de masse engendrées par la religion au sein d'une population réputée saine d'esprit ont provoqué plus de dégâts et de carnages que tous les sociopathes réunis. (Quoiqu'il faille sûrement imaginer qu'il ait pu y avoir des sociopathes manipulateurs de foules à la tête de ces répressions destinées à servir leurs besoins.)

De façon identique, l'idée selon laquelle nous devons avoir expérimenté la culpabilité pour nous conduire de manière morale relève de l'imposture et de l'insulte patentes, à l'instar de qui soutiendrait que l'athéisme équivaut à l'indifférence morale. Bien que les boussoles morales profondément ancrées dans l'émotionnel aident à faire le bien et à éviter le mal, il existe forcément d'autres raisons à la bonne action que la moralité. J'obéis à la loi pour ne pas aller en prison – c'est rationnel ; je ne blesse ni n'agresse les autres, parce qu'une société où chacun se ferait du mal ferait aussi de moi une victime – c'est rationnel. Pour peu que nous ayons des raisons légitimes et réfléchies à nos choix moraux, nous devrions être à même de préférer le bien sans uniquement compter sur notre instinct viscéral. Et si ces raisons n'existent pas, pourquoi continuer à bien agir ?

Si je ne pense pas que les sociopathes aient quelque instinct ou élan moral à bien agir, je crois qu'ils sont capables d'adopter un comportement moral dans les limites de leurs intérêts. Prenons une bonne comparaison, celle d'une entreprise. Des tas de sociétés produisent ce qui nous plaît, voire de bonnes choses comme les vaccins ou les voitures électriques, alors que leur motivation première est le profit. Ce n'est donc pas parce que le profit est notre priorité qu'il nous est impossible d'en réaliser sans faire des choses qui plaisent ou dans lesquelles nous excellons, qui concordent avec notre vision du monde ou avec la vision de nous que nous avons envie de donner au monde. Nous comporter moralement pourrait même nous faciliter l'obtention de ce que nous désirons. La société fonctionne mieux quand nous nous traitons bien, et nous nous améliorons dès lors qu'elle est en bon ordre de marche.

Le droit américain distingue deux concepts du mal susceptibles d'être punis : le *malum in se* et le *malum prohibitum*. Le premier recouvre les actes intrinsèquement nuisibles, tels le meurtre, le vol, le viol ; le second, des exactions qui ne sont pas forcément vicieuses, mais interdites par la société au nom de normes sociales, comme conduire du mauvais côté de la route, violer un couvre-feu, vendre de l'alcool sans licence. Alors que les lois concernant le *malum in se* sont statiques, celles intéressant le *malum prohibitum* sont inévitablement évolutives, puisqu'elles doivent s'adapter à des changements sociétaux.

Il va de soi que ces deux catégories sont souvent difficiles à distinguer l'une de l'autre. Ainsi, de nombreux débats portent sur la reproduction illégale sur supports numériques d'œuvres protégées. Les sociétés de distribution musicale ont tendance à la qualifier de vol, ce qui est un crime intrinsèquement nuisible, alors que les adolescents et les érudits en droit suggèrent qu'elle n'est criminelle que dans la mesure où elle est économiquement interdite par l'État.

Dans mon univers personnel, pratiquement rien ne relève du *malum in se*. À mes yeux, rien n'est fondamentalement mauvais. Mais plus important encore, je ne me sens jamais obligée de ne pas faire quoi que ce soit sous prétexte que ce serait mal ; si je me pose des interdits, c'est uniquement à cause d'éventuelles retombées indésirables. Ainsi, le mal n'a pas de sens concret pour moi. Il ne recèle aucun mystère. Il s'agit d'un mot qui décrit une sensation que je n'éprouve pas.

N'espérant rien de l'égalitarisme ou de la vertu, je ne ressens donc aucune déception face à l'existence du mal ou du désespoir. La vision de l'indigence (mendiants, orphelins affamés et bidonvilles) ne m'émeut pas (même si je donne souvent, et pas par toquade). L'injustice ne me choque pas ;

au demeurant, je l'appréhende comme la mort. J'ai moins de revendications que la majorité des gens envers ce que j'estime me revenir de droit. Je n'attends pas du monde qu'il soit droit, je ne crois même pas à la droiture. Je ne crois qu'à ce qui est. Or, ce qui est est parfois très beau.

J'ai conscience que m'émouvoir de l'injustice mais pas de l'iniquité pourra apparaître comme une distinction étrange. Ce que je veux dire par là, c'est que la chance et le contexte jouent un rôle majeur dans tous les aspects de l'existence et que, par conséquent, les gens ne peuvent espérer obtenir des résultats identiques pour des actes identiques. En revanche, je conçois l'injustice comme un pouce posé sur la balance, qui favorise telle ou telle partie, intervention destinée à déformer le cours naturel des choses. C'est parce que je n'ai pas le sens du risque que ce dernier me plaît ; pour autant, je n'ai aucune envie de jouer avec des dés pipés. Si j'avais l'impression que ma vie est truquée, je ne sais pas ce que je ferais. Je me tuerais peut-être, ou je tuerais d'autres gens. C'est uniquement parce que je me crois en mesure de jouer la partie mieux que vous (et l'expérience semble prouver que j'ai raison) que mon intérêt subsiste et m'incite à vouloir continuer à jouer.

La sociopathie a été identifiée comme trouble mental à part entière il y a plus de deux siècles par l'aliéniste humaniste et père de la psychiatrie moderne, le Français Philippe Pinel, qui l'évoque dans son ouvrage de 1801, *Traité médico-philosophique sur l'aliénation mentale*. Pinel s'est intéressé à la psychologie après qu'un ami eut été atteint d'une maladie mentale l'ayant conduit au suicide. Il a popularisé l'idée d'un traitement « moral » des patients reposant sur l'observation et la conversation.

Dans son traité, Pinel distingue trois catégories de troubles mentaux : 1) la mélancolie, ou délire ; 2) la manie délirante ; 3) la démence. La deuxième classe comporte un sous-ensemble d'individus atteints de manie cependant non délirante : des impulsifs amoraux, violents et destructeurs, mais compétents et rationnels. Pinel en a conclu que seule une partie des facultés cérébrales de ces malades était atteinte, cependant que le reste – leur intellect en particulier – était intact. Il écrit à propos de l'affection : « Elle est continue, ou marquée par des accès périodiques. Nulle altération sensible dans les fonctions de l'entendement, la perception, le jugement, l'imagination, la mémoire, etc., mais perversion dans les fonctions affectives, impulsion aveugle à des actes de violence, ou même d'une fureur sanguinaire, sans qu'on puisse assigner aucune idée dominante, aucune illusion de l'imagination qui soit la cause déterminante de ces funestes penchants. »

Pinel a constaté avec surprise que les maniaques pouvaient avoir toutes leurs facultés intellectuelles, ce qui allait à l'encontre de la notion universellement admise à l'époque, selon laquelle l'aliénation était due à un dérangement des aptitudes à raisonner, ainsi que l'avait suggéré John Locke en 1690 dans son *Essai sur l'entendement humain*. Locke pensait que qui n'était pas capable de raisonner ne pouvait fonctionner en société. La santé mentale reposait sur la rationalité ; sans elle, un individu était voué à la démence ou à la manie. Pinel a cependant découvert qu'il existait une autre sorte de déficit mental : la folie morale.

En 1863, le médecin britannique James Cowles Prichard a utilisé l'expression – réjouissante à mes yeux – « aliénation morale » afin de décrire les gens comme moi. Dans son livre *A Treatise on Insanity and Other Disorders Affecting the Mind* (« Traité sur la folie et autres désordres affectant l'esprit »), il corrobore les études de Pinel et mentionne l'existence de « beaucoup d'individus qui vivent en liberté et ne sont pas complètement isolés de la société alors qu'ils sont atteints à des degrés divers par cette forme de démence. Ils ont la réputation de personnes au caractère singulier, capricieux et excentrique ».

Prichard était extrêmement religieux et s'interrogeait sur la possibilité que la folie affecte non seulement l'esprit, mais aussi l'âme. La corruption morale était-elle une maladie susceptible d'être cataloguée et cliniquement traitée ? Bien qu'il n'ait pas été le premier, il a été l'un des pourfendeurs les plus virulents des sociopathes. Il était choqué qu'une personne ayant le contrôle entier de ses facultés mentales ne puisse ou ne veuille vivre dans le droit chemin. Il partait du principe que rationalité égale moralité. Comme Pinel, il était dérouté par l'idée que le délire ne soit pas nécessairement à l'origine d'un mauvais comportement, que la malveillance puisse être – à certains égards – le fruit d'un parfait raisonnement.

Pinel était persuadé que la moralité émotionnelle ressentie par la plupart des humains est supérieure au volontarisme rationnel moral que les sociopathes et autres exercent. Je ne partage pas cet avis. Tout le monde recourt à des raccourcis quand il s'agit de prendre des décisions rapides. Il est impossible à quiconque de s'adonner à l'analyse et au raisonnement chaque fois que la situation l'impose. Par exemple, lorsque vous vous retrouvez en plein milieu d'une bagarre entre ivrognes, comment procédez-vous pour décider de poignarder ou non le type qui vient de vous envoyer son poing dans la figure ? Les empathiques recourent à des raccourcis émotionnels (dans le cas présent, soit « Cet ivrogne mérite de se prendre une lame dans le bide », soit « Je me sentirais trop mal si je le tuais »)

« À mes yeux, rien n'est
fondamentalement mauvais.
Mais plus important encore,
je ne me sens jamais obligée
de ne pas faire quoi que ce soit sous
prétexte que ce serait mal ; si je me
pose des interdits, c'est uniquement
à cause d'éventuelles retombées
indésirables. »

pour réagir dans l'urgence. Les sociopathes ne le font pas ou ne le peuvent pas ; aussi, ils utilisent d'autres ficelles.

Bien des sociopathes utilisent plutôt des adages comme « Tous les coups sont permis » ou « Moi d'abord ». Ils ont conclu que la seule façon rationnelle d'agir à leur avantage dans l'existence est de s'occuper d'eux-mêmes et d'ignorer les besoins ou demandes d'autrui. Parmi ceux qui n'agissent que sous une impulsion égoïste, certains sont en prison. À l'exception des plus emportés et violents d'entre nous, notre prise de décision relève de multiples introspections et délibérations préalables. Certains sont suffisamment à même de dominer leurs élans pour comprendre qu'une peine de prison n'est pas une bonne chose pour eux ; aussi, ils évitent d'enfreindre la loi de manière trop outrée (par exemple : « La satisfaction que j'aurais de tuer ce con ne vaut pas le désagrément d'être mis en taule »). L'un des visiteurs de mon blog, bien que conscient que la plupart de ses actes sont dangereux, malfaisants ou les deux, a toutefois affirmé : « Je me suis posé une ou deux limites que je ne franchirai pour rien au monde. » Ce qui ne l'empêche pas de s'adonner en toute connaissance de cause à de petites infractions ou injustices que les individus empathiques réprouveraient, telles la fraude fiscale ou la maltraitance psychologique.

D'autres, et j'en suis, ont opté pour une approche de la vie reposant sur plus de « principes » et se comportent en accord avec des croyances religieuses ou éthiques, ou au minimum dans l'intérêt de leur préservation ou de leur intérêt propre. Nous mettons en place des attitudes standards ou un code auxquels nous nous référons lorsque nous sommes confrontés à un choix (« J'ai décidé de ne tuer personne, donc je ne poignarderai pas cet homme »). Pour reprendre la formulation de l'un de mes blogeurs : « Avoir une morale n'est pas important. Avoir une éthique l'est. » Ma boussole morale est efficace dans mon cas, et la plupart du temps, ma méthode parvient à identifier ce que la majorité estime être un acte moral. Cependant, les « codes » des sociopathes ont tendance à avoir un aspect commun :

ils ne recouvrent pas entièrement la carte des normes sociales dominantes, ces règles et habitudes implicites qui régissent les comportements de groupe. Ainsi, je connais un sociopathe qui, bien que trafiquant de drogue, a élaboré sa propre grille de comportements selon qu'il a affaire à son épouse (charmant) ou ses employés (méchant). De même, je ne m'adonne à aucune activité criminelle, ce qui ne signifie pas pour autant que je ne m'emparerais pas de ce dont j'estime avoir besoin à un moment donné, d'une chose aussi répugnante qu'un sous-vêtement porté à un objet utile comme un vélo. Je m'attends presque à ce que les autres agissent pareillement. Ma fréquentation et mes échanges avec d'autres sociopathes m'ont appris que ce mélange brut de pur opportunisme et d'utilitarisme est fréquent. L'un des commentateurs de mon blog l'a formulé comme suit :

> *Je suis un sociopathe « intelligent ». Je n'ai pas de problème de drogue, je ne commets pas de crimes. Je ne tire aucun plaisir à blesser les gens et je n'ai pas de difficultés relationnelles caractéristiques. En revanche, je manque complètement d'empathie. Ce que, la plupart du temps, je considère comme un atout. Est-ce que je sais faire la différence entre le bien et le mal, ai-je envie d'être quelqu'un de bien ? Oui, naturellement. Un monde en paix et en ordre m'est beaucoup plus confortable. Est-ce que j'évite d'enfreindre la loi parce que c'est « bien » ? Non, juste parce que c'est sensé. J'imagine que si je n'avais pas la chance de gagner beaucoup d'argent en exerçant une profession que j'aime, je pourrais être tenté par le crime. Mais vu ma profession, il faudrait que l'enjeu soit de taille pour mériter que je m'y risque. Lorsqu'on est méchant avec les autres, ils vous le rendent bien. Sans être chrétien pour autant, j'estime que « ne pas faire aux autres ce qu'on ne voudrait pas qu'ils nous fassent » fonctionne.*

Cependant, parfois, l'efficacité ne recoupe pas à la perfection ce que la plupart des gens considèrent comme moralement juste. Un après-midi, peu après mon renvoi de mon cabinet juridique, j'ai emprunté le vélo d'une voisine afin de me rendre à la plage avec une amie à qui j'avais prêté le mien. L'engin était entreposé dans notre garage souterrain commun, non cadenassé. Il était couvert de poussière, et les pneus avaient besoin d'être regonflés, mais il se trouvait là, ce qui m'arrangeait. Je me suis dit que la propriétaire, que je ne connaissais pas du tout, ne risquait guère de découvrir sa disparition. Avec le sens pratique qui me caractérise, je m'étais imaginé la transaction que j'aurais dû mener si je lui avais demandé la permission : lui expliquer la situation, et elle aurait consenti au prêt à condition que je rembourse le moindre dégât ou perte. J'aurais avancé que prendre son vélo était la meilleure solution, et que ça le dérouillerait. Les bicyclettes sont faites pour rouler, c'était un gâchis de laisser la sienne au garage, inutilisée, alors que des gens en avaient peut-être besoin. C'est même avec plaisir que j'aurais réglé une location si sa propriétaire le souhaitait. Telle a donc été l'histoire que je me suis racontée.

En réalité, je ne me suis pas lancée dans cette discussion hypothétique. Le risque était trop grand que ma voisine n'envisage pas les choses à ma façon. Les gens sont parfois si irrationnels qu'il est difficile d'en attendre une décision de bon sens. Ainsi, cette femme pouvait refuser de me prêter son vélo parce qu'elle avait une peur atavique des inconnus. Ma voisine n'avait pas tous les éléments en main pour prendre une bonne décision : pour elle, j'étais une étrangère. Honnêtement, je n'avais pas l'intention de lui faucher son vélo. Je le lui aurais rapporté d'ici quelques heures, en meilleur état que je ne l'avais trouvé qui plus est. Comment néanmoins l'en persuader ? Les gens sont d'une méfiance folle de nos jours.

Elle surestimait aussi sans doute la valeur du vélo parce qu'il lui appartenait. Elle l'avait peut-être acheté 100 dollars en pensant aller à la plage toutes les semaines. Dans son esprit, sa valeur s'était émotionnellement ancrée à ces 100 dollars irré-cupérables et à son fantasme de loisirs, alors qu'il n'en vaudrait pas plus de 10 chez un brocanteur. Enfin, j'avais souvent estimé qu'elle et son mari vivaient au-dessus de leurs moyens. Bien que chacun doté d'une vieille voiture japonaise de la fin des années 1980, ils habitaient un bel appartement avec de jeunes voisins yuppies. La propriétaire risquait d'être contrariée, parce que, pour commencer, elle n'avait pas autant d'argent que ça. Bref, je n'ai eu aucun mal à me convaincre que je savais plus qu'elle ce qui était le mieux pour sa bicyclette. Et puis, ce qu'elle ignorait ne pouvait pas lui faire de mal, et je n'avais vraiment pas envie de m'appuyer la corvée d'une conversation avec elle.

Le soir même, après avoir rapporté le vélo en douce, on frappait des coups furibonds à ma porte, aussitôt suivis d'accusations rageuses. Apparemment, la voisine était rentrée à la résidence avant moi et avait découvert avec stupéfaction la disparition de son bien. Après l'avoir cherché durant des heures (« Pardon ? Où ça ? Des heures ? »), elle avait fini par renoncer et l'avait retrouvé à sa place, dans le garage. Elle n'avait pas manqué de remarquer que celui de son mari n'avait pas bougé, alors que le mien s'était volatilisé pendant la même période. Comme il était clair que j'avais été prise la main dans le sac, j'ai confessé le lui avoir emprunté.

Mon tranquille aveu l'a déstabilisée. Ma proposition de l'indemniser n'a fait qu'ajouter à l'offense, et elle est allée jusqu'à menacer d'alerter la police, ce à quoi j'ai objecté qu'il y avait peu de chance qu'elle se déplace pour si peu. J'ai tenté de lui expliquer que mon geste n'était pas un vol à proprement parler, puisque je n'avais pas eu l'intention de la priver définitivement de son vélo. Au pire, j'avais porté atteinte à la propriété pri-vée, sauf qu'elle pouvait toujours essayer d'apporter une preuve concrète. Un instant, elle m'a toisée d'un air horrifié avant de proférer une nouvelle menace : avertir cette fois le bailleur. Vaines paroles à mon avis. Au demeurant, j'envisageais depuis un moment de déménager pour un endroit moins cher, suite à ma perte d'emploi.

« L'enfant que j'étais comprenait le monde en termes de **décisions** et de **résultats**, de causes et d'effets. Si j'avais envie d'enfreindre une règle et que j'étais prête à en assumer les conséquences, j'estimais être **en droit** de faire ce choix en toute liberté. **»**

Je me moquais complètement d'avoir été découverte. Ce n'était là qu'un incident dans une affaire rondement menée. Mais il va de soi que j'aurais oublié l'incident si je n'avais pas été attrapée. De nombreux incidents similaires jalonnent ma vie, trop routiniers pour que j'en garde le souvenir. Je me rends toutefois compte que les autres sont tourmentés par ma façon d'agir, par le fait que je n'exprime aucun remords d'avoir été chopée. Enfant, quand avec mes frères et sœurs nous nous rendions coupables de bêtises, mon père nous corrigeait à coups de ceinturon. Il nous alignait contre le mur, et nous y passions tour à tour, avec une dose égale d'humiliation et d'intimidation. Je ne réagissais jamais à ces raclées, ne pleurais ni ne présentais d'excuses. Je n'en ressentais pas la nécessité et, surtout, je trouvais cela complètement stérile. D'une part parce que je savais que mon père cherchait à me briser et que je ne tenais pas à lui donner cette satisfaction ; d'autre part parce je réservais d'ordinaire mes larmes à mes actes de manipulation, et que mon père n'était pas susceptible de se laisser manipuler. Je n'éprouvais qu'une sorte de colère froide pendant laquelle l'essentiel de mon attention était concentré sur des projets de vengeance. Bien que j'aie eu deux frères plus âgés et bien plus costauds que moi, j'étais celle qui était battue avec le plus de violence, la ceinture laissant des marques rouges boursouflées sur mes fesses et le haut de mes cuisses. Une fois adulte, j'ai demandé à mon père pourquoi il me frappait plus que les autres. Il a affirmé ne pas se rappeler les détails, mais que j'avais dû mettre en danger la vie de mes frères et sœurs ou me rendre coupable d'un méfait suffisamment atroce pour mériter pareil châtiment. Soit. À mon avis, il se peut que je n'aie pas eu l'air aussi affectée qu'il l'espérait par ses punitions. Mon absence de réaction devait lui apparaître comme une obstination qu'il souhaitait faire fléchir en me frappant un petit peu plus violemment.

Ma voisine a été aussi stupéfaite que mon père à l'époque par l'énumération sereine des éléments légaux en matière d'atteintes à la propriété privée que je lui ai servie en guise de réponse à ses accusations. Il m'a fallu recourir à tout ce que j'avais appris des gens pour deviner qu'elle voulait des excuses plutôt qu'une indemnisation, sorte de compensation en échange du sentiment de viol qu'elle avait éprouvé. J'ai du mal à saisir ces réalités intangibles. Ce n'est pas que je ne les ressens pas ; c'est juste qu'il m'est difficile de les deviner chez les autres. Toutefois, en l'occurrence, même quand je me suis mise à rétropédaler et à m'excuser, elle n'a pas été satisfaite. À l'instar de mon père, elle a semblé deviner que je n'étais pas désolée. J'étais immunisée contre « la tristesse de Dieu » qui précède la repentance, parce que je ne m'étais pas écartée du droit chemin, du moins pas selon mon code de valeurs personnel. Faucher ce vélo en avait valu le coup.

Admettons que mon comportement soit grossier. Est-il pour autant immoral ? La répugnance affichée par Prichard à l'égard de l'amoralité des sociopathes me semble largement injustifiée, à moins de souscrire à ses propres principes. Ai-je réellement commis une mauvaise action en empruntant temporairement le vélo de ma voisine ? Oui, mais seulement si l'on considère comme nuisible la violation de la propriété privée. Et encore, la loi américaine stipule qu'il n'y a pas systématiquement violation. Par exemple, si vous êtes égaré en pleine tempête de neige, il est jugé acceptable d'entrer par effraction dans un chalet et d'y passer la nuit, du moment que vous dédommagez le propriétaire pour les éventuels dégâts commis. Le droit justifie cela, qu'on nomme « état de nécessité », par l'idée que, si vous aviez été en mesure de trouver le propriétaire et de lui demander la permission de vous réfugier dans son chalet, il vous l'aurait accordée. Quand bien même vous savez qu'il aurait refusé parce que vous êtes tous deux des ennemis mortels et qu'il préférerait se pendre plutôt que de vous rendre service, l'argument en faveur de la défense reste valable. La loi ne soutiendra pas l'accusation, dont le plaidoyer sera jugé déraisonnable, voire immoral ! Ainsi, pour peu qu'on envisage la situation selon un raisonnement logique (et non des convictions religieuses comme celles de Prichard), il serait défendable d'affirmer que ma voisine aurait mal agi en refusant déraisonnablement de me prêter un vélo qu'elle n'utilisait pas. Quant à moi, si j'ai mal agi, c'est uniquement parce que je n'ai fait preuve d'aucun remords.

Dans le droit des affaires, il existe un concept appelé « rupture efficace ». En général, une rupture de contrat est mal considérée, puisqu'elle revient à trahir une promesse. Toutefois, il arrive qu'elle soit positive ou « efficace », pour reprendre le jargon économique et juridique. Ainsi, lorsque le respect des termes du contrat est susceptible d'entraîner de plus grosses pertes financières que le règlement de dommages et intérêts à la partie lésée. Autre exemple : je sors avec une personne et je vais peut-être jusqu'à l'épouser. Si, plus tard, l'un de nous s'aperçoit qu'il en préfère une autre, il se pourrait qu'il soit plus « rentable » pour nous deux de dénoncer notre contrat. Pour peu que, comme moi, vous soyez adepte de la notion de rupture efficace, vous ne serez jamais atteint en apprenant que votre conjoint vous a trompé.

Or, dans ces cas-là, c'est souvent le choix immoral qui satisfait le mieux chacune des deux parties. C'est ainsi que j'ai vécu toute ma vie, bien avant d'apprendre le terme à l'université de droit. L'enfant que j'étais comprenait le monde en termes de décisions et de résultats, de causes et d'effets. Si j'avais envie d'enfreindre une règle et que j'étais prête à en assumer les conséquences, j'estimais être en droit de faire ce choix en toute liberté.

Cette espèce de calcul en ma faveur se retrouve dans presque tous mes actes, souvent lorsque les enjeux sont les plus élevés d'ailleurs. Quand on a diagnostiqué un cancer chez le père de ma très bonne amie, j'ai rompu tout contact avec elle. Ça semble impitoyable, et ça l'est. Non que je ne l'aimais pas – au contraire, et même trop peut-être. Mais je ne recevais plus les bonnes choses qu'elle m'avait jusqu'alors prodiguées (conseils avisés, conversations intéressantes) dans la mesure où sa compagnie était devenue intolérable. J'avais surinvesti dans notre relation et j'étais dans le rouge depuis trop longtemps sans qu'aucun signe d'amélioration ne se manifeste. Il m'était impossible de me dissimuler derrière le masque de la compassion ou de l'altruisme indéfiniment sans adopter des modes de comportement qui nous auraient été douloureux à elle comme à moi.

Aussi, j'ai interrompu nos relations et me suis éloignée. Chaque partie en a souffert, mais comme je ne disposais d'aucun moyen pour agir en douceur, je considère que ça a été une rupture efficace. Je crois que mon amie aurait été d'accord avec moi, y compris avec le fait que je l'ai fait souffrir dans l'équation. Rien que cela devrait réduire cette amitié à rien. Dans notre situation, cependant, mon abandon a été à son profit, surtout quand on songe que je me comportais de plus en plus mal, que j'étais nulle pour la soutenir. Je ne l'ai pas quittée parce que j'étais devenue indifférente, mais parce que j'étais loin de l'être. Cela a été bénéfique. Il n'empêche, les deux premiers mois de notre éloignement, j'ai surtout éprouvé du soulagement. Si un souvenir de notre amitié resurgissait, j'étais contente de ne plus être coincée dans notre relation vouée à l'échec. Toutefois, au fil des mois, j'ai commencé à ressentir le vide qu'elle avait comblé dans ma vie par sa présence. Dégâts collatéraux malheureux. Mais ça aussi fait partie d'une analyse coût-bénéfice, et je me rends compte que certaines situations peuvent souvent devenir regrettables alors même que je ne regrette pas particulièrement mes décisions.

Certes, rompre efficacement peut avoir des effets négatifs bien matériels. Sur les marchés financiers, elle entraîne une baisse de confiance et décourage d'éventuels acteurs à s'engager dans de futurs contrats. Ainsi, pour peu que vous ayez divorcé trop de fois, les gens ne vous feront plus confiance et refuseront donc d'entrer dans votre jeu. C'est un problème. Quelle que soit la rationalité avec laquelle je décide de suivre les règles et de rompre mes obligations, elle est souvent insuffisante aux yeux de ceux avec qui je traite. Ils veulent plus : plus de sentiments, plus d'attachement, plus d'engagement, plus de ce à quoi ils sont accoutumés. Au point où je suis obligée de me demander si ma prise de décision rationnelle peut compenser mon inaptitude à l'empathie. Force m'est d'admettre que non. Les gens considèrent comme garanties la compassion dont ils sont dotés à la naissance et la moralité qu'ils ont intériorisée. Pleurer avec quelqu'un que vous aimez parce qu'il pleure – je ne suis pas née avec ce raccourci du cœur commun aux autres. Ressentir de la culpabilité quand vous avez blessé quelqu'un que vous aimez est une mesure de réparation qui vous empêche de le perdre ; malheureusement, je n'ai jamais réussi à l'acquérir. Les solutions de rechange que j'ai mises au point dans ce genre de situation me font souvent défaut.

Dieu merci, une autre de mes caractéristiques sociopathes consiste en un optimisme et une estime de soi inébranlables. Par ailleurs, l'expérience m'a enseigné que rares sont les dégâts irréparables. Ma voisine en colère ne m'a plus jamais embêtée. Après le décès du père de mon amie, nous nous sommes retrouvées et avons repris le cours de notre amitié. Mes amis et ma famille ont surmonté leurs blessures et m'ont pardonné. La sociopathie est qualifiée de pathologie, mais j'ai parfois l'impression d'être le héros grec Achille qui, en échange de son invulnérabilité, n'avait qu'un seul point faible. J'estime qu'il s'agit là d'un contrat juste et équilibré, puisque sa blessure mortelle au talon était *a priori* extrêmement improbable.

Je ne suis cependant pas complètement vaccinée contre les coups de blues. Dans l'ensemble des émotions négatives qu'il m'arrive de ressentir, le regret est la plus triste et la plus forte. À mes yeux, l'essentiel de l'existence relève du hasard, et je pourrais être la victime de tout un tas de revers. Cela ne me gêne pas. En revanche, je suis hantée par l'idée d'être involontairement responsable de mon propre malheur, un malheur tellement inattendu que je n'aurais jamais imaginé que les choses puissent tourner ainsi. Pour moi, ce serait l'impuissance ultime ; moins la perspective que mes actes n'aient aucun effet, mais qu'ils aient un effet contraire, ce qui serait encore pire.

À mi-parcours de mes études universitaires, j'ai rencontré une fille en cours de musique qui a fait remonter ma vraie nature à la surface. Nous nous sommes connues lors d'une audition pour un même rôle, et bien qu'elle fût meilleure musicienne, c'est moi qui l'avais emporté. Elle était de ces gens dotés d'une heureuse nature, dont le rire contagieux attirait les autres. Elle était séduisante, sérieuse et amicale, assez mal dans sa peau pour qu'on ne l'envie jamais, pas assez cependant pour qu'on la fuie. C'était plus fort qu'eux, les gens l'appréciaient.

J'ai pris soin de rester dans son sillage de façon à ce que ma réputation profite de la sienne. J'ai capitalisé sur la facilité avec laquelle les autres s'entichaient d'elle, veillant à ce que cette qualité déteigne sur moi. C'est peut-être là que j'ai échoué, d'ailleurs, en tentant trop de la saisir, comme si le délicat équilibre entre son jeu séducteur et son charme inné était fabriqué à dessein et que, par conséquent, j'étais en mesure de le disséquer et de le reproduire. En vérité, son don était naturel, résultat d'un hasard dont elle-même n'était pas consciente. Elle était qui elle était, elle ne jouait pas.

Je le sais, car j'ai fouillé en douce dans sa correspondance et son journal intime afin de tâcher de la comprendre

– et d'assimiler toutes les faiblesses qu'elle confiait à ces pages. Après m'avoir surprise un jour en flagrant délit, elle m'a évitée, imitée en cela par tous nos amis de la fac.

Personne n'a crevé l'abcès. Il n'empêche, j'ai été particulièrement ébranlée par l'ostracisme dont j'ai été victime par la suite, car ignorer les frontières de l'intime était l'une de mes habitudes. Et voilà que les autres se mettaient à me traiter comme un monstre. Je m'étais rendue coupable d'une transgression triviale et idiote, dont je pensais que la plupart des gens l'avaient déjà commise ou en rêvaient, mais qui était en même temps tellement immonde que m'accabler de honte permettait à tout un chacun de se sentir meilleur. J'avais enfreint une règle morale qui m'échappait en grande partie, et plus personne ne tenait à être associé à ma personne.

Privée du bénéfice de leur bienveillance, j'ai été contrainte d'emprunter un chemin difficile, puisque la confiance qu'exigeaient mes stratagèmes secrets avait été démolie. En vérité, il n'aurait rien pu m'arriver de mieux. Mes actes m'avaient finalement rattrapée d'une façon qu'il m'était impossible d'ignorer. Confrontée à cet isolement social, je n'ai eu d'autre choix que d'essayer d'être entièrement honnête avec moi-même.

J'ai commencé à me rendre compte à quel point je me connaissais mal et ne saisissais guère les raisons de mon comportement. Cela me déplaisant, j'ai décidé d'adopter une curiosité bienveillante à mon égard. Neuf mois durant, je me suis observée sans porter de jugement et sans me mentir. Sans tomber dans l'ascèse, je comptais bien découvrir ma véritable nature. Pendant cette période, je me suis imposé des principes de conduite reposant sur une grande franchise et une acceptation sans faille. L'idée était que, si j'arrivais à réunir suffisamment d'informations sur moi, je serais en mesure d'avancer pas à pas vers le bonheur ou ce que je désirais dans la vie.

Au bout des neuf mois, j'ai abouti à quelques conclusions. Et d'abord, que je n'avais pas de véritable moi. J'étais une ardoise magique, je me secouais constamment afin de repartir de zéro. Puis que, ces dernières années, j'en étais venue à croire certaines choses à mon sujet qui n'étaient pas avérées. Par exemple, parce que je suis séductrice et d'une nature ouverte, que j'étais une personne chaleureuse. Endosser un rôle en vue de me conformer aux attentes sociales était devenu si facile que j'avais oublié que je jouais. Je lisais tous les ouvrages possibles sur le passage à l'âge adulte et la disparition des bizarreries de l'enfance et j'avais l'impression que c'était ce qui m'arrivait. En réalité, j'avais juste perdu la conscience que j'avais eue de moi pendant mon enfance et même mon adolescence. Plusieurs de mes croyances relevaient du mirage et s'évanouissaient lorsque je les examinais de plus près, laissant un grand désert derrière elles. Très vite, je me suis aperçue que c'était le cas de pratiquement tout ce qui constituait ma vie. Ce que je m'étais raconté de mon existence n'était qu'illusion, comme si mon cerveau avait comblé des vides dans un processus identique à celui de l'illusion d'optique. Je m'étais raconté que j'étais normale, peut-être un tout petit peu trop maligne mais néanmoins dotée de sentiments authentiques et caractéristiques d'une jeune femme de mon âge. Désormais, j'avais l'impression de sortir d'un rêve. Sans ces légendes que je m'étais inventées, je n'avais plus de moi. Si j'avais été une bouddhiste cherchant à atteindre le nirvana, cette absence aurait constitué un bond en avant prodigieux ; malheureusement, je n'ai pas du tout eu le sentiment d'avoir accompli un exploit en la matière. Au lieu de cela, j'ai éprouvé ce que quiconque éprouve dans ces cas-là : une sensation de liberté.

Bien sûr, je savais à quoi je m'adonnais quand je « m'engageais » dans quelque chose. Je riais, je complotais. Je me suis rendu compte que je manipulais beaucoup, que la manipulation était mon mode opératoire par défaut en matière de relations avec autrui. Ces dernières se réduisaient à une danse

« Au bout des neuf mois,
j'ai abouti à quelques conclusions.
Et d'abord, que **je n'avais pas
de véritable moi**. [...] Endosser
un rôle en vue de me conformer
aux attentes sociales était devenu
si facile que j'avais oublié
que **je jouais. »**

« donnant-prenant » que je m'efforçais constamment de choré-
graphier en estimant quels partenaires serviraient au mieux mes
intérêts. J'aimais le pouvoir et l'agitation. Le contenu de mes
activités m'intéressait moins que le talent qu'elles exigeaient de
ma part. J'adorais séduire, pas seulement sexuellement mais
de façon à posséder l'esprit de quelqu'un complètement, et cela
m'était facile. Je n'avais aucun mal à charmer. J'étais une menteuse invétérée, souvent sans raison. J'étais une traqueuse de
plaisir et, bien que je n'aie pas eu une compréhension réelle de
moi-même, j'avais néanmoins une exceptionnelle bonne opinion de moi. Je n'avais pas besoin d'être pour exister. Je n'avais
qu'un rôle dans le monde : celui d'un enzyme qui catalyse les
réactions sans en être affecté. Ou celui d'un virus qui cherche
un organisme hôte. J'étais différente des personnes normales,
mais je savais que j'existais. J'agissais et interagissais. J'étais pour
l'essentiel une illusion, mais même une illusion peut être réelle
à sa façon – les gens en font l'expérience et, plus important
encore, ils lui répondent.

Je crois que de nombreux traits de personnalité sociopathes,
comme le charme, la séduction, le mensonge, la sexualité
débridée, le « caméléonisme », la mascarade et le manque
d'empathie sont largement attribuables à un sens très faible
de soi. À mon avis, tous les troubles du comportement ont
en commun un sens déformé ou anormal de ce moi. Bien
que cette idée ne soit pas très originale à mes yeux, elle n'est
pas souvent abordée par la littérature scientifique. Mes informations relèvent d'une compilation d'éléments disparates
glanés dans les écrits sur la sociopathie qui confortent mon
expérience personnelle. Les psychiatres se réfèrent à une
grille d'évaluation et pensent comprendre le « quoi », mais
le « comment » leur échappe. J'estime que ce « comment »,
soit l'origine des nombreux comportements observés chez
nous, vient de ce que nous n'avons pas un sens rigide de notre
moi. C'est là une caractéristique de définition prédominante
de la sociopathie.

Celui qui a été le plus proche d'identifier ce trait de caractère particulier est un professeur de l'université d'État de Californie Northridge, Howard Kamler. Il avance que « ce n'est pas seulement que [le sociopathe] manque d'une forte identité morale, il manque aussi d'une forte identité de soi ». Quand un sociopathe n'éprouve pas de remords, c'est moins dû à une conscience déficiente qu'au fait qu'il n'a pas l'impression de se trahir lui-même : « Une personne n'ayant pas un sentiment prononcé de soi en général n'aura probablement pas le sentiment prononcé d'une intégrité perdue quand il détruira des projets de vie qui, pour nous autres, constitueraient des pivots majeurs de notre identité personnelle. » Ainsi, je ne suis jamais touchée quand je romps une relation amoureuse, surtout parce que je n'ai aucun attachement émotionnel au statut de « petite amie ». De même, ne me définissant pas comme une professionnelle couronnée de succès appartenant à une certaine classe intellectuelle ou socio-économique, je me fiche d'être brutalement privée de postes prestigieux et de connaître de longues périodes de chômage aux frais du gouvernement ou de mes amis et membres de ma famille généreux. Je sais ce dont je suis capable, et cela me suffit. Mon statut particulier à n'importe quel moment donné m'est insignifiant, sauf à partir de l'instant où je prends conscience de son importance aux yeux des autres, à la façon dont ils me regardent et me traitent.

À quoi cela ressemble-t-il d'avoir une conscience de soi sans avoir de soi construit ? Chez moi, l'essentiel de ma conscience de soi est le résultat de mon observation directe de l'effet que je produis sur les gens. Je sais que j'existe parce que les autres admettent mon existence, de la même façon que nous sommes au courant de l'existence de la matière noire dans l'Univers non parce que nous pouvons la voir ou la mesurer directement, mais parce que nous en distinguons les effets quand sa gravité invisible déforme les mouvements des objets qui l'entourent. Nous autres sociopathes ressemblons à de la matière noire : nous dissimulons notre influence à votre vue, mais vous en ressentez certainement les effets. Je guette les réactions des autres à mon égard afin d'être capable de comprendre. « Je fais peur aux gens quand je les fixe ainsi. » Ma conscience de soi est constituée d'un million de petites observations de cette sorte qui me permettent de peindre un tableau de moi, à l'instar d'un portrait pointilliste.

Enfant, mon moi était plus facile à définir et, par conséquent, à ignorer. Je faisais partie d'une famille, j'étais l'élève d'une école, un membre de mon Église. Je n'avais pas à m'inquiéter de me trahir par mon mauvais comportement, juste de trahir les autres. J'étais habituée à ce que les gens regardent par-dessus mon épaule tout le temps, si bien que contrôler mon attitude était un souci de chaque instant. Adulte, je n'ai pas d'entourage aussi structurant. Si je prends moi-même mes décisions, mes actions ont aussi des conséquences beaucoup plus importantes et graves. Voilà pourquoi ma boussole morale m'a été aussi utile, m'aidant à me définir et à brider mes attitudes. Mon code personnel de l'efficacité et la religion m'ont en général gardée sur le droit (et étroit) chemin.

Même si j'enfreins rarement les règles, j'ai tendance à prendre des libertés avec elles. Les mormons sont réputés pour suivre des interdits diététiques, les plus célèbres étant le tabac, l'alcool et la caféine. Je bois du thé vert et du Coca Light, ce qui semble constituer une infraction à la loi. J'ai cependant une interprétation originaliste[1] de ces interdits. Les textes actuels à propos de la caféine parlent de « boissons chaudes », ce qui, logiquement, n'inclut pas un Coca glacé. À l'époque de leur rédaction, le thé vert en sachet n'existait

---

[1] L'originalisme est une interprétation juridique américaine stipulant que la Constitution doit être interprétée en fonction du sens qu'elle avait à l'époque de sa publication, autrement dit des intentions de ses rédacteurs, ce qui s'oppose au textualisme, lequel prône une interprétation d'un texte en fonction de son sens évident.

pas, il ne saurait donc être concerné par l'interdit. Résultat, je suis complètement accro à la caféine.

La prohibition du sexe avant le mariage a des conséquences autrement plus considérables sur les fidèles de notre Église, mais elle non plus n'est pas sans ambiguïté. Il semble qu'à l'époque de mes grands-parents, la frontière était les « rapports charnels », frontière de laquelle les gens n'hésitaient pas à s'approcher. Mon père m'a raconté un jour qu'un officiel ecclésiastique avait conseillé aux jeunes gens : « Restez moraux, contentez-vous de rapports oraux », même s'il nie aujourd'hui avoir jamais dit cela. Cette faille a été depuis réduite, sinon comblée, puisque l'interdit s'étend à la catégorie plus vaste des « relations sexuelles ». Des termes aussi vagues laissent entendre que l'Église demande à ses membres d'interpréter la sexualité et ses complexités en fonction de leur propre sensibilité. Aussi, ne m'en voulez pas si je le fais. Je mène une vie sexuelle enrichissante dans les limites des règles édictées par mon Église, comme un poète choisit de s'exprimer à travers des sonnets plutôt que des vers libres.

Les mormons sont censés payer un pourcentage spécifique de leurs revenus sous forme de dîme, mais cette loi, comme presque tout, est sujette à interprétation. Je m'y soumets comme je me soumets à l'impôt : je paie, en me débrouillant cependant pour bénéficier du maximum de déductions autorisées. En vérité, je n'ai jamais tellement prêté attention aux raisons qu'a mon Église de faire ce que qu'elle fait ou de déclarer ce qu'elle déclare.

Plutôt que de nourrir des certitudes envers le bien-fondé des préceptes de mon Église et ses professions de foi, j'estime que ma croyance prend tout son sens en termes d'efficacité. Force m'est d'admettre que nous n'avons aucune certitude de l'existence ou de la non-existence d'un créateur. Je prétends simplement que c'est le cas et je crois. Si la doctrine religieuse selon laquelle je vis est vraie, j'aurai sagement investi dans mon avenir éternel ; à l'inverse, j'aurai au moins sagement investi dans ma vie présente en adhérant à un code moral raisonnable, sans pour autant être sûre de mon salut. J'envisage ma foi comme des règles de vie, le socle sur lequel je bâtis une existence qui me procure des plaisirs immenses et une grande joie.

Même sans code religieux ou éthique, les sociopathes de haut niveau finissent par apprendre qu'ils peuvent utiliser leur pouvoir pour faire le bien. Connaissant les faiblesses d'autrui, ils font le choix de les exploiter pour être bénéfiques plutôt que destructeurs. Parfois, quand on décide de manipuler ou de tirer avantage des faiblesses des autres, on se rend soi-même vulnérable, en se forgeant une réputation exécrable, par exemple, ou en cédant à des comportements de plus en plus asociaux. Dominer nos impulsions nous permet de rompre notre isolement et d'entretenir des relations stables et fortes. Les sociopathes qui cherchent vraiment à cultiver leur pouvoir se rendent compte que le plus grand qu'il puisse acquérir est celui qu'ils exercent sur eux-mêmes.

6.
SAINTS, ESPIONS ET SERIAL KILLERS

« Il ne m'a jamais traversé l'esprit de m'identifier au petit volatile pétrifié de peur et instinctivement passif, à la **victime**. Je n'ai jamais rêvé d'un éden avec la paix sur terre et des hommes bienveillants. Je suis **le rat** et je saisirai le moindre avantage offert sans m'excuser. »

Récemment, je suis allée en Nouvelle-Zélande. J'y ai appris que le pays avait un écosystème très varié. Jusqu'à l'arrivée des hommes, il était presque entièrement peuplé d'oiseaux. Ils occupaient tous les maillons de la chaîne alimentaire, des minuscules créatures qui couraient, faute de pouvoir voler, aux prédateurs si énormes qu'ils pouvaient attraper une proie de cinquante kilos pour leur dîner. Durant des millions d'années, les volatiles ont dominé leur royaume sans hommes ni mammifères, univers de plumes, de becs et de serres qui ne connaissait aucune forme de vie supérieure. Ils ont acquis un arsenal d'aptitudes optimales et de défenses naturelles en rapport avec leur environnement.

Puis, au XIIIᵉ siècle, alors que les Européens étaient occupés à leurs croisades, les explorateurs polynésiens ont débarqué, apportant dans leurs bagages les rats – fourrure au lieu de plumes, dents au lieu de becs, petites pattes au lieu de serres redoutables. Les mécanismes de défense qui avaient si bien fonctionné contre les autres volatiles se sont révélés vains face aux rongeurs. Les minuscules oiseaux qui couraient faute de savoir voler et qui, sentant le danger, s'immobilisaient totale-ment pour échapper aux prédateurs au-dessus de leurs têtes, ont fait comme d'habitude en rencontrant les rats. Dans sa lutte passive pour la survie, le petit oiseau concentrait tous ses efforts pour ne pas bouger un muscle – résultat, il était dévoré tout cru, sur place.

Le terme scientifique qualifiant un animal qui, comme ce petit oiseau, n'a jamais vu de rats ni d'humains est « naïf ». Je trouve ça charmant, comme si la bestiole avait vécu dans un monde moral dont la Nouvelle-Zélande aurait été une sorte d'éden, ses occupants coexistant paisiblement jusqu'à ce qu'un intrus roublard s'en prenne à leur relative innocence.

Souvent, je juge naïfs les gens que je croise, mais c'est juste parce qu'ils n'ont sans doute jamais fréquenté quelqu'un comme moi. Les sociopathes ont une lucidité que les autres n'ont pas parce qu'ils nourrissent des attentes différentes envers le monde et les gens. Alors que vous pratiquez des tours de passe-passe émotionnels afin de détourner l'observateur moyen de certaines vérités blessantes, nous ne perdons pas le fil. Nous sommes pareils aux rats sur l'île des oiseaux.

Il ne m'a jamais traversé l'esprit de m'identifier au petit volatile pétrifié de peur et instinctivement passif, à la victime. Je n'ai jamais rêvé d'un éden avec la paix sur terre et des hommes bienveillants. Je suis le rat et je saisirai le moindre avantage offert sans m'excuser. Or, je ne suis pas la seule dans ce cas.

Certaines des personnes les plus amorales et manipulatrices que j'ai rencontrées, je les ai connues à la faculté de droit, rats qui jouaient du système sans beaucoup d'égards envers les autres et avec une méticulosité ahurissante, même à mes yeux. Chaque événement ou rencontre était l'objet de calculs destinés à optimiser d'éventuels bénéfices, même si ces derniers étaient aussi triviaux qu'un petit déjeuner vaguement amélioré. Nombre de ces étudiants avaient l'air d'être capables de massacres, de cambriolages de haut vol ou de véritables destructions ; leurs motivations étaient amplement suffisantes pour cela. J'ignore combien auraient pu être diagnostiqués sociopathes, mais la recherche clinique et ma propre expérience m'incitent à estimer que le pourcentage était bien plus élevé que dans la population globale. Cependant, la majorité d'entre eux ont constitué mes fréquentations les plus intéressantes, pas si dangereuses que ça au bout du compte. Les sociopathes ne sont pas des fanatiques – nous nous fichons éperdument de soutenir d'autres causes que la nôtre.

L'université créait un environnement qui encourageait la sociopathie, puisque le système de calcul des résultats avait tout d'un jeu à somme nulle. À la fin de chaque semestre, toutes les notes des étudiants en droit du pays étaient publiées par ordre de mérite. Notre classement avait une influence directe sur nos perspectives professionnelles. Tout se passait comme si chacun de nous se baladait avec un numéro au-dessus de la tête qui aurait clignoté comme une enseigne, et chacun adoptait son comportement en fonction de votre place dans ce classement.

Naturellement, ce système me convenait à merveille. Trois années d'études, six semestres en tout, chacun ayant un impact différent sur mon CV : stage d'été en première année, articles dans le journal des étudiants, stage rémunéré en deuxième année, ultime espoir d'améliorer l'ensemble de mon dossier scolaire avant de poser ma candidature à un poste d'adjointe auprès d'un juge de la Cour fédérale. Je faisais des feuilles de calcul sur Excel afin d'évaluer mes chances. Je choisissais les unités de valeur et les professeurs en fonction des bons résultats que j'obtiendrais. Je profitais de la généreuse politique de l'université, qui autorisait ses étudiants à suivre des options mineures donnant des bonus, pour remplir mon emploi du temps d'impostures comme Improvisation jazz, Ethnologie musicale ou Introduction au cinéma. Pendant que certains de mes camarades apprenaient les complexités de la juridiction fédérale, je me la coulais douce en écoutant deux étudiants sérieux se prendre la tête pour déterminer si les chants de gorge des Touvains en Sibérie étaient misogynes. Le meilleur, c'est que mes pratiques n'avaient rien de pervers. Telle est la beauté des nombres : on ne vous donne ni ne vous retire de points selon que vous êtes perçu comme un être bon ou malfaisant (dans notre cas, du moins, puisque la notation des devoirs était anonyme).

J'ai meilleure allure sur le papier que dans la réalité. Sur le papier, je présente tous les signes du succès. Dans la réalité, le chemin n'a pas été si simple. Je ne fais pas allusion au parcours habituel qui vous amène à vous forger le caractère, mais à un autre parcours, tortueux et détourné, qui m'a parfois obligée à beaucoup d'ingéniosité et à ne jamais me laisser décontenancer.

Je n'ai absolument aucune vergogne quand il s'agit de demander, de faire pression et d'inciter les gens à satisfaire mes désirs, quels que soient les efforts que cela exige de ma part. À Brigham Young, j'ai joué dans les meilleures formations musicales et j'ai participé à la cérémonie de clôture des jeux Olympiques d'hiver. Ces détails sur mon CV font impression tant qu'on ignore qu'ils ont été en grande partie le résultat de coercitions. De quelle manière ? En balançant quelques allégations bien placées sur la discrimination sexuelle pratiquée par les autorités de l'université, plainte facile quand on sait que tous les administrateurs du département de Musique étaient des hommes. En droit, c'est par la petite porte que j'ai réussi à intégrer le prestigieux comité éditorial du bulletin juridique des élèves, grâce à un programme destiné à élargir la participation des femmes et des minorités. C'est en menant une vigoureuse campagne contre le machisme que j'ai été élue à ce comité. J'ai aussi convaincu l'un de mes enseignants d'améliorer ma note afin d'obtenir une mention finale à mon diplôme. Afin de décrocher mon premier stage professionnel, j'ai quasiment supplié la personne qui m'avait reçue au moment de prendre congé en lui serrant la main. Je l'ai fixée droit dans les yeux d'un air implorant et franc avant de lâcher : « Ce job, je le veux *vraiment*. »

J'adorais qu'on me prenne pour quelqu'un de futé qui réussissait. Il m'était égal de devoir recourir aux coups bas devant témoins pour parvenir à mes fins. Quelques regards dégoûtés et têtes secouées en signe de déception me laissaient indifférente. Il m'importait bien plus d'obtenir de petits astérisques et autres icônes indiquant mes divers accomplissements sur le dépliant de la cérémonie de remise des diplômes. Je n'ai pas honte d'avouer que, aujourd'hui encore, j'ai plaisir à les voir.

Mes études achevées, j'ai obtenu un poste prestigieux dans un cabinet de Los Angeles et gagné des sommes ridiculement astronomiques. J'ai dépensé à crédit mes premiers mois de salaire dans une garde-robe destinée à me transformer en citadine sophistiquée et stylée. Malheureusement, dès que je m'asseyais à mon bureau, travailler ne m'intéressait pas du tout. Je me rends compte à présent que j'étais focalisée sur l'apparence et imperméable à la substance.

Si j'ai pu survivre ainsi aussi longtemps, c'est que mes chemins de traverse ne m'embarrassaient nullement. J'en étais même fière. J'avais droit à ce que j'avais. Pourquoi pas, d'ailleurs ? J'avais obtenu tous les signes de la réussite par la ruse : mes résultats étaient toujours excellents, mon CV était idéal. Mon parcours professionnel était ahurissant, surtout parce qu'il avait tout d'une arnaque, jeu dont je raffole. Enfant, décrocher des A à tous mes devoirs ne me suffisait pas – c'était facile. Plus excitant était de calculer les risques que je prenais à travailler le moins possible sans pour autant que mes notes baissent. Il en est allé de même dans mon travail. Je n'avais pas vraiment envie d'être avocate, juste envie d'en endosser le rôle. Et franchement, dans la mesure où cette fonction relève de la totale imposture, je n'étais qu'une menteuse parmi les autres.

Je jouissais des luttes de pouvoir subtiles et moins subtiles qui se déroulaient dans mon cabinet. Je suis devenue une experte dans les fragilités d'autrui, me servant de mes connaissances pour manipuler les associés, juniors comme seniors. Les faiblesses des avocats omnipotents sont particulièrement délicieuses. On y trouve les trucs habituels (taille du pénis, allure physique, âge) et d'autres, plus obscurs et bien plus passionnants.

Ainsi, l'un des associés occupant un bureau voisin du mien éprouvait un malaise étonnant dû au fait qu'il avait six enfants. N'obéissant à aucun dogme religieux lui ordonnant de se multiplier, il se sentait obligé de se justifier. Durant une fête de Noël de l'entreprise, ivre à force de Martini à la pomme, il m'a coincée, et je n'ai eu qu'à sourire et à être aimable pour qu'il me confesse son péché – celui d'avoir trop de bambins dans un milieu yuppie. Puis il m'a proposé de cosigner son prochain rapport. Le lundi, de retour au bureau, j'ai décliné son offre. Il n'empêche, son sentiment d'avoir trop parlé ne l'a pas abandonné.

Tout le monde met en place des systèmes de défense pour éviter de souffrir, stratagèmes destinés à cacher ses faiblesses et à ne pas donner le champ libre à une éventuelle exploitation par autrui. La pauvre femme qui a grandi dans une caravane ne porte que des chaussures Louboutin et des foulards Hermès ; le petit-fils de nazi est volontaire à la soupe populaire ; le gamin ayant eu de grosses difficultés d'apprentissage accumule les thèses dans les meilleures universités. Le problème de ces défenses, c'est qu'elles ne fonctionnent que tant qu'elles restent invisibles. Pour peu qu'elles soient exposées, détectées, on se retrouve nu comme un ver ou planté là, immobile, tel le petit oiseau attendant d'être dévoré. Être vu, réellement vu, a quelque chose d'horrible, car ce qui est vu, c'est moins la pauvresse ayant passé son enfance dans une caravane, mais son cœur qui s'épuise à regretter d'en avoir été une.

« J'adorais qu'on me prenne pour quelqu'un de **futé qui réussissait**. Il m'était égal de devoir recourir aux **coups bas** devant témoins pour parvenir à mes fins. **»**

Comme au poker, les gens laissent inconsciemment percer la vérité. Leur comportement change de façon très ténue, ce qui me permet de déceler la force ou la faiblesse de la main sur laquelle ils misent leur vie. Les autotrahisons concernant leur milieu social sont légion. Je ne pense pas avoir rencontré quiconque n'ayant pas de fragilité perceptible quant à ses origines ou son milieu socio-économique. Or, ces doutes entretenus sur soi-même contaminent tous les aspects de l'existence, de la façon de tenir ses baguettes dans un restaurant japonais à la manière de saluer son facteur. En pareilles circonstances, je suis en mesure d'établir un rapport de force en ma faveur rien qu'en affichant une très légère désapprobation face aux autres, qui prend l'aspect d'une tolérance décontractée et généreuse. Une sorte de noblesse oblige gentiment condescendante.

J'ai été amenée à collaborer avec l'une des associées senior, Jane, responsable d'une des permanences annexes du cabinet. Je ne la voyais que de temps à autre. Dans ce métier, vous êtes censé traiter la personne ayant un peu plus d'ancienneté que vous comme si elle représentait l'autorité ultime dans le moindre de vos actes, et Jane avait un sens de la hiérarchie très aigu, signe évident que, en dehors du travail, elle ne jouissait d'aucune autorité. Sa peau pâle parsemée de taches de vieillesse, son mauvais régime alimentaire et sa médiocre hygiène corporelle étaient autant de preuves d'une vie passée loin des élites. Il était tout aussi évident qu'elle avait essayé de cultiver une image de privilégiée cassante, image cependant fragile. En réponse à ses rêves et en récompense de son assiduité irréprochable, elle avait obtenu un minimum de pouvoir au bureau dès lors qu'elle avait eu l'occasion de collaborer de manière satisfaisante avec l'un des avocats les plus puissants du cabinet. Si elle tenait à étaler son pouvoir, elle se montrait toutefois maladroite dans l'exercice, en faisant alternativement soit trop, soit pas assez. Elle en était consciente, ce qui en faisait un mélange plutôt divertissant d'autorité et d'indécision.

Je n'ai sans doute pas été sa meilleure collaboratrice. Comme beaucoup, Jane m'estimait indigne de ma réussite. Là où elle déployait d'immenses efforts pour se vêtir correctement (immondes tailleurs beiges à épaulettes), je portais des tongs et des tee-shirts dès que j'en avais l'occasion. Là où elle accumulait les heures supplémentaires comme une dingue, je profitais de l'absence de règles claires concernant les vacances en m'octroyant des week-ends de trois jours et de longs séjours à l'étranger. La direction attendait implicitement de ses employés qu'ils ne prennent pas de congés. Moi, j'appliquais la politique qui était la mienne depuis toujours : ne suivre que les lois explicites, et seulement parce qu'elles étaient susceptibles de se retourner contre moi. Il suffisait à Jane d'un coup d'œil à ma feuille de présence et à mes tenues des plus informelles pour se rendre compte que je ne tenais aucun compte du règlement sans vraiment en subir pourtant les conséquences. Ce n'était pas qu'elle me détestait ; c'est que je représentais une énigme. Pour elle, j'étais une injustice ambulante. Ça la mettait en rogne, mais si, de mon côté, j'avais vendu mon âme au diable, elle tenait de son côté à conserver son poste.

Un jour que je me rendais à son bureau pour une réunion, nous nous sommes croisées dans le hall alors qu'elle rentrait de déjeuner. Nous avons pris l'ascenseur ensemble. S'y trouvaient déjà deux grands et beaux hommes, dont un Français. Ils bossaient apparemment pour une société de capital-risque qui partageait l'immeuble avec nous. Rien qu'à leur tenue, il était visible qu'ils gagnaient des bonus se comptant en millions de dollars et étaient sûrement arrivés à bord d'une des Lotus ou Maserati régulièrement garées dans le parking souterrain. Les avocats sont riches, certes, mais ils sont tous sans exception entourés de gens encore plus fortunés qu'eux.

Les deux gars étaient au milieu d'une conversation portant sur un concert auquel ils avaient assisté la veille au soir. Moi aussi, par hasard. Ce n'était pas une habitude, une amie avait des billets en trop. Avec nonchalance, j'ai demandé aux hommes ce qu'ils en avaient pensé. Leurs yeux se sont illuminés.

« Quelle chance ! s'est exclamé le Français. Vous allez peut-être réussir à régler un petit désaccord entre nous. Mon ami prétend que l'œuvre jouée était le deuxième concerto pour piano de Rachmaninov, et moi, j'affirme qu'il s'agissait du troisième. Vous rappelez-vous lequel c'était ?

– Le deuxième, ai-je répondu sans hésiter. C'était génial, non ? »

En vérité, je ne me souvenais pas de l'œuvre, dont il s'est avéré, après vérification, que c'était le troisième concerto. Mais la bonne réponse n'avait aucune importance, bien sûr. Les deux types m'ont vivement remerciée en quittant l'ascenseur, et Jane et moi avons poursuivi notre ascension dans un silence suffisant pour qu'elle digère les dimensions de ma supériorité sociale et intellectuelle. Il venait de se produire le genre de rencontre élitiste à laquelle elle avait rêvé quand elle était une adolescente ringarde s'agrippant à son exemplaire tout corné de *Mansfield Park* – assister à des concerts et être capable d'en parler à de beaux inconnus. Elle avait cru que fréquenter une université réputée et travailler pour un prestigieux cabinet d'avocats rendrait de tels moments possibles, or je lui avais volé la vedette.

Quand nous avons atteint son bureau, elle était un brin énervée, combinaison du café qu'elle avait bu au déjeuner et de son sentiment d'avoir gâché sa vie. Nous étions censées discuter du projet pour lequel je l'épaulais, au lieu de quoi, nous avons parlé des choix qu'elle avait faits dans l'existence, de ses inquiétudes et de ses fragilités concernant son emploi et son physique, de son attirance pour les femmes bien qu'elle fréquentât un homme depuis plusieurs années, et d'autres choses que j'ai oubliées et dont je me fiche éperdument. Après la scène de l'ascenseur, je la tenais – et je le savais. J'étais consciente que, dorénavant, son cœur se mettrait à battre dès qu'elle me verrait, qu'elle serait mal à l'aise suite aux confidences qu'elle m'avait faites, qu'elle se demanderait à quoi ça aurait ressemblé de me déshabiller ou de me gifler. Je ne doute pas avoir longtemps hanté ses rêves ; aujourd'hui encore, alors que ça remonte à loin, je serais en mesure de la rendre toute flageolante rien qu'en lui souriant. Le pouvoir est une récompense en lui-même, mais dans cette relation particulière où je la dominais, je suis parvenue à ce qu'elle m'accorde, au vu d'examens médicaux suspectant un cancer, trois semaines de congés payés. Ce qui est également une forme de récompense.

Je crois que ma sociopathie me donne un avantage naturel en matière de compétitivité, une forme de pensée
unique ancrée dans mon cerveau. J'ai une confiance démesurée et quasi invincible dans mes capacités. Je suis hyper-
attentive aux rapports de pouvoir et aux jeux d'influence
au sein d'un groupe. Je ne panique jamais lors d'une crise.
Je parie qu'il y a beaucoup de domaines dans lesquels
les gens aimeraient bien être sociopathes. Cette affection
me libère de toute crainte quand il s'agit de prendre la
parole en public. Quelquefois, je me demande si je crains
les émotions ; en tout cas, elles ne m'affectent pas comme
le reste des gens.

Dans son ouvrage *The Wisdom of Psychopaths: Lessons
in Life from Saints, Spies and Serial Killers* (« Sagesse des
psychopathes : ce que les saints, les espions et les serial killers
nous apprennent sur le succès »), Kevin Dutton avance que
la frontière est mince entre un tueur à la Hannibal Lecter
et un chirurgien brillant et dénué d'empathie. Les sociopathes sont prêts à la réussite, car ils ne redoutent rien, ont
confiance en eux, sont charismatiques, téméraires et très
concentrés, qualités qui les définissent comme tels mais
sont aussi « taillées pour réussir au XXIe siècle », d'après
Dutton. Personnellement, je les ai utilisées pour gravir les
échelons, passant d'une môme désaxée à une musicienne
douée, puis à une étudiante en droit de haut vol et enfin
à une avocate très bien rémunérée. Qui sait jusqu'où elles
m'emmèneront à l'avenir ?

Les sociopathes sont aussi réactifs. De récentes recherches
laissent entendre que leur cerveau apprend de façon chaotique,
à l'instar de celui des gens souffrant d'un déficit d'attention,
en brisant notamment les informations en petits fragments
qu'ils stockent au hasard dans les deux hémisphères. Peut-être
à cause de cet étrange système de rangement, le corps calleux
des sociopathes, ce faisceau de fibres nerveuses, est plus long
et plus mince que la moyenne. Par conséquent, le taux de

transmission des informations entre les deux hémisphères cervicaux est anormalement rapide.

Malgré cette plus grande efficacité prouvée du corps calleux des sociopathes, les scientifiques ne prêtent évidemment jamais à leur cerveau une quelconque supériorité sur celui des individus empathiques. Au contraire, ils insinuent vaguement que cette efficience est responsable de « la faiblesse des remords, des émotions et de la connexité sociale, signes classiques de la psychopathie ». Les personnes normales, y compris les savants, n'admettront jamais qu'un cerveau de sociopathe puisse être supérieur en aucune façon au leur. Tous les articles que j'ai pu lire à ce sujet finissent systématiquement par reculer devant cette éventualité et par formuler une conclusion superficielle sur notre dinguerie. D'ailleurs, l'un d'eux, consacré au corps calleux des sociopathes, s'intitule « Hors service ». En anglais, cette locution a deux sens – « détraqué » et « irrecevable » –, et je crois que seul le second s'applique à cette sorte de déformation de la vérité sous couvert de science.

Si je reconnais ne pas être particulièrement multitâche (ce qui est le cas de la plupart des gens), je suis une espèce de génie en matière de concentration. Mon attention ne se porte que sur une seule chose à la fois, et je passe d'une pensée à l'autre à une vitesse qui pourrait laisser croire que je souffre d'un trouble déficitaire de l'attention. Ce n'est pas le cas, et je suis très douée pour me focaliser complètement sur un objet unique, notamment quand des bouffées d'adrénaline m'y poussent. Cela a parfois des effets dévastateurs, comme le jour où j'ai cédé à l'obsession de tuer l'employé du métro de Washington qui m'avait réprimandée pour avoir utilisé un escalier roulant fermé. Mais ça peut aussi être génial en cas de tension, car j'arrive alors à effacer toutes les petites choses qui distraient les autres, ces petits soucis ou sources d'angoisse du quotidien susceptibles de tourmenter mes compétiteurs. J'atteins à une sérénité même dans les situations les plus frénétiques. Je mets d'ailleurs mes succès scolaires sur le compte de mon absence de nerfs. Je ne me souviens pas d'avoir obtenu moins du 99e percentile à mes QCM. Lors d'un exercice à l'université consistant en un faux procès, le juge m'a dit :

« J'ai failli venir vérifier que tu avais encore un pouls. Tu étais froide comme la glace. »

À mon examen d'admission au barreau de Californie, des étudiants pleuraient littéralement sous l'effet du stress. Le palais des congrès où se déroulait l'événement avait tout d'un centre de secours d'urgence, des gens étaient allongés partout par terre, sacs et mallettes dégorgeant leur contenu dans le vain espoir de réviser à la dernière minute tout ce qu'ils avaient appris au cours des huit semaines précédentes. Semaines que j'avais consacrées à des vacances au Mexique, traversant le pays et apprenant à nager à mes neveux et nièces. Bien que fort peu préparée à bien des égards, je suis parvenue à garder mon calme et à suffisamment me concentrer pour exploiter au mieux mes connaissances. Résultat, j'ai réussi là où nombre de mes collègues aussi intelligents et mieux préparés que moi ont échoué. La psychologie appelle « flux » cette détermination farouche et elle a démontré que champions sportifs, virtuoses et autres talents excellent quand ils fonctionnent ainsi. Grâce à mon hyperconcentration, simplement en regroupant les ressources mentales dont j'avais exactement besoin sur le moment, j'ai pu, malgré un minimum d'efforts, être performante dans mes études et mon métier, alors que d'autres devaient travailler beaucoup plus.

Toutefois, certaines activités exigent une attention élargie : arpenter un aéroport sans se perdre, discuter avec plusieurs personnes, jouer au poker ou naviguer sur les eaux troubles des jeux de pouvoir durant une réunion de bureau. J'ai peu à peu appris, pour cela, à déverrouiller mon hyperconcentration afin d'y inclure plusieurs objets à la fois, grâce à ce que les adeptes de la plongée libre appellent « déconcentration de l'attention ». J'ai entendu quelqu'un d'autre parler de « conscience situationnelle » pour évoquer une technique similaire. Contrairement à la méditation, qui cherche à éliminer toute forme de réflexion, la déconcentration de l'attention amène le sujet à se focaliser sur tout en même temps, à tout ressentir simultanément. D'après la championne d'apnée Natalia Molchanova, « on commence par apprendre à se fixer sur l'extérieur et non le centre des choses, comme si on regardait un écran ». Elle précise que les personnes exposées à un stress permanent exigeant des choix rapides trouvent parfois utile d'éparpiller leur attention et d'émousser « leurs réactions émotionnelles qui peuvent mener à de mauvaises décisions et à l'affolement lors de situations critiques ». Quand je suis au plus près de la déconcentration, j'ai une telle hyperconscience des parasites sensoriels extérieurs que je vis une expérience totale de mon corps proche de l'extase. C'est très agréable. Et utile, notamment quand je lutte contre des pulsions importunes. En m'obligeant à voir au-delà, plus loin, je les désamorce. Plus jeune, l'hyperconcentration a produit un effet identique en me permettant de rester dans les clous d'une activité au point d'oublier les tentations annexes. Les jeux d'attention ont été parmi les meilleurs outils m'ayant amenée à me libérer de la tyrannie de mes impulsions et à enfin acquérir un peu de stabilité sociale et professionnelle.

« Je suis **sûre de moi** non parce que j'ai la conviction que je vais faire un boulot génial (quoique l'expérience ait révélé que c'était souvent vrai), mais parce que **je ne crains rien**. »

J'ai longtemps vécu sans être diagnostiquée, essayant au mieux de trouver des moyens d'assumer mes différences afin de réussir et de passer pour normale aux yeux des autres. Malheureusement, ce n'était pas une grande réussite. J'épuisais la patience des associés de mon cabinet d'avocats et j'ai finalement été renvoyée pour avoir négligé mon travail. Mes relations amicales et amoureuses se délitaient sous mes yeux. En me lançant dans mon autoanalyse et enquête sur la sociopathie, j'ai compris que, malgré toutes les souffrances que je m'étais infligées ainsi qu'à mes proches, mes traits de personnalité n'avaient rien d'objectivement irréversibles. Si je trouvais un moyen de les canaliser en vue d'obtenir des résultats utiles et productifs, je pourrais être vraiment moi-même et mener une existence satisfaisante qui réduirait au minimum le mal que je faisais tant à moi qu'aux autres. Il était temps que je prenne ma vie en main. Le point de départ évident était ma carrière.

Malgré ma paresse et mon dilettantisme, j'étais plutôt très bonne avocate quand je plaidais. Après avoir perdu mon poste dans mon cabinet, j'ai travaillé un temps au bureau du procureur de district chargé des infractions et délits mineurs. Ma sociopathie fait de moi un excellent tribun contrairement, par exemple, à un collègue qui doit lire et mémoriser quantité de minutes ou de jurisprudences. Je supporte bien la pression, je charme et je manipule, je n'éprouve aucune culpabilité ni aucun scrupule, atouts pratiques dans un domaine aussi crapoteux que le mien.

En droit, l'erreur est toujours possible, notamment lors d'un procès, quand on représente le bureau du procureur. Ce dernier porte le plus lourd fardeau juridique, celui d'apporter les preuves, d'incarner l'éthique et d'affronter une éventuelle radiation du barreau ou toute autre sanction disciplinaire en cas de bévue. Pourtant, les procureurs des délits mineurs arrivent presque toujours au tribunal sans avoir pu travailler au préalable sur leurs dossiers. Autant acheter aux enchères une maison hypothéquée qu'on n'aurait pas vue – le résultat est soit une affaire, soit un cauchemar. Vous en êtes réduit à bluffer en espérant, si un problème se pose, réussir à vous en tirer. Aucun souci. Pour quelqu'un comme moi s'entend, puisque les sociopathes sont largement immunisés contre la peur. Je suis sûre de moi non parce que j'ai la conviction que je vais faire un boulot génial (quoique l'expérience ait révélé que c'était souvent vrai), mais parce que je ne crains rien. Je suis sûre que mon intelligence, mon sens de la repartie et ma pondération me permettront, sinon de convaincre le juge, du moins de faire une bonne prestation.

Les stéréotypes concernant le sang-froid des avocats sont vrais, pour les bons avocats du moins. La compassion nuit à tous les métiers juridiques. Tant la partie civile que la défense auraient à gagner d'un peu de dureté de cœur en matière d'exercice du droit. Qu'on soit, faute de mieux, un bénéficiaire des prestations sociales ou un P-DG milliardaire, on est plus avantagé par les services d'un avocat sociopathe dans mon genre. Je ne juge pas plus mes clients que leurs prétendues fautes morales, me bornant à coller à la lettre aux textes et à tenter sans relâche de gagner en attaquant l'adversaire sous tous les angles qui s'offrent à moi. J'aime gagner autant pour moi que pour mes clients.

Ce métier vous confronte à des réalités auxquelles la plupart des gens préfèrent éviter de penser. Le neurologue et chercheur en sociopathie James Fallon a félicité les sociopathes d'accomplir « les sales boulots » que personne n'a envie de se taper mais qu'il faut bien faire, comme représenter légalement des personnes dont le comportement est (jusqu'à preuve du contraire) horrible ou répugnant. Il faut bien que quelqu'un défende les Bernard Madoff et autres O. J. Simpson de ce monde. Non seulement les sociopathes sont enclins à prendre sur eux cette corvée, mais en plus, ils sont souvent meilleurs que les autres en l'espèce. Jouer sur la notion floue du bien et du mal pour la tourner à mon avantage me satisfait personnellement, sans compter que cela relève d'un bon travail d'avocat. Les juristes savent qu'un fait n'est un fait que s'il est arraché à un océan de peut-être avancés de manière épuisante. Et comme tous les sociopathes, ils savent reconnaître l'intérêt personnel qui se cache dans chaque cœur et traquer les motivations et les vilains secrets des actes criminels.

En droit américain, nous avons un mot rarement utilisé dans un autre contexte : « concluant ». Définition : « qui permet, en tout ou partie, le règlement d'un point disputé ». Un argument concluant ou un fait établi permettront donc à l'une des deux parties soit de l'emporter, soit de perdre en cas de problème soumis à discussion. Disons, par exemple, que je passe devant une personne blessée sur le trottoir à une vingtaine de mètres d'un hôpital et que je ne m'arrête pas pour l'aider. Que je n'aie aucune relation antérieure avec la victime est un argument concluant : la loi stipule en effet que, en tant qu'inconnue, je n'ai aucun devoir de lui porter secours, et elle m'absout de toute responsabilité légale. Affaire conclue. Tous les autres éléments sont vains : le blessé hurlait de douleur, j'avais un portable d'où j'aurais pu appeler une ambulance, j'avais même une trousse de secours sur moi, etc. Si le mot est rarement employé en dehors du droit, c'est que, dans la réalité, les choses sont rarement aussi nettes et définitives. L'existence est constituée pour partie de normes morales et sociales agaçantes de complexité et d'inefficacité. La loi est simple et directe : une quinte flush l'emporte toujours sur une suite, et les caractéristiques de chaque main n'entrent pas en jeu. Voilà pourquoi la loi est tellement puissante. Si elle affirme que vous n'avez assassiné personne, vous n'avez assassiné personne, quelles qu'aient été vos intentions, comme l'a démontré le célèbre cas O. J. Simpson[1]. Bien que la loi soit faillible,

1 Bien que convaincu du meurtre de sa femme et de l'ami de celle-ci en 1994, il a été acquitté au pénal après un procès retentissant, suite à une enquête de police douteuse.

nous prétendons qu'elle ne l'est pas, ce qui en fait une carte d'atout à partir du moment où vous savez manipuler une situation à votre avantage.

Peut-être parce que les enjeux y sont aussi importants, une cour de tribunal est la scène où se jouent les plus grands drames humains. Je crois cependant que ma relative indifférence aux émotions qui semblent envahir la majorité des acteurs de cette scène est à mon avantage. En particulier, j'ai l'air d'être immunisée, voire aveugle, aux manifestations extrêmes d'une colère vertueuse. Enfants, mes frères et sœurs et moi avions parfois droit à des leçons de morale ou à des punitions de la part de notre père pour nous être rendus coupables de ce qui, j'en suis sûre, étaient des infractions mineures. Ma mère justifiait ses actes de violence et d'indignation sous couvert de discipline et de châtiment, prérogatives parentales. C'était comme si la cruauté se drapait de vertu morale et, ainsi dissimulée, pouvait sortir en plein jour lorsque nous étions pris sur le fait.

Ce n'est pas avant mes études de droit que je suis arrivée à identifier cet aspect théâtral de la justice et à comprendre que je n'y tiendrais aucun rôle. Nos recueils de jurisprudence regorgeaient d'histoires révoltantes sur des vols, des tromperies et des violences, démonstrations de la créativité et de la constance des hommes quand il s'agit de se faire du tort. Parfois, l'un de ces récits était la goutte de trop pour mes camarades de classe, et ils s'emportaient comme un seul homme, bouleversés par des événements vieux de plusieurs décennies ou siècles et survenus à des inconnus depuis longtemps disparus. Cela me fascinait tout en m'inquiétant. Ils éprouvaient des émotions qui m'échappaient. Elles les amenaient à émettre des suggestions absurdes et épidermiques, une plaidoirie en faveur de l'autodéfense par exemple, en totale contradiction avec le délicat équilibre des plateaux de la balance. Dès lors qu'ils ne pouvaient plus s'identifier aux bourreaux d'enfants et aux violeurs décrits au fil des pages de nos manuels, ils laissaient une vertueuse colère influencer leur prise de décision, appliquant à ceux qu'ils considéraient comme moralement répréhensibles des règles différentes de celles qu'ils appliquaient à ceux qu'ils considéraient comme bons – autrement dit, eux-mêmes. J'ai été témoin de la manière dont l'application de la loi change quand les gens atteignent les limites de leur empathie.

Cette pulsion ne se dévoile pas que dans l'espace confiné d'une salle de classe, mais également dans d'autres domaines publics. Presque tout film d'action est une représentation de l'accomplissement d'un sombre désir de violence. Un fils venge sa mère, un père venge sa fille, un mari venge sa femme. Chaque acte vengeur est plus atroce que le précédent. Il ne suffit pas que le méchant ne puisse plus nuire, il faut aussi qu'il souffre le plus possible. Tout se passe comme si l'existence du mal – ou de quelque chose qu'on nommerait ainsi – fournissait une terre d'asile à l'homme vertueux afin que ce dernier ait le droit de s'adonner au mal. C'est un refuge à partir duquel il est permis de le pratiquer, d'expérimenter le sublime de la souffrance infligée.

Le besoin de juger et de punir qui semble submerger les individus empathiques, y compris les avocats, les juges et les jurés, m'échappe. Du reste, je n'y cède pas. Si vous étiez faussement accusé d'un crime atroce, ne préféreriez-vous pas qu'un sociopathe vous défende ou vous juge ? La nature de votre prétendu crime n'a aucune valeur morale à mes yeux, ne m'intéresse que la perspective de gagner la partie légale que nous jouons en faisant émerger la vérité du fatras de faits établis, de faits partiels et de malentendus.

« Je me sers de tout ce qu'**une vie mensongère** m'a enseigné pour élaborer un récit plausible sinon crédible, de façon à ce que je débite **ressemble à la "vérité"** tandis que les arguments de l'avocat adverse auront l'air de salades. **»**

Exercer le droit devant une cour est beaucoup plus gratifiant que de gratter anonymement du papier dans un bureau. Un jugement rendu est le point culminant de tout ce qui l'a précédé, et le reste importe peu. C'est la quintessence du « concluant ». Il n'y a que deux options : réussir à persuader douze jurés de voter comme je le souhaite et l'emporter, ou perdre. Un tribunal est un lieu de représentation. Je deviens une dompteuse de lions, l'objet de tous les regards dans ce cirque que sont les cours modernes. À moi de deviner ce que les gens veulent entendre, non chacun individuellement, mais dans une dynamique de groupe. Un procès m'oblige à déployer tous mes talents de divination d'autrui, ce qui, par contrecoup, me contraint à recourir à la déconcentration de l'attention pour me focaliser sur tout en même temps. Pour obtenir ce que je convoite, je dois échafauder une histoire convaincante, jouer des espoirs et attentes des uns, des préjugés et partis pris des autres. Je me sers de tout ce qu'une vie mensongère m'a enseigné pour élaborer un récit plausible sinon crédible, de façon à ce que je débite ressemble à la « vérité » tandis que les arguments de l'avocat adverse auront l'air de salades. Enfin, parce que je n'ai aucune confiance dans la rationalité humaine (surtout quand la moralité intervient), je table sur la seule chose à laquelle réagissent toujours et sans exception les gens : la peur. Je deviens l'un de ces chiens qui sont en mesure de détecter le cancer par le flair dès lors qu'il me faut découvrir sur quel bouton appuyer pour insuffler assez de frousse en quelqu'un.

Pendant la sélection du jury, selon la loi en vigueur dans l'État concerné, les avocats ont le droit d'interroger les jurés sur leurs préjugés avant de les récuser ou non. Cette étape est la première occasion que j'ai de faire une impression sur un juré. C'est un exercice de séduction en tailleur et, comme toute bonne séductrice, je commence en douceur. Je leur demande quel est leur métier, marquant mon approbation d'un simple acquiescement quand la personne n'en est ni fière ni honteuse. Pour celles dont je sens qu'elles en ont honte, j'ajoute une remarque du genre : « Ce travail est sûrement très recherché », histoire de signaler aux autres jurés que je la soutiens. Cette seule phrase me permet de devenir l'alliée de la personne en question, son champion. Je lui ai rendu service et, à ce titre, elle me doit une certaine obligation. Si je devine que quelqu'un est particulièrement fier de son travail, j'exprime ma surprise admirative devant pareille réussite. La meilleure façon de vous faire estimer par une personne, c'est de lui donner l'impression que vous l'appréciez. J'aime optimiser mes chances.

Être juré est difficile. Les preuves ne sont pas présentées de manière linéaire et sont partiellement exposées à la cour pour d'obscures raisons de procédure. Les témoins se succèdent en fonction de leur disponibilité, chacun racontant une histoire qui ne constitue qu'une petite pièce du puzzle. Souvent même, le but de leur déposition n'est pas apparent.

Du coup, les jurés consacrent souvent l'essentiel de leur attention au drame qui se joue devant eux entre les parties adverses. C'est légitime. Les avocats sont constamment présents et semblent tirer les ficelles du spectacle. Durant tout le procès, les jurés nous regardent depuis leur box bouger, parler et jouer un rôle, conscients que des règles invisibles gouvernent notre comportement. Ils savent que des enjeux vitaux se déroulent dans la salle de tribunal pendant qu'ils sont séquestrés dans la salle de délibération. Encore plus exaspérantes sont les conversations chuchotées entre les avocats et le juge. Les jurés ne sont pas autorisés à s'entretenir avec nous, y compris dans les couloirs. Cet ensemble de détails fait de nous des mystères ambulants, des célébrités participant à l'unique spectacle en ville.

Si je suis toujours polie avec la partie adverse, je m'arrange pour ne pas donner le sentiment que je l'apprécie. En dehors de la salle d'audience, j'affiche un léger sourire empreint d'un brin de séduction afin de montrer aux jurés que je partage leur gêne quant à la situation embarrassante dans laquelle nous sommes tous plongés. Je n'essaie jamais de m'insinuer dans les bonnes grâces du juge.

Devant la cour, je me rends aimable aussi, mais armée d'un pouvoir, d'une autorité et d'un savoir qui échappent aux jurés. Les gens rechignent parfois à détenir le pouvoir. Si on leur donnait le choix entre l'exercer ou le confier à une personne « de confiance », ils préféreraient souvent s'en décharger plutôt que d'endosser les responsabilités qui vont avec. C'est particulièrement vrai dès lors qu'ils se sentent dépassés par un sujet et redoutent de commettre une erreur, comme de décider si un accusé est coupable ou innocent. Je sais qu'ils sont hésitants, qu'ils cherchent une personne à qui faire confiance et qui sera à même de prendre sur elle ce fardeau. Je m'arrange pour devenir le récipiendaire fiable de ce pouvoir en transpirant la confiance en soi et l'autorité. Je leur adresse des regards lourds de sens, laissant entendre que, s'ils en savaient autant que moi, ils en arriveraient à des conclusions identiques aux miennes. Mon personnage est toujours plus captivant que celui de la partie adverse. Je fais croire aux jurés que, à l'extérieur du tribunal, je leur ressemble beaucoup, que je suis le genre de fille vers laquelle on peut se tourner en cas de problème épineux à résoudre.

Cette alliance est la clef de voûte du procès à l'instant où le jury en arrive à l'heure de délibérer. On leur a expliqué qu'ils devaient parvenir à un consensus reposant sur leur compréhension rationnelle des preuves qui leur ont été soumises. Si l'un d'eux n'est pas d'accord avec les autres, il est obligé de plaider sa cause. Le pire qui puisse arriver à un juré, c'est de passer pour un idiot parce qu'il est convaincu d'une chose qui n'est pas crédible aux yeux de ses collègues. Comme tout bon avocat, j'utilise ce ressort de deux façons. D'abord, je me transforme en l'allié le plus fiable et puissant qu'un juré puisse trouver, l'amenant à penser qu'il n'est pas un original dans la mesure où son positionnement est le même que le mien, moi la fille la plus populaire du lycée, et qu'alors son originalité n'a pas lieu d'être. Je deviens le juré invisible au moment des délibérés, qui contrôle ses marionnettes en veillant à ce qu'elles relèvent chaque contradiction par un : « Mais vous rappelez-vous quand le procureur a dit tel truc ? » Si j'ai fait

mon boulot en présentant l'histoire sous l'aspect de la « vérité »,
ce devrait être suffisant pour que le verdict bascule en ma faveur.

Mais comme on ne peut compter sur les hommes pour se
comporter rationnellement, je mets aussi leurs peurs dans la
balance, leur faisant subtilement honte afin qu'ils gobent ma
version des faits. Le message que je diffuse constamment est :
« Vous seriez idiots de croire aux allégations de l'autre partie. »
Personne n'aime passer pour quelqu'un qu'on trompe aisément,
si bien que la crainte d'un juré d'avoir l'air stupide l'emporte sur
son anxiété à la perspective d'expédier en prison une personne.
Je n'insiste pas lourdement sur la honte, je suggère plutôt à chacun que je pense qu'il ou elle voit les choses à ma façon, car je
sais bien qu'il ou elle est une personne intelligente et réfléchie.
Le juré et moi sommes dans la même équipe, celle des gagnants.

J'ai adoré être avocat de l'accusation et j'ai excellé dans ce
domaine. J'aimais la sensation de risque, par exemple celui de
commettre un faux pas qui aurait pour résultat un jugement enta-
ché d'un vice de procédure ou d'être attaquée par un témoin
changeant d'histoire au moment de passer à la barre. Gagner à sa
cause un jury et un juge a quelque chose de séduisant, sans parler
du sentiment de puissance qui naît d'être au centre de l'attention
générale. Je plaidais comme on joue au poker – chaque partie a
une main spécifique et a bien l'intention de la jouer au mieux.
Le droit est génial, de ce point de vue-là, parce que les gagnants et
les perdants sont clairement identifiés. J'imagine que rendre justice
est une bonne chose, mais battre quelqu'un est une gratification
encore plus forte. Heureusement, le système judiciaire américain
repose spécifiquement sur ce genre de partialité : chaque partie
s'affronte et l'on ne se rapproche de la vérité que si tout le monde,
accusation et défense, déploie tous ses efforts pour l'emporter.

En vérité, il existe de nombreuses professions où les multiples
talents d'un sociopathe sont particulièrement bien indiqués.
L'animateur et humoriste Jimmy Fallon a évoqué les chirurgiens
et les investisseurs. La chercheuse Jennifer Skeem a suggéré que le
protagoniste du film *Démineurs*, de Kathryn Bigelow, le sergent

chargé de désamorcer les bombes en Irak, est un exemple typique de sociopathe au regard de son manque de respect envers les règles, de son audace, de son absence de peur et de ses difficultés à saisir les émotions de ses troupes. Je pourrais ajouter des métiers comme officier de l'armée, espion, gestionnaire de portefeuille, politicien, pilote d'avion, soudeur sous-marin, pompier, etc. Une tolérance aux risques élevés permet aux gens comme moi de saisir des occasions que les autres refusent, ce qui nous donne une longueur d'avance dans les environnements compétitifs.

Comme Al Dunlap, ancien P-DG et possible sociopathe, le dit, ces traits de personnalité peuvent représenter un véritable atout dans le monde des affaires – absence d'émotions, rudesse, charme et confiance en soi. Nombre de sociopathes sont ambitieux, avides de pouvoir ou de gloire, autant de caractéristiques appréciées dans les affaires. Joel Bakan, auteur de l'ouvrage intitulé *Psychopathes & Cie : la soif pathologique de profit et de pouvoir*, soutient que, si les entreprises avaient une personnalité, il serait logique de se demander laquelle. Pour lui, l'entreprise montre tous les signes de la sociopathie : amoralité inhérente, défense de ses intérêts au détriment de ceux d'autrui, mépris et parfois légalité limite en vue de réussir. Des systèmes de ce type ne peuvent que s'épanouir sous la direction de personnes partageant ces mêmes traits. Et en effet, une enquête menée par un programme de développement managérial a découvert que les directeurs occupant les plus hauts postes de leur entreprise et considérés comme les « meilleurs communicants, stratèges et créatifs » présentaient aussi de fortes caractéristiques sociopathes. Bien que généralement impopulaires auprès de leurs équipes et souvent envisagés comme « jouant perso », ils étaient reconnus comme de véritables meneurs. Les auteurs concluaient que « les talents mêmes qui rendent le psychopathe tellement déplaisant (et quelquefois criminel) dans la société sont susceptibles de faciliter une carrière dans les affaires ». On peut toujours critiquer le grand capital, mais c'est le système que la société s'est choisi et dans lequel les sociopathes excellent.

« Ma propre carrière m'a appris
que mon besoin systématique
de **stimulation** signifiait que l'urgence
m'excite plus qu'elle me stresse.
Mon envie de gagner me rend
d'une redoutable efficacité et
ma conviction en béton que
je vais gagner pousse
les autres à me suivre. »

Ma propre carrière m'a appris que mon besoin systématique de stimulation signifiait que l'urgence m'excite plus qu'elle me stresse. Mon envie de gagner me rend d'une redoutable efficacité et ma conviction en béton que je vais gagner pousse les autres à me suivre. Je suis logique et décidée, chef de meute naturel, notamment en cas de crise. Je suis susceptible de me mettre en colère en un clin d'œil, mais cela passe tout aussi rapidement, ce qui permet aux membres défaillants de mon équipe de comprendre que, si l'échec est inacceptable, la rancœur n'est pas mon truc. À présent que je sais canaliser mes inclinations sur des chemins utiles, je suis une meneuse de troupes-née qui connaît réussite et exploits professionnels grâce à mes tendances sociopathes. Des commentateurs de mon blog ont témoigné d'expériences similaires :

> *Je suis responsable de la production et des services dans la plus grande société américaine d'eaux minérales. Avant, je travaillais pour l'une des plus grosses cimenteries du pays. En douze ans, j'ai eu deux chefs (les propriétaires des entreprises) et plus de trois cent cinquante personnes sous mes ordres. Inutile de préciser que ma transition professionnelle (du béton à l'eau) n'a pas été simple, mais nous autres sociopathes avons la capacité de nous adapter ou, plutôt, de forcer l'adaptation. Adolescent, on m'a dit que j'avais un grave trouble de l'adaptation. Ce n'est pas moi qui m'adapte à mon environnement, mais l'inverse. Je l'y force, soit par manipulation, soit par intimidation. Nous sommes des loups dans la bergerie.*

Un autre intervenant a suggéré que les directeurs sociopathes « veulent se surpasser mutuellement. Ils se fichent de leurs collègues, ne font pas leur éloge. Ils sont égocentrés. Mais ils sont efficaces, ce qui est la seule chose qui compte. De plus, s'ils sont en haut de l'échelle, il y a peu de chance qu'ils soient attaqués sur leur façon de mener la barque ». Les traits de personnalité sociopathes peuvent se révéler sous des formes malveillantes. Néanmoins, l'un de mes lecteurs soupçonne que, dans le domaine des affaires, les sociopathes sont enclins à provoquer moins de remous que les individus empathiques :

> *À mon avis, les empathiques posent le plus gros problème. Ils mènent de mauvaises politiques et appuient leurs décisions sur les lubies que leur inspirent leurs émotions, la plus récurrente étant la peur (sûrement infondée) que les autres les trompent et leur volent leur pouvoir. Ayant travaillé pour des individus incompétents, lâches et avides (pas un joli mélange) et quelques narcissiques pathologiques, je ne vois pas comment un sociopathe pourrait faire pire. Sa logique, y compris même excessive, constituerait un changement bienvenu.*

En vérité, lorsque les entreprises et leurs dirigeants mélangent affaires et sentiments personnels ou moralité, cela aboutit souvent à des résultats franchement mauvais. Ainsi, le retour de manivelle contre la chaîne de restauration rapide Chick-fil-A, pour ses positions contre le mariage homosexuel, ou les poursuites judiciaires intentées par des actionnaires contre des dirigeants qui avaient engagé des entreprises dans des causes politiques sans rapport avec leur cœur de métier. Un autre de mes lecteurs ajoute :

> *La seule raison pour laquelle le monde des affaires convient aux gens de peu de conscience tient au fait que les entreprises elles-mêmes sont conçues pour ne pas avoir de préoccupations en faveur de la société. Elles le sont pour gagner de*

l'argent. Point barre. Conséquence logique, elles
sélectionnent ceux qui sont le mieux à même
de les aider à atteindre leurs objectifs de pro-
fit, sociopathes et personnes normales confon-
dus. C'est là que réside la beauté de la chose.
L'entreprise se moque que vous ayez ou non
une conscience – il importe seulement que vous
soyez en mesure d'oublier votre moralité pour
réaliser des bénéfices si cela se révèle nécessaire.

En effet, au moins dans les affaires, l'argent est roi. Cela ne signifie pas que les sociétés ne puissent pas faire de bonnes choses. Ainsi que l'a signalé l'un de mes lecteurs, « les entreprises, comme les sociopathes, peuvent décider d'agir de façon bienveillante, quitte à négliger leurs intérêts premiers, et c'est souvent le cas ».

J'adore l'argent. Il est tellement impersonnel. Dans un monde où tout un chacun aime supplanter autrui, il est souvent le marqueur de la réussite. Je ne le dépense pas forcément de façon irraisonnée ; acheter ou posséder ne me procure pas de plaisir particulier. L'argent n'a pas d'importance en lui-même. En revanche, le gagner est un jeu dont je raffole. Il semble que les gens tiennent à l'argent plus qu'à tout autre chose au monde ; de ce fait, ils se battront pour en avoir – contre moi ou n'importe qui d'autre. Ils sont aussi enclins que moi à gagner, ce qui rend la partie divertissante.

Parfois, pour l'emporter, il suffit d'avoir une perspective originale. Notamment dans un domaine comme la Bourse. Ainsi que l'a confessé Isaac Newton après avoir perdu une petite fortune au début des années 1700 : « Je suis capable de calculer le mouvement des astres, mais pas la folie des humains. »

Je suis très douée quand il s'agit de gagner de l'argent, notamment en spéculant. À trente ans, j'avais entièrement financé ma future retraite. Depuis que j'ai commencé à investir sérieusement en 2004, j'ai obtenu un taux de rendement de 9,5 %, soit 257 % de mieux que les 3,7 % évalués par le S&P 500[1] sur la même période. Battre le marché de façon aussi sûre et constante est du jamais vu, et nombreux sont ceux qui soutiennent que c'est impossible (ou alors que ça relève juste de la chance). En 2011, seule une société d'investissement sur cinq a réussi à dépasser le S&P 500, et seule une poignée d'individus y est parvenue de manière régulière. Je ne boursicote pas en m'y connaissant mieux que les autres. Je suis même une investisseuse relativement peu sophistiquée. J'utilise plutôt une approche personnelle. Quand je contemple le monde, les défauts ou les vulnérabilités des gens et des institutions sociales qu'ils ont créées me sautent aux yeux, comme s'ils étaient surlignés pour moi et moi seule.

Les requins voient en noir et blanc. Les scientifiques ont suggéré que le contraste des valeurs aidait peut-être mieux les prédateurs à détecter leurs proies potentielles que la couleur, qu'il leur permettait de se concentrer davantage sur les relations spatiales que sur les détails sans importance. Je suis daltonienne au sens où je sais repérer l'hystérie collective avec acuité. Mon manque d'empathie me permet de ne pas être contaminée par l'affolement général. Il me donne une perspective unique. Et dans le monde de la finance, être capable de s'opposer au plus grand nombre suffit.

Les traders louent la mentalité « du contre-pied ». Le milliardaire Warren Buffett l'a ainsi formulée : « Soyez avides quand les autres sont timides, et timides quand ils sont avides. » C'est plus facile à dire qu'à faire pour la grande majorité des opérateurs de marché. Or, ce sont eux mes ennemis quand j'investis. Sur toutes les bourses du monde, quelqu'un souhaite vendre et un autre acheter, à un certain prix en tout cas. Chacun tend à penser que l'autre est un incompétent. En bref, le vendeur croit retirer ses billes juste à temps, cependant que l'acheteur pense être sur le point de faire une affaire.

---

1 Indice boursier basé sur les 500 grandes sociétés américaines cotées, géré par Standard & Poor's.

Les transactions étant dénuées de visages, je ne peux recourir à mes dons habituels pour déchiffrer ou manipuler les gens. Sauf que je n'en ai pas besoin. Le marché n'est pas la somme des valeurs théoriques des actifs, ce sont ceux qui investissent qui en fixent le prix. Il est la somme totale des espoirs et craintes de tout le monde quant à ce qu'une entreprise est capable de réaliser. Guetter les espoirs et les craintes, même à une grande échelle, est mon métier. C'est comme ça que je jouais de mes jurés. Tant l'espoir que la peur contiennent une désespérance qui devient évidente une fois que vous avez appris à la repérer. Grâce à ma capacité à voir les contrastes, j'en distingue les contours plus précisément que tout autre chose.

Or, il suffit d'apercevoir cette désespérance chez quelques-uns pour savoir qu'elle a atteint une part critique de la population. Joseph Kennedy a affirmé, dans une déclaration devenue célèbre, qu'il avait deviné qu'il était temps de se retirer du marché avant l'effondrement boursier de 1929 lorsque même son cireur de chaussures a commencé à lui dispenser des conseils en matière d'investissements. Joseph Kennedy n'était peut-être pas un sociopathe, mais il agissait comme l'un d'eux pour sûr. Dans le reportage que lui a consacré le magazine *Life* en 1963, il est décrit comme une personne capable de se mêler « à toutes sortes de gens, quelles que soient leurs origines », des élites sociales les plus brillantes aux « originaux » de Greenwich Village. « Seul l'observateur le plus fin » s'apercevait que Kennedy ne s'alliait en réalité avec aucun de ces groupes, « il n'appartenait à aucun monde, sinon le sien ». Kennedy a sans nul doute été aidé dans ses exploits boursiers par son aptitude à faire partie de la foule tout en étant complètement indépendant. D'ailleurs, un collègue qui partageait son bureau l'a qualifié d'homme ayant « le tempérament idéal d'un spéculateur » dans la mesure où il « possédait une passion pour les faits, une absence totale d'émotions et un merveilleux sens du timing ». Je ne suis peut-être pas aussi douée que lui, mais j'ai également le bonheur d'être entièrement dénuée de sentiments.

« Quand je contemple le monde,
les **défauts** ou les **vulnérabilités**
des gens et des institutions sociales
qu'ils ont créées me sautent aux yeux,
comme s'ils étaient surlignés
pour **moi** et **moi seule**. »

Kennedy et moi ne sommes pas les seules têtes froides à avoir été attirées par la spéculation boursière. En 2012, les médias ont estimé à 10 % le nombre de psychopathes au sein des employés de Wall Street, mais aucune recherche n'est venue pour l'instant corroborer ce chiffre. Une étude datant de 2010, menée par Robert Hare sur la psychopathie au sein des acteurs du monde de la grande entreprise, a avancé qu'environ 4 % étaient au seuil de la psychopathie clinique (à comparer au 1 % de la population globale), cependant que Hare prenait soin de préciser : « Nous ignorons tout de la prédominance de la psychopathie chez les acteurs de Wall Street. Elle pourrait être encore plus élevée que les 10 % avancés par certains, si l'on part du principe que les aventuriers et les amoureux du risque ont tendance à graviter autour des trous d'eau financiers, notamment ceux qui sont très lucratifs et peu réglementés. »

On a beau mettre parfois la chute d'Enron et des banques en 2008 sur le dos de comportements sociopathes, il est difficile de dire si leurs meneurs étaient ou non atteints. D'un côté, certaines déclarations des dirigeants d'Enron sur la nécessité de couper l'électricité aux Californiens, histoire de soutirer encore plus d'argent à l'État, ont des résonances psychopathes ; de l'autre : 1) la plupart n'ont pas forcément enfreint la loi, veillant au contraire soigneusement à rester dans les clous ; 2) ils ont fait ce que l'on attendait d'eux, gagner beaucoup d'argent pour l'entreprise, même si cela supposait de manipuler les marchés de façon amorale. Des voix se sont élevées pour suggérer que, s'ils n'ont pas commis d'actes délictueux, c'est parce qu'ils consacraient leur argent à abroger ou à modifier les lois qui ne leur convenaient pas. Si la montée puis la chute d'Enron ont choqué les gens, c'est parce qu'elles ont dévoilé le visage de l'orgueil démesuré et de l'amoralité des entreprises. Un sociopathe serait parfaitement chez lui dans une compagnie comme Enron. Mais il serait également susceptible de faire quelque chose d'aussi dangereux que de vendre la mèche. Par bien des aspects, les sociopathes et les entreprises ressemblent à la météo : la pluie est parfois une bénédiction, parfois une malédiction. Les gens ne peuvent alors plus que prier pour le meilleur et se préparer au pire.

Bien qu'avocate douée, j'ai laissé tomber le métier il y a quelques années parce que je commençais à m'ennuyer et que je m'étais rendu compte qu'aider les individus ou les entreprises ne m'intéresse guère. Je préfère de loin les endoctriner, ce qui explique pourquoi je suis devenue professeure de droit. C'est le hasard qui m'y a amenée : l'une de mes amies, enseignante, m'avait encouragée à envoyer des lettres aux instituts de formation, au cas où ils auraient besoin d'un remplacement d'urgence. Il s'est révélé que j'adore enseigner ainsi que le mode de vie, le salaire, la puissance et surtout l'autonomie qui va avec. Tous les ans, une nouvelle fournée d'étudiants débarque pour être charmée. J'ai quelques motifs de colère que je traite seule de mon côté – collègues avec lesquels je ne suis pas d'accord ou que je n'aime pas. Je consacre souvent mon érudition à ruiner la leur. Les gens s'étonnent que je n'enseigne que six heures par semaine, moins de huit mois par an. Par bien des aspects, c'est le travail idéal pour une paresseuse née comme moi, incapable de s'adonner à un travail ingrat. Je sais cependant que je finirai par en avoir assez. J'ignore encore ce que je ferai ensuite, mais je suis certaine que ça s'arrangera, car tout s'arrange toujours.

En tant qu'universitaire, je travaille dans un cadre institutionnel limité par des codes particuliers. Ainsi, les professeurs de droit sont parmi les plus formels des enseignants dans le sens où l'on attend d'eux qu'ils portent les costumes et tailleurs que leurs étudiants devront adopter lorsqu'ils commenceront à travailler. Toutefois, ils sont aussi censés être moins fidèles aux normes communes, puisque leur rôle est de remettre en question les régimes juridiques existants. En d'autres termes, vous devez porter un costume, pas en être un. Certains des érudits les plus renommés dans mon domaine viennent en cours avec leur chien et d'autres parmi les plus nuls arborent des cravates ringardes. C'est là un environnement dans lequel je m'épanouis, car je suis habituée à tenter de me conformer aux normes sans y être jamais vraiment parvenue.

Mes élèves adorent l'exquise bizarrerie qui émane de moi. De mon côté, je suis attentive à leurs besoins, ce qui ne me ressemble guère. Les premières années, j'ai mené une étude de marché approfondie, testant mes étudiants sur des centaines de sujets jusqu'à ce que le contenu de mes cours soit aussi appétissant qu'un Bic Mac. Je reçois toujours des évaluations exceptionnelles qui soulignent ma prévenance et mon apparente absence d'ego. On me décrit comme pleine d'esprit, mais jamais condescendante. Mieux encore, je suis amusante : je plaisante et anime les matières les plus ardues au moyen de vidéos et de travail en groupe. La deuxième année, à mon premier poste, le nombre d'inscrits à mes cours a doublé, car mes étudiants avaient raconté que j'étais en mesure de rendre abordables les sujets les plus ésotériques. Être « jolie comme un cœur », pour reprendre les termes de l'une de mes évaluations, m'aide. Même si ce n'est pas vrai, je suis parfaitement consciente que les personnes attirantes sont perçues comme beaucoup plus compétentes que les moches. Aussi, je veille à m'habiller avec élégance quand j'ai cours. J'achète des vêtements à la fois sévères et sexy, un tailleur dont la veste a des allures de bustier et dont la jupe moulante s'arrête au-dessus du genou, par exemple. Si je mets un pantalon, je repousse les limites du genre en arborant des bretelles et une cravate. Pour les hommes, je suis un objet de désir, le fantasme de « la prof craquante » ; pour les femmes, je suis un modèle d'intelligence et de réussite ayant également le sens de la mode et n'ayant pas peur d'utiliser le mot « tampon » en classe. Tout cela constitue un personnage soigneusement calculé, destiné à séduire un maximum d'étudiants possible.

Certes, les choses peuvent parfois déraper, ça arrive. Je suis capable d'en faire trop dans le sex-appeal. L'une de mes étudiantes m'a accusée d'allumer ses camarades masculins. La vérité, c'est que nombreux sont les étudiants qui sont conscients que j'utilise mon pouvoir de séduction pour qu'ils me vouent un culte. Cette dérive est un risque sérieux pour les sociopathes au travail. L'un de mes blogueurs m'a confié une histoire similaire :

> *Récemment, j'ai eu comme supérieur direct un narcissique malveillant. Je l'appelais « mon petit chef ». Il ne supportait pas que mon équipe m'apprécie tant qu'elle m'obéissait au doigt et à l'œil. Mes collègues n'écoutaient rien de ce qu'il leur disait, à moins que j'approuve. Bien que, techniquement, il fût aussi leur supérieur, leur loyauté m'était tout entière acquise. Parce que je suis « un mec sympa », ils adoraient bosser pour moi. Il va de soi que je les félicitais constamment, ce qui ne faisait qu'améliorer ma réputation auprès de mon grand chef, le supérieur de mon petit chef, lequel en était encore plus enragé. Ce dernier m'a accusé d'organiser un culte de la personnalité, d'être un cancer pour les affaires et a tout essayé pour me discréditer auprès du grand chef. Il a fini par dépasser les bornes, un jour où j'étais à bout, et j'ai craqué. Maintenant, je dois chercher un emploi ailleurs ou répondre d'une plainte pour agression... Ah, la vie !*

Le scepticisme de mes élèves face à mon magnétisme ne me dérange pas. Ce sont des étudiants en droit, nous les entraînons à devenir cyniques. Comme avec le jury d'un tribunal, il faut du temps pour réussir à établir une relation avec eux. Étant consciente de leur méfiance, je commence par me montrer très directe, efficace et professionnelle. Si je ne tiens pas à passer pour présomptueuse, je ne tiens pas non plus à sembler accessible, comme si eux et moi étions au même niveau. Je suis sûre de moi et distante. Si quelqu'un franchit les limites, je le remets vivement et froidement à sa place. Je corrige une légère incompréhension de sa part ou l'interroge sur une question épineuse, de façon à ce que ses camarades soient témoins de son malaise. La classe apprécie. Personne n'aime les francs-tireurs ni les professeurs qui s'aplatissent devant eux. Cela mis à part, il n'y a pas de lutte de pouvoir. Je n'ai rien à prouver. Leurs frais de scolarité règlent mon salaire – plutôt bien d'ailleurs. Ils peuvent toujours essayer de lutter contre moi, je suis Dieu. C'est moi qui rédige les sujets d'examens, moi qui note. Si je décrète que telle chose est la loi, elle est la loi. Cependant, je frime juste assez pour qu'ils se sentent chanceux de m'avoir comme professeur plutôt qu'un collègue beaucoup moins attirant.

Mes étudiants finissent par s'intéresser à moi en tant que personne. Certains s'amourachent de moi, tendance que j'alimente en lâchant de plus en plus d'informations personnelles – je suis musicienne, j'ai un passé d'avocate intéressant avec des clients célèbres dont ma modestie m'interdit de révéler les noms. Je suis rarement explicite. Je laisse les gens ruminer ces détails personnels et tirer leurs propres conclusions, ce qui rend les informations encore plus authentiques et valables à leurs yeux.

Si, le jour de la rentrée, je me mettais à faire l'article de mes références, à parler de ma vie intime et à encourager les attentions des étudiants, ce serait un désastre. Il m'arrive d'oublier la réserve et de plaisanter ou d'être familière un brin trop tôt. Il me faut alors immédiatement reculer et repartir pour une période de neutralité. Je suis plus rodée aujourd'hui, et tout se passe comme si je cuisinais une vieille recette, ce qui m'amène au demeurant à m'inquiéter du prochain ennui que je risque de ressentir.

Il me semble que bien des gens pourraient profiter dans leur métier de mon analyse sur la manière de gérer les attentes des autres, de se les attacher en restant lointaine. Je ne m'englue jamais dans les désordres émotionnels qui peuvent saper la sérénité d'un lieu de travail et j'ai l'impression que nombreux sont les dirigeants qui échouent à régler sagement les problèmes qu'ils rencontrent. Un jour, dans ma paroisse, j'ai assisté à une réunion sur l'expression des griefs. En quelques minutes, l'assistance cédait au feu d'accusations colériques. Bien que chaque récrimination en soi n'eût guère d'ampleur, leur seul nombre a surpris tout le monde. Les fidèles étaient furieux que les chefs de l'Église soient indifférents à leurs soucis criants. Ils étaient soudain exaspérés par des reproches qu'ils n'avaient jamais soupçonné nourrir. Cela m'a paru d'une idiotie consommée. Parlez-moi d'une réunion mal conduite !

Quand, en cours ou ailleurs dans mon environnement professionnel, je dois affronter de petites insurrections, je cible les plus grosses rancœurs individuellement. J'organise un entretien ou j'écris un courriel du genre : « J'ai remarqué que vous sembliez très agacé par tel truc. » Je laisse parler les mécontents aussi longtemps que cela leur est nécessaire, compatissant avec eux sans forcément émettre d'opinion arrêtée. Je ne légitime aucune prise de position, n'acquiesce pas à la leur, évite de m'enfermer dans un avis arrêté. Cependant, dans mon exercice de sympathie, je me concentre sur leurs ressentis : « Ce doit être épuisant » ou « Je comprends, les devoirs de lecture sont très exigeants ». Je m'efforce d'utiliser des termes exprimant la bienveillance tout en m'attachant néanmoins à rendre la difficulté rencontrée surmontable ou normale lorsqu'on est avocat en formation, ce genre de ficelle. À mes yeux, les gens ont juste besoin d'évacuer la pression, ce qui ne m'empêche pas de subtilement leur faire honte : « Le droit, c'est difficile. C'est pourquoi vous payez des frais de scolarité aussi élevés. » Cela sous-entend que l'étudiant est un gros bébé pleurnicheur qui aurait tout intérêt à s'endurcir.

« Ils peuvent toujours essayer
de lutter contre moi, **je suis Dieu**.
C'est **moi** qui rédige les sujets
d'examens, **moi** qui note.
Si je décrète que telle chose
est la loi, elle est la loi. **»**

En isolant les meneurs potentiels et en leur « dérobant » leur colère, je les prive de l'occasion de la formuler en public et de trouver ainsi des soutiens. Leurs camarades ne sont au courant que de leurs difficultés personnelles et partent du principe que leurs problèmes avec moi ou mon cours relèvent plus d'un échec personnel que d'un échec de l'institution universitaire. Je compte sur leur besoin d'avoir l'air intelligent. Ainsi, il est de tradition que les professeurs de droit interrogent au pied levé leurs étudiants en classe. Je n'aime pas ça, car ils ne sont souvent pas préparés, et leur intervention est une perte de temps. Mais si je m'abstiens de le faire, ils cesseront de réviser leurs cours. Du coup, j'envoie à l'avance un courriel à un étudiant pour lui annoncer que je l'interrogerai sur tel ou tel cas. Ses camarades croient naturellement qu'il s'agit d'une interrogation surprise. Il s'en sort à merveille, et les autres ne peuvent s'empêcher de se demander s'ils sont les seuls à ne pas dominer la matière en question. Résultat, ils travaillent plus dur. Quant à celui à qui j'ai envoyé un e-mail, il a tout intérêt à garder la chose secrète, dans la mesure où elle rend sa prestation encore plus impressionnante. Cette approche « diviser pour régner » d'une classe ou d'un environnement professionnel s'est révélée efficace pour moi dans de nombreuses occasions, et je m'étonne que si peu de gens l'adoptent.

Une fois, j'ai travaillé avec une femme qui était un tyran. Si elle n'avait aucun poste à responsabilité, elle avait réussi à se rendre indispensable dans l'entreprise où je venais d'être embauchée. Au début, j'ai été séduite par son apparente bienveillance et son charme. Elle était gentille, prenait des nouvelles de mes dossiers, s'inquiétait de ma réussite. Cependant, l'un de mes collègues m'a avertie que son seul but était de me voir échouer.

Un soir qu'elle disait au revoir à tous, je l'ai prise à part et, la main sur son épaule, je lui ai lâché :

« Je tiens à vous présenter mes excuses. Ce matin, j'ai fait une plaisanterie d'un goût douteux. Quand vous m'avez interrogée sur mon affaire en cours, je vous ai répondu que, jusqu'à présent, ça roulait. Par là, je ne voulais pas dire que je ne m'y consacrais pas entièrement. Au contraire, je suis dessus à 100 %. Je crois juste que je tentais de me dévaloriser. Maintenant, je me rends compte que ma légèreté n'était pas de bon goût.

Cette tirade a eu le don de la déstabiliser.

– Oui, a-t-elle admis, il est vrai que vos prédécesseurs ayant travaillé sur ce dossier ont été renvoyés, et je pensais que, peut-être… mais vous êtes sûrement d'une autre trempe… »

Sur ce, elle m'a tendu la main. Elle reconnaissait ainsi avoir connaissance du contenu du dossier (bien qu'elle eût prétendu le contraire la veille), de son histoire, de son importance et de son propre intérêt évident à ce que je me plante. Le lendemain, je l'ai fuie. Quand elle me posait une question, je lui servais une réponse vague ou m'amusais à la lui retourner, y compris pour les plus triviales.

« Qu'avez-vous mangé à midi ?

– Oh, vous savez, toujours pareil. Et vous, qu'avez-vous mangé à midi ? »

Ou bien :

« Sur quoi travaillez-vous en ce moment ?

– Un peu de ceci, un peu de cela. Et vous, sur quoi travaillez-vous en ce moment ? »

Plus ma réplique était sèche, plus cette femme était déroutée. Sentant désormais que le pouvoir était en train de changer de camp, elle est vite passée de questions « amicales » à des questions beaucoup plus directes, preuve de son désarroi.

« Alors, cette affaire d'hier, où en est-elle ?
Elle a été approuvée par la direction ? »

Ça l'aurait drôlement intéressée de le savoir, la vieille !

Comme l'un des intervenants sur mon blog a écrit au sujet des tyranneaux :

> Certains ont l'air de croire que les socio-
> pathes sont les pires tyrans qui soient. Tout
> sociopathe intelligent devrait comprendre que
> la violence et les menaces sont un recours facile
> et susceptible de se retourner contre lui. Nous
> avons tendance à plaire aux foules plutôt qu'à
> les opprimer. Les brutes se font des ennemis dès
> lors qu'ils ont du pouvoir, là où les sociopathes
> se font des amis.

Si cette tactique est peut-être inspirée par le désir égoïste des sociopathes d'éviter les drames et bouleversements émotionnels, elle reste bénéfique à tous en général.

En plus du plaisir que j'ai à enseigner, l'une de mes activités favorites est de participer à des colloques entre professeurs. En ces occasions, je me présente de manière très calculée. Pour commencer, je veille à m'habiller pour attirer l'attention, genre jean et bottes de cow-boy, là où tout le monde est en vêtements formels. Les bottes servent à la fois à amplifier ma démarche cavalière, mais je tiens aussi à indiquer que je ne veux pas être jugée selon les standards habituels. C'est important, dans la mesure où cela oblige mes interlocuteurs à lire mon badge afin de découvrir où j'enseigne. N'appartenant pas à une école d'élite, ils pensent que je ne suis pas brillante ; or, je le suis. J'ai également découvert que, dans une profession à dominante masculine, il est utile de rappeler que les femmes sont envisagées comme des objets. Je ne lutte pas contre les attentes des hommes, je me contente de jouer avec. Ils aiment ça, et je veux les forcer à voir les choses à ma façon.

Bien que je sache qu'ils me sous-estiment, je ne me révolte pas. Le numéro que je leur sers est que je ne dis que ce qui est. « Voyez-vous aussi que le cas X ne ressemble qu'au cas Y si on l'envisage selon telle perspective ? Mais si nous l'abordions selon cet autre angle de vue, n'aurait-il pas plus l'air du cas Z ? » Je les amène à se rendre compte par eux-mêmes. À mon avis, c'est plus convaincant. J'ai appris cela à force de fréquenter les jurés. Je m'efforce de transplanter une idée dans leurs crânes. Il me faut être prudente pour qu'ils ne la rejettent pas comme étrangère avant qu'elle soit bien ancrée.

Mais je veux aussi que cela ait des allures de magie, un peu comme la résolution d'une énigme s'apparente à de la magie. Naturellement, les énigmes n'ont rien de surprenant par nature, cela ne tient qu'à leur présentation qui omet des informations vitales. Elles ont l'air de pouvoir être résolues facilement, ce qui explique pourquoi les gens adorent tenter de les déchiffrer afin de briller. Quand je participe à une conférence, je tâche d'amener mon auditoire à deviner. Je vais même jusqu'à faire participer, mains levées et tout le reste. Quand celui qui sait finit par révéler la solution, il a tout du génie, alors qu'il n'en a que l'apparence.

L'une des devinettes que je pose souvent en conférence de droit est la suivante : pourquoi l'aéroport de Salt Lake City est-il le plus équipé du pays en espaces fumeurs ? La majorité de la population de l'Utah est mormone, or les mormons ne fument pas. Pour eux, le corps est un temple, et fumer le désacraliserait. Je demande donc à mon public pourquoi un État plein de non-fumeurs offre autant d'espaces aux fumeurs dans un aéroport. Chacun estime que c'est là une question à laquelle il est possible de répondre par l'intelligence et y va donc de sa proposition hasardeuse. Sauf que, jusqu'à présent, personne n'a résolu le problème

– sinon moi, après m'être personnellement interrogée sur cette bizarrerie un jour où j'arpentais le fameux aéroport, coincée par une tempête. Ce qui m'a transformée en gardienne magique de l'énigme.

Le plus sympa, dans cette question, c'est qu'elle a une réponse fort simple. Il était interdit de fumer dans l'aéroport dès sa construction, qui date des années 1960. Les espaces fumeurs de ceux de Los Angeles et New York, comme de la plupart des principaux aéroports américains, ont été mis en place. On était autorisé à y fumer partout avant la loi interdisant la cigarette dans les lieux publics. Ainsi, leurs terminaux baignaient dans un halo de fumée, alors que ceux de Salt Lake City avaient été bâtis pour des non-fumeurs. Afin d'apaiser les voyageurs, à cette époque où la cigarette était la norme, on y a donc aménagé partout des espaces fumeurs facilement accessibles. C'est alors qu'un bon arrangement pour les fumeurs a été trouvé par des non-fumeurs soucieux des autres. Les gens apprécient ce tour de passe-passe qui a l'air d'une parabole sur la difficulté de prévoir l'avenir ou d'une histoire édifiante sur la rapidité avec laquelle une majorité (les fumeurs) peut devenir une minorité oppressée. (Et si tenir compte des sociopathes n'était pas une si mauvaise idée ?) J'aime cette énigme pour son ambiguïté morale et sa façon de révéler la complexité simpliste du monde.

Mon travail de juriste n'est pas plus faux que ne l'est la réponse à la devinette sur l'aéroport de Salt Lake City. C'est la présentation que j'en donne qui est manipulatrice. Je dirige mon auditoire sur un sentier particulier qui le conduit à une seule conclusion : la mienne. Il ignore comment ça va se terminer, ce qui participe de mon plaisir. On dirait presque de la magie intellectuelle. Alors qu'il ne s'agit que de rhétorique efficace.

En tant que professeure de droit, ce sont mes idées originales qui font presque toute ma valeur aux yeux de l'université qui m'emploie. J'aime à dire des choses provocantes et à obliger les gens à me défier. J'adore la controverse. Plus elle est présente, plus vif sera le souvenir que mes interlocuteurs garderont de moi. J'ai réponse à tout. Leur sous-estimation de départ me garantit qu'ils n'hésiteront pas à me confronter. Ils sont habitués à un univers dans lequel on se cache derrière ses références. Mon truc : je ne suis pas celle que vous croyez. Je tiens à ce qu'ils y réfléchissent à deux fois avant de me provoquer en duel à l'avenir. Je veux qu'ils aient peur de relever mon bluff. Le droit n'est qu'apparences, il est rare qu'un élément y soit certain. Aussi, pour peu que j'en tienne un, j'en tire le meilleur profit.

Je suis consciente de ne pas pouvoir me mesurer aux avocats des grands cabinets en chemise oxford, ni même à ceux qui sont capables de vous débiter par cœur les dix dernières jurisprudences rendues par la Cour suprême. Comme partout, il existe un vieux club d'avocats et de juges, réservé aux hommes qui ne veulent recruter que des doubles d'eux-mêmes (apparence et fonctionnement), en plus jeunes et plus virils. Ils déballent leurs connaissances en droit positif d'une façon qui donne à penser qu'ils comparent la taille de leurs pénis. Je me fiche de me lancer dans des débats légaux. Le positivisme juridique est assez ennuyeux, surtout pour quelqu'un qui, comme moi, a besoin d'une stimulation constante. Je n'ai pas ce genre de cerveau et je me fiche d'acquérir une connaissance encyclopédique de la loi. Je ne cherche pas non plus à actualiser constamment mon savoir. Voilà pourquoi je n'ai jamais été taillée pour plaider à vie. Je ne parviens pas à me forcer, contrairement à la plupart des gens, y compris pour des choses très importantes susceptibles de se révéler vitales pour un client. Heureusement, en tant qu'enseignante, j'ai la liberté d'apprendre et d'enseigner ce que je veux.

« La façon dont **je gère** ma vie sociale ressemble beaucoup à celle de mes cours ou d'un jury : tout y est consacré à me présenter **sous le meilleur jour.** »

Il n'empêche, je suis quand même contrainte d'entretenir les apparences de la compétence. Voilà pourquoi, quand je suis engagée dans une polémique avec la vieille garde du milieu juridique et que ma réputation est en jeu, je suis parfaitement consciente de devoir choisir mes batailles. À l'instar de l'armée révolutionnaire qui combattait les tuniques rouges anglaises, j'attire mes ennemis loin de leurs zones de confort et les piège au moyen de mes propres forces et atouts : ma capacité à déchiffrer autrui, à repérer des défauts potentiellement exploitables, à réfléchir en toute liberté. J'acquiesce aimablement aux paroles de mes collègues jusqu'à ce qu'ils commettent une erreur que j'exploite. Ils sont alors confrontés à une guérilla dont ils n'ont pas l'habitude. D'aucuns avanceront que ce n'est pas un combat à la loyale, mais j'estime que ce genre de combat n'existe pas et n'existera jamais. Pas pour les personnes qui enseignent là où j'enseigne et sont incapables de se souvenir des noms des neuf juges actuels de la Cour suprême.

Pour moi, les colloques sont des champs de mines en termes d'émotions. Je redoute les cocktails et m'invente parfois, pour la soirée, un personnage qui me permet de jouer un rôle. L'un de mes amants m'a confié un jour que c'était ce paradoxe chez moi qui l'avait tout d'abord attiré ; il tenait à découvrir lequel de ces masques j'étais vraiment. Il prétend avoir deviné que je dissimulais beaucoup plus que ce que je laissais voir, car bien qu'apparemment très à l'aise dans une conversation avec des connaissances, j'avais tendance à m'esquiver sous des prétextes trop crédibles pour qu'ils n'aient pas été mûris à l'avance. À moins que je cherche à transmettre un message ou à séduire, je préfère ne pas parler aux gens. Le risque est trop élevé que je lâche une parole qui m'incrimine sans en retirer un quelconque avantage, aussi j'aime mieux me taire.

J'avoue préparer des anecdotes dans le but d'engager des échanges mondains aux soirées que je ne peux éviter, mes devinettes, par exemple. Ce stratagème s'est révélé un élément essentiel du charme que j'opère sur mes collègues et amis, sous peine de passer des moments embarrassants ; il m'a même permis de décrocher des points dans ma carrière. L'expérience m'a enseigné qu'il est important d'avoir un catalogue d'au moins cinq histoires personnelles d'une longueur variable afin d'éviter cette pulsion d'intégrer des potins mal venus dans une discussion. La façon dont je gère ma vie sociale ressemble beaucoup à celle de mes cours ou d'un jury : tout y est consacré à me présenter sous le meilleur jour.

Au fur et à mesure que j'apprenais à satisfaire mes tendances sociopathes en adoptant un comportement professionnel plus efficace, j'ai maîtrisé un peu plus mon impulsivité de jeunesse. Avocate débutante, j'étais hyperactive, sans jamais perdre de vue cependant que ce défaut serait compensé par un éventuel avantage. Je commettais des bêtises comme avancer de fausses notes de frais facilement décelables. Un été, j'ai fait régler mes cours de tennis par mon cabinet. J'ai essayé de séduire l'un de ses associés principaux qui menait une vie matrimoniale très heureuse. J'ai réussi à en séduire un autre, moins prestigieux, mais mon emprise sur lui n'a pas résisté à mon incompétence dans un dossier qu'il gérait. Pour l'essentiel, je me suis bien tirée de tous ces faux pas, et personne ne m'a dénoncée, et puis j'ai été virée.

À présent, j'ai plus à perdre en cas de malheur – plus d'argent, de stabilité, une carrière, un groupe d'amis proches relativement fixe. Tout cela se bouscule dans ma tête et me rend consciente de milliers de dangers qui, accumulés, finissent par être non négligeables. Or, cette lucidité éveille en moi les symptômes de ce qui se rapproche le plus de « l'anxiété », bien que je me sois habituée à y être complètement hermétique (ou à m'en moquer). Chaque fois que, par le passé, j'ai atteint ce stade, je suis partie pour recommencer à zéro. Mais plus je vieillis, moins j'ai de pistes pour rebondir.

Je peux encore sembler téméraire, notamment dans des circonstances où les autres cèdent à des peurs irrationnelles alors que je reste peu ébranlée. Je continue d'aimer les sources d'excitation dans ma vie. J'ai tendance à chercher de nouvelles expériences potentiellement dangereuses, comme une récente virée avec des amis pour m'essayer au saut à l'élastique. J'ai pris de l'âge, cependant, et je dois avouer que je me suis retirée dans une existence plus mentale que physique, où mes engouements et bonheurs proviennent plus de jeux de l'esprit et de quêtes intellectuelles pour lesquelles le ratio récompense-risque est élevé. Je joue moins avec les émotions de mes collègues, même si je ne pense pas que je pourrais un jour m'en empêcher complètement ou si ce sera seulement nécessaire que je cesse.

À dire vrai, une grande partie de mon activité de plaideur relevait de la fumée et du jeu de miroirs. Je jouais le rôle qu'on attendait de moi. Ce n'est pas comme si je n'ai pas eu mon lot de mauvais rôles. Je suis un tantinet idiote en matière de loi, en tout cas sur certains sujets. Je n'ai aucun sens inné de l'élégance. Ma première impulsion, dans une conversation, est rarement la bonne. À l'époque, je commençais à peine à apprendre de mes erreurs, à copier les autres en termes de mode et de morale, à faire passer les bêtises que je pouvais dire pour des plaisanteries. Telle une actrice consciente de son bon et mauvais profil, j'ai toujours pris soin de donner la bonne représentation au bon public, qu'il s'agisse de partenaires sexuels, d'employeurs ou d'amis. Et, durant un moment, j'ai réussi, à l'admiration générale.

Aujourd'hui, des années plus tard, après mon auto-analyse, j'ai appris à être en gros honnête avec moi-même, ma famille et quelques intimes. Mais, au nom de la survie – garder un emploi, vivre ma vie –, je présente au monde un masque de normalité. Cela s'accompagne parfois d'une grande solitude. Si je prétends être normale trop longtemps ou que je déploie trop d'efforts dans l'exercice, j'ai tendance à devenir agitée. Toutefois, l'adoption des règles de normalité et de stabilité rend ces règles vraies, jusqu'à un certain degré s'entend. Quelle différence y a-t-il entre jouer le rôle d'une bonne avocate et en être une ? Quelle différence y a-t-il entre jouer la collègue sympa et en être une ? J'en suis arrivée à comprendre que l'arnaque que je jouais en tant que jeune avocate a acquis le poids de la réalité – qu'elle est devenue ma vie.

7.

DES ÉMOTIONS ET DE L'ART DE DÉMOLIR LES AUTRES

───

« J'ai du mal à me repérer au sein
de **mes propres émotions**.
Ce n'est pas que je ne les éprouve pas.
J'en ressens des tas de différentes,
mais il y en a que je n'**identifie**
ou ne saisis pas. Souvent,
j'ai l'impression qu'elles sont
dénuées de contexte. »

Enfants, ma sœur Kathleen et moi avons lu ensemble *Le Magicien d'Oz*. Je ne m'identifiais pas à Dorothy et à son désir de rentrer chez elle, au Kansas. Je n'étais pas l'héroïne qui sauvait des forces du mal sa bande hétéroclite de compagnons. Non, j'étais l'homme en fer-blanc, celui autrefois connu sous le nom de Nick Chopper, bûcheron dans les bois d'Oz.

Ses ennuis commencent lorsqu'il tombe éperdument amoureux d'une jeune servante. La maîtresse de cette dernière refuse de s'en séparer et passe un pacte avec la méchante sorcière de l'Est qui envoûte la hache de Nick. Résultat, celle-ci coupe les membres du malheureux l'un après l'autre, une jambe, la seconde, les deux bras, puis la tête avant de lui fendre enfin le torse en deux. Chaque fois que son outil le trahit, Nick fait remplacer la partie amputée de son corps par une prothèse en étain. Mais au moment de l'équiper d'un nouveau tronc, le ferrailleur oublie de lui mettre un cœur.

Le bûcheron en fer-blanc est imperturbable. Privé de cœur, il ne se soucie plus de savoir ou non s'il pourra épouser son premier amour ; il ne se soucie plus de rien, à vrai dire. Comme si la méchante sorcière lui avait donné un cadeau en même temps qu'elle l'accablait de sa cruelle et douloureuse malédiction. Sa peau est plus solide qu'autrefois, il luit en plein jour. Sa beauté et sa force nouvelles le ravissent. Malgré son absence de cœur, il est mieux qu'avant. En le mutilant, la sorcière l'a débarrassé d'un sort peut-être encore plus chagrin, celui de désirer ce qu'il ne peut avoir, et que son bonheur dépende de son aimée. Je me demande souvent si, à l'instar du personnage, j'ai moi aussi reçu le présent d'être épargnée par ce qui semble torturer les autres. Difficile en effet de ressentir de l'insatisfaction quand on décèle si rarement la satisfaction autour de soi. Mes déficits m'ont en quelque sorte libérée des besoins inaccessibles qui ont l'air si essentiels chez les personnes empathiques – une sorte de raison d'être ou d'identité au monde, d'affirmation de la légitimité et de la justesse de l'existence.

Pour le bûcheron, le seul inconvénient à sa nouvelle situation, c'est le risque de rouiller. Aussi, il veille à toujours avoir un bidon d'huile sur lui, au cas où le temps changerait. Mais un jour, il l'oublie et se retrouve pris dans un orage. Ses jointures s'oxydent, et il ne peut plus se mouvoir. Il reste figé sur place tout un an avant que Dorothy le découvre. Or, ce n'est que pendant cette attente qu'il a commencé à comprendre ce qui lui manquait : « J'ai eu du mal à l'accepter, mais durant l'année où je suis resté ici, j'ai eu le temps de réfléchir et de conclure que la plus grosse perte que j'avais eu à subir était celle de mon cœur. »

De mon côté, il m'a fallu longtemps avant d'enfin rouiller, d'atteindre la période d'instabilité, de chômage et de quête de moi qui, en me ralentissant, m'a fourni le loisir de songer à celle que j'étais et à ce que je voulais. Cette oxydation s'est produite par à-coups. J'ai connu de durables moments de stupeur durant lesquels j'avançais malgré tout, victime d'une détermination inébranlable à ignorer la souffrance. Ils étaient interrompus par des périodes de succès et de joie, de performances exceptionnelles et d'une agréable maîtrise du monde qui m'environnait. Mais, aussi dépourvue de cœur que je sois, je souhaitais connaître l'amour, le sentiment d'appartenance à l'univers, comme tout un chacun. Personne, semble-t-il, ne peut échapper à la solitude. J'en sais assez cependant pour comprendre qu'obtenir un cœur n'est pas non plus la solution miracle. Après avoir récupéré le sien, le bûcheron en fer-blanc doit veiller à ne pas pleurer, sous peine que ses larmes le fassent rouiller. Sous cet aspect-là, un cœur peut se révéler paralysant. Que notre bonhomme en étain soit plus heureux avant ou après qu'il en a reçu un neuf n'est pas prouvé.

Quand un homme est une bouilloire vide,
Il devrait donner le meilleur de lui-même,
Je suis cependant déchiré.
Parce que je m'imagine
Que je pourrais être comme un homme
Si seulement j'avais un cœur[1].

---

1 « La chanson de l'homme en fer-blanc », *Le Magicien d'Oz.*

Lorsque je pense à moi-même, j'ai l'impression d'exister avant tout en tant que volonté. Je suis le produit de mes désirs et de mes efforts pour les satisfaire. Je m'identifie plus à ma sociopathie qu'à mon sexe, ma profession ou mes origines. Au fond de moi, je sens que j'ai d'abord été façonnée comme cette créature au cœur de fer, sorte de machine nietzschéenne, et que le reste est venu plus tard – ma sensibilité en premier peut-être, puis mon corps et enfin la conscience phénoménale qui accompagne le fait d'être à l'intérieur d'une enveloppe charnelle et de composer avec l'univers qui l'environne. On appréhende le monde par ses muscles, on l'envisage du haut de ses yeux et on le touche par les nerfs de ses doigts. Les gens vous perçoivent d'une certaine façon et vous traitent d'après cette connaissance, si bien que vous devenez un mélange de qualités, de pulsions et de désirs enchevêtrés à une vitesse hallucinante dans votre corps. Pourtant, au fond de moi, je ressens que je ne suis que volonté, besoin, action, et que mes caractéristiques sociopathes ont une profonde influence sur tout cela.

J'ai du mal à me repérer au sein de mes propres émotions. Ce n'est pas que je ne les éprouve pas. J'en ressens des tas de différentes, mais il y en a que je n'identifie ou ne saisis pas. Souvent, j'ai l'impression qu'elles sont dénuées de contexte. Comme si je lisais un livre une page à la fois, mais de la fin au début. Certes, des indices m'aident à comprendre ; cependant, aucune logique linéaire ne me permet de déduire les simples relations de cause à effet entre le vague inconfort qui m'envahit et la prise de conscience que « je suis triste à cause de ça ». Or, si je ne peux donner de contexte à mes propres ressentis, il m'est alors encore plus difficile d'appréhender ceux d'autrui.

L'institut de psychiatrie du King's College de Londres a, dans une étude récente, révélé que le cerveau des criminels sociopathes se caractérise par une moindre quantité de matière grise dans les parties cervicales nécessaires à la compréhension de la sensibilité des autres. Des enquêtes prouvent que leur cerveau ne répond pas de la même façon que celui des personnes normales à des termes comme « mort », « viol » et « cancer ». Nous y réagissons avec à peu près autant d'émotivité qu'au mot « chaise ». Diverses recherches ont abouti à la conclusion que le cerveau sociopathe a un nombre de connexions moins élevé entre le cortex préfrontal (qui permet de réguler les émotions, analyse les menaces et facilite la prise de décision) et l'amygdale (qui analyse les émotions), ce qui pourrait expliquer pourquoi les individus atteints n'éprouvent pas de sentiments suffisamment négatifs lorsqu'ils se comportent de façon asociale.

Cette déconnexion neurologique entre ressentis et décisions peut se révéler un atout compétitif dans la plupart des situations professionnelles, où la prise de risque est souvent récompensée, mais elle est aussi susceptible d'engendrer de réels problèmes dans les situations personnelles où l'on attend de vous des réponses émotionnelles. L'un des lecteurs de mon blog a écrit :

> J'ai toujours travaillé dans la vente, et ma souplesse [morale] a payé à maintes reprises. Je crois cependant avoir été promu à des échelons de la hiérarchie où mon fonctionnement personnel devenait un handicap. Lorsque je réussis, l'étape suivante et logique conduit systématiquement à ce que j'encadre du personnel ou que je côtoie des personnes de mon niveau en termes de responsabilités, activités qui exigent beaucoup de compréhension des intérêts des autres, et ce à long terme. C'est à ce stade que, apparemment, je commets des erreurs. Résultat, je dois changer d'entreprise et recommencer à zéro ailleurs.

Je ressemble assez à cette personne. Dans la mesure où ma réussite est toujours dépendante de mes dons d'imitatrice : dès que je n'arrive plus à affecter la sympathie, je chute.

L'une de mes théories préférées concernant le monde émotionnel des sociopathes est empruntée au professeur Joseph Newman, chercheur en psychopathie à l'université du Wisconsin. Il défend l'idée que la sociopathie relève largement d'un désordre de l'attention ; si le sociopathe reçoit toutes les informations nécessaires, il n'y prête pas attention comme le reste de la population parce qu'elles n'ont aucun sens à ses yeux. D'après Newman, en matière d'émotions, les sociopathes disposent d'une palette identique à celle des individus normaux ; seulement, ils s'y intéressent moins et, par conséquent, les vivent d'une autre manière. Newman a remarqué que, si l'attention d'un sociopathe est consacrée à un ressenti particulier, il réussit en général à l'éprouver comme la majorité des gens. La différence est que, chez lui, ce n'est pas automatique. Il doit fournir un effort conscient de concentration. La sociopathie a donc pour résultat un « goulet d'étranglement » de l'attention qui n'autorise ceux qui en sont atteints à ne se focaliser que sur une seule action ou une seule réflexion à la fois, excluant tout autre indice social, voire « les signaux envoyés par le canal entre le cortex préfrontal et l'amygdale » qui les retiendraient d'agir comme ils le font.

Cette hypothèse éveille des échos en moi. Pour peu que je me concentre sur une émotion, j'arrive à en amplifier la force bien au-delà des limites normales. Quant aux sentiments que je me moque d'éprouver, je me borne à les atténuer. Il est aisé d'ignorer ce qui serait déplaisant ou gênant.

Sous cet angle, ma sociopathie a des allures de forme extrême de compartimentation. Je suis en mesure de me fermer ou de m'ouvrir aux sentiments comme la peur ou la colère, l'anxiété ou la joie, il me faut juste appuyer sur un interrupteur interne. Je parviens à ressentir ces émotions aux bons moments, mais je dois savoir comment me brancher dessus. Tout se passe comme si je guettais un signal en tournant un bouton, à l'instar de ce que je fais si j'allume la radio. Tout est là, constamment transmis par les ondes. Je n'ai qu'à capter la bonne station. Si je désire éprouver – du désespoir, de l'angoisse, de l'extase, de l'horreur, du dégoût –, il me suffit d'y penser. Un peu comme de voir un verre à moitié vide et d'enclencher une manette pour le découvrir à moitié plein. Il me semble que les individus empathiques font parfois ce genre d'expérience, qu'ils étiquettent « révélation », sorte de brusque changement de perspective qui modifie leur vision du monde. Ma perspective à moi est si limitée que ce genre de « révélation » peut m'arriver plusieurs fois par jour. C'est assez déroutant, mais intéressant.

La plupart des gens doivent écouter le signal radio le plus puissant, tant en eux-mêmes que dans leur environnement social. En tant que sociopathe, je suis en mesure de choisir le signal que je souhaite écouter. Si cette possibilité (imitation du sentiment d'autrui ou ressenti personnel) est parfois agréable, elle peut aussi être pénible. Dans une situation relationnelle, il me faut constamment et activement rechercher les fréquences. La majorité d'entre vous capte les indices moraux, car vous êtes en harmonie avec la sensibilité des autres, déchiffrez inconsciemment leur langage corporel et manifestez les réactions sensibles appropriées d'une manière instinctive et naturelle. À cet égard, les individus empathiques ressemblent aux téléphones portables : ils cherchent immédiatement le signal le plus fort émis par les antennes environnantes. Les sociopathes, en revanche, sont pareils aux vieilles radios. Je ne perçois le signal le plus fort que si je me trouve par hasard sur la bonne station ou si je suis supervigilante. Cela représente un gros effort, et les erreurs et les ratages sont fréquents. Le mieux que je puisse faire, souvent, c'est de me rendre compte que j'ai loupé un indice important et de chercher la fréquence qui m'aidera à reprendre pied.

« Il m'arrive parfois d'avoir des **pulsions sanguinaires**, notamment quand quelqu'un essaie de me forcer à manifester de la **culpabilité** ou de la **honte**. **»**

C'est arrivé l'autre jour avec l'une de mes étudiantes. Je l'ai interrogée sur le sens de la locution latine *duces tecum*[1], car elle avait auparavant fait preuve d'une certaine connaissance de cette langue. Elle a cependant été incapable de la traduire. Après le cours, elle est venue m'avertir qu'elle serait absente la prochaine fois, car sa grand-mère était morte le matin même, et qu'elle prenait l'avion pour l'enterrement. J'ai senti mon estomac se nouer et l'anxiété monter. J'ai lâché l'habituel « Toutes mes condoléances », en adoptant une mine fort inquiète (enfin je l'espérais ; par bonheur, les endeuillés n'observent pas très bien les expressions faciales). Elle s'est attardée. Ignorant que dire de plus, je me suis mise à jacasser.

« Vous devrez sans doute demander une copie de ses notes à l'un de vos camarades de classe. Il y a aussi M. Smith, qui enregistre les cours. Il pourrait sûrement vous en remettre une copie… »

L'étudiante évitait de me regarder. De mon côté, je n'avais plus rien à ajouter et j'avais envie de me débarrasser d'elle.

« En tout cas, je suis navrée pour vous. »

Elle a compris que la conversation était finie. Moi, je n'avais pas saisi le but de cet échange, je ne savais pas si j'avais répondu correctement à ses attentes. J'ai cédé à encore plus de nervosité en la voyant s'éloigner de cinq mètres et se laisser réconforter par une amie, désormais en proie à un bouleversement réel qu'avait déclenché la seule expression de compassion de cette amie. J'ai été soudain prise d'une envie de quitter la salle aussi vite que possible, mais les deux

---

1 Soit « à produire », généralement précédé du mot *subponea*, « assignation ».

filles me bloquaient le passage. Heureusement, je me suis souvenue qu'il existait au fond de l'amphithéâtre une issue de secours donnant sur une ruelle. Je me suis enfuie, aussitôt avalée par la nuit. J'ai jeté mes affaires dans ma voiture avant de décamper du parking, bien décidée à ne plus tomber sur cette élève qui avait perdu son aïeule.

Il m'arrive donc d'être maladroite lors de situations émotionnellement fortes. Toutefois, au fil des ans, je me suis améliorée dans l'art de dissimuler mes bévues. Je suis à même, aujourd'hui, de trier promptement entre un panel de ressentis et de fournir la réaction acceptable, un peu comme un ordinateur joue aux échecs. Mais, comme aux échecs, il y a un nombre infini de tours et de détours dans les relations sociales et émotionnelles des humains, et je ne serai jamais ni aussi rapide ni aussi naturellement douée en la matière qu'un individu empathique.

Si l'absence relative d'émotions peut se révéler judicieuse dans le domaine professionnel, elle provoque des tensions malheureuses avec les amis et les amants ou maîtresses quand je ne suis pas aussi remuée que je devrais l'être à leur avis, lors d'une éventuelle rupture par exemple. Il y a peu, j'ai annoncé à mes connaissances que mon père avait eu une crise cardiaque. Elles se sont demandé si j'étais sérieuse et s'il était convenable de plaisanter à ce sujet. Ce malentendu s'est produit uniquement parce que je n'ai pas accompagné la nouvelle d'une démonstration des sentiments de tristesse attendue. Au demeurant, lors de l'établissement du diagnostic de ma sociopathie, avoir mené une conversation sur un sujet pénible sans montrer d'émotion a été l'un des indicateurs les plus frappants de ma pathologie aux yeux du psychiatre. Il s'agit là d'une des choses qu'il m'est le plus dur de feindre.

Souvent, ma faible sensibilité se manifeste par une masculinité exacerbée. Les hommes avec lesquels je sors se plaignent de jouer le rôle de la femme dans notre couple. Je me demande comment ma sociopathie s'exprimerait si j'étais un homme – apparemment, le côté asocial des sociopathes hommes est bien plus flagrant que celui des femmes. À dire vrai, très peu d'études portent sur la sociopathie des femmes, mais celles qui existent révèlent qu'elles ne font preuve que de deux ou trois des principales caractéristiques des socio-pathes hommes – en général, le manque d'empathie, le plaisir de manipuler et l'exploitation d'autrui – et qu'elles ne se comportent que rarement sous l'emprise de pulsions violentes.

Personnellement, la violence m'est assez étrangère. En revanche, mon impulsivité m'a attiré des tas d'ennuis quand j'étais adolescente et jeune adulte, à l'époque où j'étais pelotée et harcelée lors de concerts miteux auxquels je venais très peu vêtue, ou quand je dévalais une rue en pente allongée sur mon skateboard en pleine heure de pointe, ou que j'étais prise en flagrant délit de mensonge (et en possession d'objets volés) dans le bureau de la sécurité d'un magasin. Il m'arrive parfois d'avoir des pulsions sanguinaires, notamment quand quelqu'un essaie de me forcer à manifester de la culpabilité ou de la honte. À propos de ces élans, l'un des commentateurs de mon blog a écrit :

> Dès lors que la pulsion s'est emparée de nous, nous perdons le sens de la réalité et de la mesure jusqu'à ce que le moment passe et que nous contemplions ce que nous venons de faire en nous demandant comment nous allons nous en dépêtrer.

La fougue et l'absence de frayeur sont des caractéristiques de la sociopathie. Ayant exploré les variantes de nos traits psychophysiologiques, les scientifiques ont découvert que nous manifestions une réaction de peur anormalement faible lorsque nous étions confrontés à des stimuli aversifs.

Il semble que nous ayons un déficit quand il s'agit de ressentir une émotion négative – la peur – face à une menace. Le danger m'est ainsi complètement indifférent. Un jour, je suis rentrée chez moi au beau milieu d'un cambriolage. D'abord, je n'ai pas compris ce qui se passait. Mes deux voleurs, eux, ont compris, et ils ont filé par la fenêtre de derrière, celle par laquelle ils étaient entrés. J'ai entrepris de les poursuivre avant de me rendre compte qu'ils ne m'avaient presque rien dérobé, se bornant à empiler mes affaires au centre du salon pour les emporter plus tard. La police n'est venue que parce que mon voisin avait insisté. J'étais très consciente de ne pas savoir comment me comporter en présence des forces de l'ordre. Je n'éprouvais ni crainte ni inquiétude particulière, alors que c'était ce qu'on attendait de moi. Bref, j'ai été amicale avec les policiers, ce qui a malheureusement viré à une sorte de flirt. Ce n'est peut-être pas trop grave. Ces circonstances inhabituelles sont celles qui me piègent invariablement dans mes tentatives permanentes pour paraître presque normale.

La première année où j'ai enseigné, j'ai dit tant de choses limites que j'ai fini par en faire intentionnellement, comme si j'étais d'une ironie écœurante ou délibérément excentrique. Par exemple, j'ai suggéré que je me déguiserais en Condoleezza Rice[1] pour Halloween. Ce n'est pas tant que le masque glisse parfois pour révéler mes véritables pensées, car je n'en ai pas vraiment ; c'est juste que le spectacle que je donne afin de sembler normale en actes et en paroles est bon ou mauvais.

Franchement, c'est plus fort que moi. Je passe mon temps à me métamorphoser afin de contrôler l'opinion que les autres ont de moi. Cela dure depuis si longtemps que je n'imagine même pas ce que je serais si je ne jouais pas mon

---

1 Ancienne secrétaire d'État (équivalent de ministre des Affaires étrangères) de George W. Bush, de 2005 à 2009.

rôle constamment, adoucissant les traits de ma personnalité et cultivant des méthodes de séduction. Même ma façon de parler est fabriquée.

J'ai un très léger accent, aux intonations traînantes mâtinées d'inflexions inhabituelles, qui ne ressemble en rien à celui des membres de ma famille. Si je ne sais pas trop d'où je le tiens, je crois qu'il s'est développé à cause de ma propension à me délecter du son de ma propre voix. Si vous m'écoutiez attentivement, vous entendriez quel plaisir je retire de la texture des consonnes et de la résonance des voyelles. J'ai tout fait pour entretenir cet accent depuis que j'ai découvert qu'il me donnait un air mystérieux et vulnérable, originalités attirantes sans être menaçantes. Souvent, les gens me prennent pour une étrangère, d'Europe de l'Est ou du bassin méditerranéen. L'un de mes amants m'a même dit que j'avais tout d'une extraterrestre, que j'étais « clairement non humaine ».

Rencontrant énormément de gens à mon travail et lors des colloques auxquels j'assiste, je m'échine à jouer juste pour optimiser ma réputation dans le métier. Hélas, comme la majorité d'entre vous, j'ai une mauvaise mémoire des visages, surtout quand j'ai vite évalué la personne concernée et décidé qu'elle n'en valait pas la peine. Si elle se souvient de moi, je fais l'idiote durant nos premiers échanges avant de flirter comme une dingue. Je ris de bon cœur, répète le prénom de mon interlocuteur et le flatte. S'il me complimente en retour, je l'accepte avec assurance avant de ramener la conversation sur lui et de l'y maintenir. Je suis gracieuse, généreuse en termes de flagorneries, et je sais exprimer de l'intérêt. Mon accent devient alors plus marqué, je flatte et caresse de manière éhontée, sans apparemment être motivée par des raisons ni des objectifs précis. Puis j'interromps brusquement l'échange. Je veille toujours à partir la première, à ne pas être celle qu'on laisse en plan.

« Je n'aime pas que les gens **sachent des choses sur moi,** parce que ça m'oblige à accumuler trop de souvenirs à propos desquels **je ne peux plus mentir** (ou à me rappeler trop de **mensonges** si j'ai choisi de ne pas dire la vérité). »

Mais si je suis coincée, j'oriente la discussion vers un sujet que je maîtrise. Oui, je sais ce que vous pensez : c'est ainsi que se comportent les crétins qui aiment s'écouter pérorer. Vous seriez cependant étonné de la délicatesse avec laquelle je dirige la conversation. Vous ne le remarqueriez pas, à moins que je vous le signale. Par ailleurs, je prends quand même la peine de poser quelques questions avant d'aborder ma propre expérience, mes intérêts, ma connaissance en la matière. Je suis aiguisée comme un rasoir. Je raconte des anecdotes pleines d'esprit, mentionne des faits passionnants.

« Vous avez vécu un an à Los Angeles ? N'est-ce pas magnifique ?

– J'en ai eu assez du soleil au bout de trois mois environ. Tous les jours, j'avais l'impression qu'il me fallait sortir faire un tour de vélo ou une balade, bref, profiter à fond de ce temps si merveilleux.

– Je vois. Tel est le plaisir particulier qu'on éprouve à vivre sous pareil climat, à pouvoir se permettre de gâcher un jour de soleil en fermant les rideaux pour regarder dix épisodes des *Sopranos* à la suite. C'est décadent. Comme si on mangeait des pépites d'or. »

Les gens aiment entendre des mots comme « plaisir » et « décadent », qui leur font penser aux orgies romaines ou au chocolat. Je souligne mes déclarations en baissant très légèrement le menton sans cesser de fixer mon interlocuteur. Mes mains frôlent les siennes durant une fraction de seconde, sorte de contact qui ne se matérialise pas vraiment. C'est évidemment sensuel, mais trop fugace pour passer pour une invitation. Il part d'un rire nerveux, se demande un instant si je lis dans ses pensées. Évidemment que oui.

Typiquement, les sociopathes évitent de parler d'eux-mêmes autant que les personnes normales. Ils préfèrent orienter au maximum l'échange sur leur nouvelle connaissance. Quand je discute avec des gens, la seule chose qui m'importe réellement, c'est d'obtenir ce que je convoite. Cela est vrai pour tous ; la différence, c'est que moi, je ne recherche jamais l'approbation ou l'admiration, à moins qu'elles m'aident à parvenir à mes fins. Je n'ai aucun désir de converser. Je considère comme plus fructueux de monter un dossier sur tous ceux que je connais. Savoir, c'est pouvoir. Si je découvre un détail comme l'endroit où votre grand-mère est enterrée, il me sera peut-être utile à l'avenir. Par conséquent, il est logique que j'écoute. Si ce n'est pas le cas, c'est que je raconte une blague ou que je flirte sans vergogne avec vous. J'aurais sûrement préféré ne pas avoir à vous adresser la parole, mais puisque c'est ainsi, autant roder mes techniques de séduction.

Un sociopathe révélera des détails « personnels » sur lui-même de façon stratégique, autrement dit en vue de tromper ou d'établir une fausse impression d'intimité ou de confiance. Mes révélations sont fort rares, elles relèvent peut-être même du masque qui glisse malgré moi. Je n'aime pas que les gens sachent des choses sur moi, parce que ça m'oblige à accumuler trop de souvenirs à propos desquels je ne peux plus mentir (ou à me rappeler trop de mensonges si j'ai choisi de ne pas dire la vérité). Et puisque savoir, c'est pouvoir, je ne tiens pas à révéler les cartes que j'ai en main.

Les sociopathes sont censés être des as de la tromperie. De nouvelles recherches sont susceptibles de révéler pourquoi. Le cerveau est constitué de matière grise, corps cellulaires qui analysent les informations, et de substance blanche, qui transmet les impulsions nerveuses entre les groupes neuronaux et relie ainsi les différentes parties du cerveau. Le menteur invétéré, d'après une étude menée par Yaling Yang de l'université de Californie du Sud, a entre 22 et 26 % de substance blanche en plus dans son cortex préfrontal. Ce supplément pourrait venir du fait que le menteur relie des choses que celui qui ne ment pas ne relie pas, par exemple « je » et « pilote de chasse ». D'après Yang, ces connexions permettent de « sauter d'une idée à l'autre », de fabriquer des histoires à partir de faits et d'idées sans rapport entre eux. Là où l'étude reste vague, c'est pour comprendre si ces connexions facilitent le mensonge chez une personne peu encline à s'y adonner ou si les mensonges répétés créent ces connexions supplémentaires à force de les « exercer ».

Sur mon blog, je veille à dissimuler mon identité. Les mensonges les plus solides et invisibles sont ceux que l'on n'a pas à formuler à voix haute, ceux que les autres se débitent à eux-mêmes à votre sujet. Je dispense les informations sur moi de manière sélective pour des raisons stratégiques. Par exemple, je n'évoque jamais mon sexe ni mes origines, ni aucune caractéristique personnelle marquante. J'escompte ainsi être une ardoise vierge sur laquelle les gens projetteront leurs propres idées. Je veux être un homme de paille, un réceptacle recueillant les espoirs, les rêves et les peurs de mes visiteurs ; qu'ils établissent un rapport direct avec le blog, qu'ils l'assimilent au sociopathe qu'ils aiment ou détestent. Si j'étais trop précise, je briserais l'illusion. Aussi, je m'en tiens aux généralités, laissant les gens remplir les blancs comme ils en ont envie. Quand ils écrivent que je décris à la perfection leur expérience, qu'ils soient sociopathes ou en connaissent un, je sais que j'ai réussi.

La confiance que j'ai en moi et qui m'a permis de devenir la figure désincarnée de mon blog facilite également ma vie de séductrice. Je m'en sors bien mieux que ce que ma seule allure devrait me garantir. Je ne marche pas, je me pavane. Je fixe droit dans les yeux. Je me comporte comme si mon objectif essentiel dans l'existence était d'être admirée et je donne des tas d'occasions aux gens de le faire. Je pars toujours du principe qu'ils s'intéressent à moi, conviction qui a souvent été validée par des aveux embarrassants des années après, une fois que l'autre a cessé de souffrir.

Néanmoins, il m'arrive de me tromper lourdement. Je ne repère pas la répulsion que j'inspire aux autres, parce que je suis obstinément portée à guetter leur admiration. Si j'ai des atouts naturels, j'ai comme tout le monde mes faiblesses.

Alors que, dans une situation donnée, je suis souvent en mesure de jauger de la place de chacun, de son pouvoir, de son éventuelle vulnérabilité, j'ai énormément de mal à appréhender les subtilités émotionnelles, au point de me planter douloureusement. Ainsi, je ne devine parfois pas du tout que quelqu'un m'en veut.

Certains chercheurs, tel Simon Baron-Cohen, estiment que ceux qui souffrent de troubles de la personnalité antisociale sont atteints d'une forme de cécité mentale, inaptitude à déchiffrer les états sensibles – les leurs comme ceux des autres –, fonction intimement liée à la capacité d'empathie. L'un des intervenants sur mon site a expliqué y avoir été confronté (notamment par des inconnus).

> *Quand les gens me hurlent dessus, je suis d'abord et surtout perdu. Les éclats émotifs me prennent complètement au dépourvu, et j'ai besoin d'une ou deux secondes pour me ressaisir. Alors, mon cerveau se met à analyser rapidement la situation : Pourquoi cries-tu ? Pourquoi dis-tu cela ? Ai-je délibérément fait quelque chose pour te blesser, récemment ou il y a longtemps ? Ai-je fait quelque chose que tu as perçu comme une blessure ?*

Si nous sommes atteints de cécité mentale, comment arrivons-nous à aussi bien manipuler autrui ? Par la pratique. Devant côtoyer des gens au quotidien, nous avons de multiples occasions de nous entraîner. Nous sommes contraints de compenser cette cécité avec les moyens du bord. Genre marche ou crève.

Je semble être dotée d'intuition ou d'une lucidité ahurissante, au point que mes interlocuteurs me disent souvent que personne ne les comprend mieux que moi. La vérité est beaucoup plus compliquée et s'articule autour de ce que l'on appelle compréhension. Quelque part, je ne comprends pas du tout ces gens. Je me borne à faire des prédictions basées sur leurs comportements passés devant moi, de la même façon qu'un ordinateur détermine si vous êtes un emprunteur à risque à partir de milliers de données différentes. Je suis une reine de l'empirisme et ce, par obligation.

L'empathie et l'aptitude à saisir l'ironie paraissent aller de pair – apparemment, la capacité à sentir autrui aide à interpréter correctement le sens caché des mots. Beaucoup de sociopathes ont tendance à trop prendre au pied de la lettre les discours et à ne pas réagir de manière appropriée aux indices émotionnels non verbalisés. Je suis souvent totalement hermétique au sarcasme, au plus grand étonnement de mon entourage.

Bien que je sois très consciente des rapports de force sociaux, je loupe des signaux pourtant évidents aux yeux des autres. Ceux qui, par exemple, impliquent des pratiques liées à l'autorité, petits témoignages de respect qui me sont aussi étrangers qu'invisibles.

Un jour, lors d'un entretien pour un poste prestigieux d'adjointe, j'ai brièvement rencontré un juge. Après avoir un peu discuté, il m'a annoncé qu'il allait déjeuner, mais que, si je voulais poursuivre notre échange, je n'avais qu'à revenir après sa pause. Je ne l'ai pas fait. J'avais l'impression que nous nous étions dit tout ce que nous avions à nous dire. Ce n'est que des années plus tard que j'ai saisi que j'aurais dû revenir, histoire de montrer mon intérêt pour le poste. J'aurais préféré qu'il me l'explique clairement, même si, j'imagine, le test consistait à ce que j'étais justement censée piger sans qu'on soit obligé d'être explicite.

Je suis trop souvent littérale, j'utilise les mots dans le sens ordinaire que leur donne le dictionnaire. Je trouve bizarre que les individus empathiques emploient à ce point des termes alors qu'ils veulent dire complètement autre chose et qu'ils s'attendent à ce que leur interlocuteur saisisse de quoi ils parlent. Dieu merci, l'ironie et l'insincérité rendent les choses plus faciles aux sociopathes. Je formule ce que je pense vraiment, et les gens s'esclaffent parce qu'ils n'ont pas l'air de croire qu'on puisse s'exprimer aussi brutalement. Je dis assez régulièrement mon envie d'exploiter les gens ou de tuer de ravissants petits animaux et je n'ai même pas besoin de rire ou de sourire pour que les autres pensent que je plaisante.

Le meilleur exemple de ce mode de fonctionnement est peut-être la première (et dernière) fois que j'ai publiquement et avec décontraction admis être sociopathe. J'avais pondu un article humoristique dans le journal de ma faculté de droit, où non seulement j'avouais ce que j'étais, mais faisais des conjectures à propos de ceux de mes camarades qui souffraient eux aussi de sociopathie. Comme je me moquais du département en général et de moi en particulier, c'est passé comme une lettre à la poste. L'un de mes blogueurs a écrit :

> Essayez donc, une fois n'est pas coutume, de dire la vérité, personne ne voudra l'entendre. J'ai donc renoncé à mentir et ne me gêne plus pour balancer les choses telles qu'elles sont. À une question comme : « À quoi penses-tu ? », je réponds par un : « Comment réagirait ton oreille si je l'arrachais avec mes dents ? » Ricanements. Au bon vieux : « Tu m'aimes ? », je réagis par un : « Je n'en ai rien à foutre de toi. » Ricanements. J'ai beau dire la vérité, on ne me croit pas.

« Apprendre à communiquer avec les **individus empathiques**, c'est comme essayer de comprendre et de parler une langue étrangère. »

Apprendre à communiquer avec les individus empathiques, c'est comme essayer de comprendre et de parler une langue étrangère. Ayant fait quatre ans d'espagnol au lycée, je pensais être en mesure de piger ce que les hispanophones me diraient et de leur répondre. En fait, c'est rarement le cas. Parfois même, je n'en sais pas assez pour m'apercevoir que j'ai mal saisi.

Lorsque des inconnus partent du principe que nous sommes de la même nationalité et se mettent à s'adresser à moi dans leur langue natale (cela arrive régulièrement avec l'hébreu et l'espagnol, mais pas exclusivement), je leur réponds en américain, histoire de leur montrer tout de suite qu'ils se sont trompés sur mon compte. Bien sûr, je n'ose pas réagir ainsi quand leurs paroles sont lourdes d'émotion. Du coup, je lance une ou deux phrases basiques convenant à la plupart des situations et tâche de changer de sujet. Ce n'est pas idéal, mais qu'est-ce qui l'est dans ma vie ?

Malgré ces handicaps, les sociopathes ont le talent unique de percer les autres. On me demande souvent comment je me débrouille pour « déchiffrer » l'âme de quelqu'un, voir qui il est en réalité. C'est une bonne question autant qu'une plainte récurrente (un compliment ?). Je ne pense pas que les sociopathes soient plus aptes à mieux percevoir les choses que n'importe qui, juste qu'ils cherchent des choses différentes – faiblesses, défauts et autres domaines susceptibles d'être exploités – et y consacrent beaucoup d'efforts. Ils sont dangereux parce qu'ils étudient avec autant de ferveur les relations humaines et les gens dans le but de leur emprunter les bonnes attitudes sociales afin de se fondre dans la masse, d'imiter les comportements et d'exploiter ce qu'ils peuvent. Plus on est attentif, plus on devient conscient. Étant musicienne, je suis capable d'écouter un enregistrement et de dire ce qui se passe avec précision, qui joue quoi, et même la façon dont la musique a été mixée en studio. Vous aussi pourriez apprendre à maîtriser ce talent si vous vous entraînez autant que le font les musiciens professionnels.

«**D**émolir les autres. » J'adore la manière dont cette phrase roule sur ma langue et dans ma bouche. C'est là une activité exquise. Nous sommes tous affamés, sociopathes et individus empathiques confondus ; nous aspirons à consommer. Il n'existe pas un sociopathe qui ne soit avide de pouvoir. De toute ma vie, je n'ai jamais pensé qu'à lui – le pouvoir d'être désirée ou admirée, celui de détruire, le savoir, l'influence occulte. J'aime les gens. Je les aime tant que je veux les toucher, les modeler ou les démolir comme bon me semble. Non parce que le résultat m'intéresse forcément, mais parce que j'ai envie d'exercer mon pouvoir. Son acquisition, sa rétention et son exploitation sont ce qui motive les sociopathes. Aucun doute là-dessus.

Qu'entends-je par démolir ? En matière de pouvoir, comme en matière de nourriture ou de sexualité, tous les goûts sont dans la nature. Mon truc, c'est avoir l'impression que mes idées façonnent le monde qui m'entoure, ce qui, bien sûr, est à l'origine du blog que j'anime. C'est mon pain quotidien, qui m'empêche de mourir de faim. Mais lorsque je me fais plaisir – que j'opte pour la tranche de foie gras –, c'est pour m'introduire dans la psyché de quelqu'un et d'y flanquer en douce le plus grand bazar possible. Je fais le mal. Je terrorise l'âme d'une personne sans avoir pour autant quelque chose contre elle. C'est un plaisir d'échafauder, d'assister à l'accomplissement de mon œuvre ; mais c'en est un aussi de détruire, d'observer la dévastation que j'ai élaborée, pareil à celui qu'on ressent quand on balance une hache pour l'abattre nonchalamment sur une porte en bois mise au rebut. Chaque fois, on a un sentiment de puissance et de compétence. Cependant, le plaisir de la destruction est particulier au regard de sa rareté – comme dissoudre une perle dans du champagne. Le quotidien exige que nous soyons productifs et intégrés, mais si vous avez déjà éprouvé l'envie violente de dire à votre meilleure amie que, oui, ce pantalon la grossit, vous comprendrez à quel point il est libérateur de s'attaquer sans retenue aux points les plus sensibles d'autrui.

Combien de fois l'ai-je fait ? Difficile à évaluer. Très souvent dans ma jeunesse, sans en être consciente cependant. Je me souviens d'avoir aimé nouer des amitiés à trois parce qu'elles sont tellement fragiles. J'inventais des scénarios qui me permettaient de faire équipe à deux contre une. Rien de sociopathe là-dedans. Toute fillette apprécie ce genre de drame, nombreuses sont celles qui continuent d'y céder à l'âge adulte. Certains se montrent choqués lorsqu'ils découvrent qu'on travaille activement contre eux sans nulle autre raison que le plaisir de saper leur pouvoir. Alors que, à mon avis, jouer avec les gens est un instinct naturel universel. Je ne doute pas que vous l'ayez fait ou en ayez été victime : comme ces personnes que nous admirons, mais qui nous méprisent et se nourrissent de l'importance qu'elles retirent de leurs relations sans pour autant être assez lucides pour se rendre compte de ce qu'elles infligent à leur entourage ni pourquoi. Nous devinons que les gens s'amourachent de nous, que ce soit sexuel ou platonique, et nous jouissons du petit pouvoir que cela nous donne sur eux. La seule différence, c'est que les sociopathes sont un peu plus doués pour cela et en retirent un plaisir particulier.

Lorsque je songe à démolir quelqu'un, j'ai une réaction physique révélatrice : ma langue caresse l'une de mes dents. J'ai tendance à les serrer, et l'une de mes canines est devenue quasiment plate, à l'exception d'une pointe acérée comme une aiguille. (Un jour, alors que j'étais adolescente, mon père m'a accusée d'appartenir à un gang et d'avoir fait limer mes dents exprès en signe d'allégeance.) J'adore jouer avec cette canine, j'en ai des frissons de plaisir. La sensation physique de la pointe sur ma langue pourrait amplement me suffire, mais ce qui me ravit par-dessus tout, c'est qu'elle est secrète, bien cachée dans ma bouche. Toute ma dentition a pour particularité d'être parfaite. Elle me fait penser aux paroles de Bertolt Brecht sur le charmant tueur en série Mackie-le-Surineur de *L'Opéra de quat'sous* :

> *Les dents longues, redoutables*
> *Le requin tue sans merci*
> *Le surin au fond d'la poche*
> *Sans reproche, c'est Mackie*[1].

J'aimerais être en mesure de vous raconter quelques-unes de mes démolitions, mais elles sont susceptibles de m'amener devant un tribunal, situations ayant impliqué la police, des ordonnances d'éloignement et des carrières bousillées. Ou alors, ce sont des tentatives avortées où ma victime potentielle se contente de me soupçonner de ne pas la porter dans mon cœur et cesse alors de me fréquenter – autrement dit, des trucs rasoirs. Il n'empêche, je continue de croire que mes efforts pour ruiner la vie d'autrui sont les meilleurs reflets de ma sociopathie et constituent la déviance la plus constante de mon existence actuelle relativement normale.

J'ai un code moral auquel j'essaie d'adhérer, mais démolir les autres reste mon code réel, de la même manière que draguer des hommes dans les toilettes des aéroports pourrait être celui d'un gay honteux, alors qu'il est marié et pratiquant. J'estime que me diriger avec ma boussole morale est identique à ce que font la plupart de ceux qui se conforment aux dogmes d'une religion. Récemment, j'ai assisté à une conférence en compagnie d'une femme juive. Nous avons déjeuné dans un restaurant servant des hamburgers, et elle a commandé un sandwich chaud au fromage. Pourquoi ? Parce qu'elle obéit à un régime kasher, mais que, en voyage, elle fait au mieux selon les

---

1 *La Complainte de Mackie*, texte de Boris Vian.

circonstances. Pour elle, l'observation d'une alimentation kasher est un objectif moral essentiel, une règle pas forcément absolue peut-être, mais elle accepte l'idée qu'on ne peut pas être parfait à 100 %. Elle a conscience de n'être qu'humaine, que nous le sommes tous et que nous trébuchons, quel que soit le manuel auquel nous nous conformons. Si, malgré quelques dérapages çà et là (histoire, parfois, de simplement nous octroyer une pause), nous ne luttions pas constamment pour respecter ces règles, nous n'en aurions pas besoin pour commencer. Si nous avions un comportement naturel juste, nous n'aurions pas besoin de lutter consciemment contre nos inclinations innées à l'aide d'un quelconque cadre rigide. Nous nous bornerions à vivre comme nous sommes portés à le faire.

Personnellement, je ne brise pas mon code de manière banale : je ne suis pas une joueuse compulsive, pas alcoolique, pas obsédée par le sexe, pas droguée. La plupart de mes envies sont sporadiques et inoffensives. La limite étant que j'aspire constamment à une chose – cesser de fournir toujours des efforts pour contrôler mes pulsions. En d'autres termes, ce à quoi j'aspire vraiment, c'est d'être capable d'agir à ma guise sans avoir à me soucier des conséquences. Or, je me bats contre ça. Mon inquiétude est que, si je lâchais un peu la bride, je retournerais au point de départ, je redeviendrais celle que j'étais avant, ce qui n'est pas viable, je le sais. Il me faut donc un moyen de lâcher la vapeur. Voilà pourquoi je m'en prends aux autres. Ce n'est pas illégal, il n'y a pas de mal physique et ces atteintes sont peu visibles, enfin cela me permet d'exercer mon pouvoir. Il m'est agréable de savoir que j'en suis capable, que j'y excelle. Que ce soit mal ou que je risque de blesser mes victimes n'entre pas nécessairement en ligne de compte. Personne n'est jamais mort de mes entreprises. Je crois que certaines de mes victimes s'en sont à peine aperçues, ou alors sans plus de dérangement qu'une mouche bourdonnant dans leur oreille. Cela est vrai, par exemple, de l'une de mes expériences préférées, un triangle amoureux que j'avais élaboré entre Cass, Lucy et moi.

Je sortais avec Cass depuis un moment. Nous avions même envisagé la possibilité d'un engagement à long terme, mais j'ai fini par me désintéresser de notre couple. Pas lui. Il a veillé à rester en contact dans ce mode passif-agressif qui semble toujours ponctuer ma vie. Il allait être difficile à décourager, je l'ai senti. Aussi, j'ai cherché à le détourner de moi. L'occasion s'est présentée à une soirée durant laquelle les invités s'adonnaient à des jeux dont les gages étaient un baiser. Sitôt dans la pièce et séparé de moi par la foule, Cass a été abordé par l'une des joueuses, dont j'ai appris plus tard qu'elle s'appelait Lucy.

Elle avait une allure frappante, notamment à cause de sa ressemblance avec moi, ce qui m'a aussitôt donné envie de la démolir. J'ai rapidement échafaudé un plan d'action. Lucy s'était entichée de Cass, qui était entiché de moi, ce qui signifiait que j'avais un pouvoir inattendu sur elle. Sur mes instructions, Cass a entrepris de poursuivre Lucy de ses assiduités. De mon côté, j'ai enquêté sur elle, dénichant tout ce que je pouvais à son sujet auprès d'amis bienveillants. Ces recherches n'étaient pas seulement un moyen d'atteindre mon but, elles étaient aussi une source de plaisir en elles-mêmes. Il s'est avéré que Lucy et moi étions nées le même jour, à quelques heures d'écart. Cette information a nourri mon obsession avec un délice sans égal. Je me suis mise à envisager Lucy non pas juste comme une doublure, mais comme une extension de moi, une sorte de reflet mouvant. Nous partagions des intérêts et des exaspérations identiques, avions un mode de communication aussi distrait, formel et embarrassé l'une que l'autre. Pour moi, elle était mon alter ego, ce qui l'a bien sûr rendue excessivement passionnante à mes yeux.

« J'ai toujours su que **mon cœur**
est un peu plus noir et froid
que celui de la majorité des gens.
C'est peut-être pourquoi je suis
tellement tentée d'essayer
de **briser** celui des autres. »

Durant tout le temps où ils sont sortis ensemble, je me suis gardé Cass comme amant de rechange. Je l'incitais à prendre des rendez-vous avec Lucy, puis à les annuler pour rester avec moi. En général, il était complice, conscient que je me servais de lui pour faire du mal à ma rivale. Lorsqu'il avait des bouffées de culpabilité, je rompais et j'attendais qu'il recommence à prêter attention à Lucy dont je guettais la folle espérance qu'il ait enfin tourné la page avec moi, puis je le rappelais. Je lui ai même dit que nous étions faits l'un pour l'autre, rien que pour éprouver sa résolution. Je n'avais aucun respect pour lui.

À sa manière, Lucy ne valait pas mieux. Elle étalait sa vie privée, notamment auprès de personnes comme moi, susceptibles de lui nuire grâce aux informations qu'elle dispensait. J'avais l'impression qu'elle déraillait, émotionnellement parlant. On aurait cru à une mascarade. Comme un film de vampires caricatural où l'aimée/victime passe son temps à commettre des faux pas, se coupant avec des feuilles de papier, s'éraflant le genou en tombant ou s'entaillant le doigt en éminçant des oignons. Et si Lucy ne se confiait pas à moi, c'étaient ses amis bien intentionnés qui s'en chargeaient. Un vrai bonheur ! J'en arrivais même à me demander s'il n'y avait pas une entourloupe derrière tout cela, tant les choses tournaient à mon avantage.

Ce qui conservait son intérêt à l'aventure, c'est que j'aimais vraiment Lucy, que j'en étais même presque éprise. Son attitude résolument optimiste face aux vicissitudes de la vie la rendait fascinante. Pour un peu, j'aurais voulu être sincère envers elle, nouer une véritable amitié. Les enjeux psychologiques de notre relation étaient si nombreux, du moins à mes yeux, que même la plus banale des conversations m'exaltait. Rien que d'y repenser, j'en salive. Au bout d'un moment, d'ailleurs, je me suis mise à éviter Lucy. Elle s'était transformée en dessert trop sucré, douloureusement délicieux. J'en avais mal à l'estomac, si bien que j'ai amené Cass à rompre définitivement avec elle.

C'est à ce propos que j'affirme démolir les gens sans vraiment leur infliger de mal. Qu'avais-je fait à Lucy, finalement ? Rien. Son point de vue était le suivant : elle avait repéré un garçon et l'avait embrassé au cours d'une soirée. Elle l'appréciait, ils s'étaient revus quelquefois la semaine d'après, y compris en compagnie de sa drôle de copine (moi). Au bout de quelque temps, ça n'avait plus fonctionné. Fin. Je n'ai en rien entamé sa personnalité. Elle est aujourd'hui mariée, exerce un bon travail. Le pire que j'ai fait, c'est de fabriquer une histoire d'amour qu'elle a cru authentique alors qu'il s'agissait d'une mise en scène destinée à lui briser le cœur. C'est tout. Au demeurant, je ne me contente pas de manipuler les autres, je me manipule également. Je débloque avec mes propres émotions comme avec celles des autres. En vérité, quand je m'attelle à la démolition d'autrui, je concocte des fantasmes élaborés qui sont susceptibles de prendre vie ou pas. La seule perspective des possibles suffit souvent à me combler.

Un ami m'a suggéré d'élargir mes horizons émotionnels en prenant du MDMA, l'amphétamine à la base de l'ecstasy. Je lui ai répondu que c'était une idée intéressante, mais que je me manipulais déjà afin d'éprouver des sensations nouvelles grâce au cinéma, à la musique et à l'art, et que je ne pensais pas que la drogue aurait des résultats très différents.

J'adore la musique. Sans doute aucun, elle est aussi manipulatrice que le cinéma (ce dernier, à cause de la bande-son peut-être). Son unique but semble d'éveiller des émotions ou des sensations dans l'auditoire, pour peu qu'on se laisse prendre par l'expérience. J'ai découvert qu'elle constitue un bon moyen d'en apprendre sur les autres, qu'elle me permet de ressentir des émotions, à leur instar ou à celui du compositeur ou du parolier. Elle est comme une drogue, car elle me force à éprouver des choses différentes de l'habitude. Elle me permet d'accéder à une certaine forme de sensualité.

Quand je l'ai étudiée, au lycée, j'ai même apprécié d'être critiquée, de recevoir les avis détaillés des juges après une compétition. J'aimais que ces gens soient obligés de porter une attention méticuleuse tant à moi qu'à mes prestations. Qu'elles leur aient ou non plu n'avait presque pas d'importance.

Avec l'âge, la musique a joué un rôle différent, m'offrant un boulevard en termes de relations dépourvues de ruse ou d'artifice avec des musiciens. Les sons et les instruments sont les vecteurs de ces relations, ils remplacent les mots ou les expressions faciales. Jouer me procure un niveau de plaisir et d'enrichissement rarement atteint en d'autres occasions. Cela me donne aussi la possibilité d'éviter les mondanités avec des non-musiciens, puisque je peux m'installer au piano chaque fois qu'il y en a un. Je suis toujours soulagée d'en repérer un dans un hall d'hôtel ou un bar à l'ancienne.

En vérité, je déteste les bavardages. Je me fiche encore plus que n'importe qui des progrès de votre bébé de huit mois ou de votre dernier voyage au Colorado. Le pire étant que, quand je suis piégée dans une conversation polie, je me sens contrainte d'y exceller – sourire, acquiescer, sortir des anecdotes futées et des compliments. En revanche, avec la musique, je sais que l'impression que je produis au piano est beaucoup plus efficace que n'importe quelle jacasserie. Me tenir à l'écart d'une soirée est plus introspectif qu'anti-social. Il est parfois plus simple de séduire sans parler. La musique a quelque chose de mystificateur et d'attirant, en jouer en public est l'un des très rares actes égocentriques à être pris pour de la générosité.

Souvent, je voudrais pouvoir me borner à observer passivement les gens sans qu'ils attendent de moi que je participe, un peu comme si je regardais la télévision. Une activité récurrente d'ailleurs, sans discernement, justement pour cette possibilité de pouvoir observer. J'aime les univers clos et les intrigues conventionnelles des séries, d'autant que je n'ai rien d'autre à faire qu'à y assister sans y participer ni me soucier d'un enjeu personnel quelconque. J'ai plus de facilité à m'identifier aux personnages de film ou de livre qu'aux êtres humains réels. Au cinéma, on peut observer et analyser les individus sans être détecté. En littérature, on peut être à l'écoute de ses réflexions intérieures, prendre le temps de les méditer et les écouter de nouveau en cas de besoin. J'en ai plus appris sur l'humanité à travers les romans, le petit et le grand écran que dans la vraie vie. Et je l'ai également plus appréciée de cette manière.

Les gens croient à tort que les sociopathes n'éprouvent aucune émotion parce qu'ils sont incapables d'empathie. Personnellement, je n'ai jamais entendu parler d'un socio-pathe qui serait dénué de tout ressenti. J'estime, certes, que nos sentiments sont souvent superficiels et peu développés, voire infantiles ; mais combien de personnes connaissez-vous qui soient insensibles sans pour autant être sociopathes ? Et si je ne ressentais rien, comment réussirais-je à aussi bien imiter vos émotions ?

Au demeurant, que sont les émotions ? Elles dépendent en partie d'un contexte et proviennent aussi d'histoires qu'on se raconte à soi-même. Quand on a le cœur qui bat, cela peut tenir de la nervosité comme de l'excitation, selon l'interprétation qu'on aura donnée à la situation. De plus, certaines cultures connaissent des sentiments que d'autres n'ont pas nécessairement, la *saudade* nostalgique portugaise, par exemple, ou le déshonneur extrême japonais. Les émotions sont-elles de simples interprétations par le corps des réactions instinctives de lutte ou de fuite ? Ne sont-elles que des bouffées destinées à évacuer l'adrénaline dans laquelle nous voyons de l'anxiété ou l'endorphine que nous assimilons à de la satisfaction ou du plaisir ?

L'une des théories cherchant à expliquer pourquoi nous rêvons suggère que les songes sont le résultat du cerveau qui s'efforce d'interpréter des stimuli externes pendant le sommeil. Par exemple, si nous avons froid, nous rêvons que nous marchons dans la neige. Notre subconscient concocte une histoire expliquant ce que nous ressentons en dormant, il essaie désespérément de faire correspondre une information sensorielle incertaine et incomplète avec un scénario onirique qu'il s'invente. Nos émotions fonctionnent-elles de même ? Interprétons-nous juste des informations sensorielles, inventons-nous des explications soutenant les histoires que nous nous racontons à nous-mêmes ?

J'ai beau vouloir croire que tout le monde vit dans une illusion collective, je sais cependant que l'amour existe.

Dans son poème *Lara*, lord Byron dresse le portrait semi-autobiographique d'un comte comme suit :

> *De là, regardant froidement passer à ses pieds*
> *le reste des humains,*
> *Son sang coulait plus calme dans ses veines :*
> *Heureux s'il n'avait jamais été réchauffé*
> *par le crime !*

> *Heureux s'il avait toujours conservé cette*
> *lenteur glaciale !*
> *Il est vrai qu'il vivait comme tout le monde*
> *Et paraissait faire tout ce que faisaient*
> *les autres hommes*[1].

J'ai toujours su que mon cœur est un peu plus noir et froid que celui de la majorité des gens. C'est peut-être pourquoi je suis tellement tentée d'essayer de briser celui des autres.

---

1 *Lara*, XVIII, traduction de M. Benjamin Laroche, 1841.

8.
NE M'AIMEZ PAS

« Je me suis rendu compte
que j'avais passé les dernières années
de ma vie à ignorer un élément
vital qui me permettrait d'**accéder
à l'intimité des autres**. L'amour
était le talon d'Achille universel ;
je découvrais enfin qu'on pouvait
tuer à force de bonté. »

À dix-huit ans, j'ai participé à un échange étudiant au Brésil. J'ai découvert là-bas une approche nouvelle et captivante de l'amour. Il va de soi que j'envisageais ce dernier comme un exploit à accomplir, puisque c'est ainsi que j'appréhendais la moindre des choses. Du coup, mon apprentissage de l'amour a été celui de la séduction.

Le visionnage d'une ribambelle de films de série B à la télévision brésilienne m'a donné un aperçu grossier de ce qu'était l'amour. J'étais, bien sûr, une élève vive, et on peut pratiquement apprendre tout ce dont on a besoin sur le petit écran. L'amour n'est pas une escroquerie très difficile à maîtriser, il n'exige pas beaucoup de subtilité. Les gens en sont tellement avides que les ficelles de la manipulation basique fonctionnent : effleurements, vagues déclarations sensibles et dévouées, embrassades puissantes aussi passionnées dans la séparation que dans l'amorce. N'importe quel soap-opéra est susceptible de vous montrer que l'amour est, de par son évanescence, un véritable supplice. Sa nature le pousse à constamment changer d'aspect, à se condenser en gouttes de sueur sur une peau brûlante pour s'évaporer juste après, lourd de promesses de quelque chose de plus, de quelque chose de mieux, simplement parce que ça reste à venir.

Le Brésil était l'endroit idéal pour apprendre l'amour et les émotions. À mon arrivée, j'avais oublié – je n'avais jamais vraiment su – ce qu'était la tendresse. Les souvenirs des baisers que ma mère avait dû me donner dans mon enfance avaient été éclipsés par les sensations des coups de poing régulièrement échangés plus tard dans la cour de récréation. Ces coups avaient même été remplacés à l'adolescence par une quasi-absence de contacts. Je n'aimais pas les démonstrations de sensiblerie outrées, ni les embrassades maladroites mais insatiables de mes grands-parents m'attrapant pour me serrer dans leurs bras, ni les laides grimaces de colère ou de tristesse qui déformaient régulièrement les visages des membres de ma famille, ni leurs larmes naissantes au fil des diverses sagas engendrées par nos dysfonctionnements. J'avais alors l'impression d'être manipulée, presque martyrisée, comme si l'on me poussait à l'extrême bord d'un précipice affectif. Je ne sautais que rarement.

Telle était l'existence que j'avais laissée derrière moi. Mais, à des milliers de kilomètres de la maison, les sentiments passaient obligatoirement par des contacts physiques. Or, l'amour était génial, stimulant, et j'avais envie d'y jouer. Les Brésiliens s'embrassaient et s'enlaçaient chaque fois qu'ils se rencontraient ou prenaient congé. Ils surfaient sur leurs émotions comme si elles étaient à la fois tout et rien, feignaient tour à tour la compassion offensée et la douleur passionnée. Leurs hanches étaient possédées par le sexe : à l'époque, une danse populaire dans les boîtes de nuit de Rio consistait, qu'on soit homme ou femme, à tournoyer autour d'une bouteille placée sur le sol. C'était d'une sensualité échevelée, comme toute l'existence là-bas. Je n'avais pas été préparée à voir des enfants de trois ans danser la samba au milieu de la rue un après-midi de semaine.

Les Brésiliens étaient splendides ou affreux de façon assez intéressante. Les jeunes étaient minces, souples et luisants, couleur miel ou café noir. Les vieux et les infirmes étaient terriblement maigres, avaient les membres et les reins secs au point d'évoquer du bois pétrifié. Chaque visage croisé arborait un sourire, une esquisse de sourire ou le souvenir d'un sourire. Sur fond d'un désespoir aussi apparent et d'une misère aussi abjecte, il était impossible de ne pas être frappé par la sensualité de leur mode de vie, sensualité qui n'existe tout bonnement pas aux États-Unis. Les corps, la substance des corps, saturaient l'atmosphère à un point tel qu'on avait parfois l'impression de vivre dans un fantasme baroque, si ce n'est que des tonnes de ciment répandu au petit bonheur la chance remplaçaient le marbre italien, et des inconnus à demi nus copulant dans la rue, sainte Thérèse en extase. C'était un miracle que les habitants pleurent, rient, hurlent ou chantent à l'unisson toute la journée.

Ma sensation de liberté, en dehors de ne devoir rendre de comptes à presque personne, tenait à cette immersion dans une culture pleine d'ambiguïtés. Il n'y avait ni blancs ni noirs, mais des métissages de tant de peuples remontant sur tellement de générations qu'il était impossible de les définir. Je croisais de nombreux transgenres qui défiaient les normes et conventions sexuelles dont j'avais été si longtemps prisonnière. Certains avaient un pénis et des seins ; d'autres, rien du tout. Avoir l'un ou l'autre de ces attributs n'était pas une condition pour être humain. Ambivalente quant à mon genre, j'éprouvais un sentiment de familiarité avec ces personnes. Elles m'ouvraient des possibilités que je n'avais pas envisagées jusqu'alors.

Je n'avais jamais vu pareil échantillon d'humanité, ce qui m'a poussée à m'intéresser différemment aux gens. Les Brésiliens étaient beaucoup plus que des miroirs devant lesquels je pouvais essayer diverses personnalités, à l'instar de ce que je faisais chez moi. Ils m'étaient tellement étrangers, abordaient l'existence avec un tel exotisme et avaient des comportements si étranges qu'ils m'ont obligée à délaisser l'idée paresseuse et naïve selon laquelle j'avais d'ores et déjà appris des autres tout ce qu'il y avait à apprendre.

Ils représentaient une espèce à part entière, et j'étais une scientifique en mission cherchant à dévoiler leurs mystères. Les personnes les plus belles étaient toujours celles qui semblaient les plus heureuses et les plus satisfaites de leur existence. Les plus attirantes trimballaient partout avec elles une bonne dose d'humour et de bienveillance qui allégeait et réjouissait l'atmosphère. Je souhaitais devenir pareille.

Je comprenais tout, je m'entraînais beaucoup. Me trouvant en compagnie de gens que je ne recroiserais jamais, il m'était possible d'agir à ma guise sans me soucier d'éventuelles conséquences. C'est pourquoi les étudiants américains à l'étranger sont souvent appréciés (les filles) et détestés (les garçons). Personne n'était en mesure de m'en vouloir. Jeune et sans attaches, on attendait de moi, dans cette *cultura de ficar*[1], que je partage mon corps en une communion charnelle, célébration de la sexualité, de la sensualité et de l'intimité. En fin de soirée, les couples se formaient et échangeaient d'intenses baisers. Ces pratiques m'ont enseigné des tas de choses : sucer la langue de quelqu'un, le laisser lécher et sucer la mienne, taquiner son palais jusqu'à l'extase. Le baiser devenait une conversation. C'était gentiment poli ou joyeusement badin ; à d'autres instants, on avait le sentiment d'établir une relation intime avec l'autre, de le pénétrer autant que possible.

J'appréhendais l'amour comme une matière à dominer, à l'instar de mes progrès en portugais. Comme je m'améliorais dans la langue, je franchissais les étapes et relevais avec bonheur les défis de la séduction. Je me rendais dans des discothèques avec des objectifs clairs en tête. Je m'entraînais à me rapprocher le plus d'un individu sans prononcer un seul mot, à le frustrer sexuellement sans le toucher. Mes proies étaient des lycéens ou des étudiants étrangers repus, des hommes âgés et des travestis.

Mon premier baiser, je l'ai échangé avec une drag-queen. L'homme était magnifique, doté d'un corps que les paillettes et la peinture coloraient en bronze. Il portait une cuirasse dorée ouvragée et un string, ses longs cheveux noirs étaient ornés de plumes et de bijoux aux couleurs criardes. Il m'a été naturel de vouloir effleurer ses lèvres rouges, de céder à l'attraction de son arrogance de paon – tout dans cette créature m'invitait à m'emparer d'elle.

---

1 Référence à la pratique répandue au Brésil de se montrer affectueux en public et de nouer rapidement des liens intimes (portugais).

C'était comme de remporter un prix ou un trophée aussi peu banal que moi.

De ma vie, je n'avais rencontré d'homme aussi merveilleusement paré. Je l'imaginais dans un minuscule appartement vieillot en train d'orchestrer avec soin son apparition, mettant chaque strass à sa place exacte, appliquant chaque couche de fard de façon à ce qu'elle rehausse la précédente. Mon attirance ne devait rien à sa masculinité ou féminité – c'était l'attention qu'il portait à sa beauté qui incitait à l'admiration. Il émanait de lui un courage insondable que je respectais, mêlé à une vulnérabilité palpable que je désirais exploiter.

Il se pouvait aussi que je lui envie son aptitude à admettre son originalité et à l'exposer aux yeux de tous ou à se connaître assez bien pour y parvenir. Personnellement, je n'étais pas parvenue à cette appropriation de moi-même. Pas encore du moins. À l'extérieur, j'étais toute assurance et ouverture au monde ; à l'intérieur, j'étais vindicative, seule et incapable de nouer des liens avec le monde. Je mourais d'envie d'être bonne, ne réussissais qu'à en afficher l'apparence en me comportant mal. Je ne connaissais qu'un mode de vie : la dissimulation et l'intrusion. Aussi, en embrassant cet homme, j'ai l'espace d'un instant capturé ses efforts sincères, sa beauté authentique, fantasme qui se concrétisait dans cet être. Je voulais goûter ses bonnes intentions et son énergie positive, m'en rassasier.

Cette conquête n'avait pas à durer. Je n'aspirais qu'à un moment avec lui, histoire d'avoir l'impression de le comprendre et de le posséder physiquement. S'il était tombé raide mort à la minute où nous avons cessé de nous embrasser, ça n'aurait eu aucune importance pour moi. Si un gang d'adolescents avait surgi cette nuit-là pour le frapper au bas-ventre et lui trancher la gorge, j'aurais assisté à l'agression afin de me repaître de cette violence. Si je n'avais pas été une jeune fille ayant un avenir à perdre, j'aurais même pu me joindre aux voyous afin d'éprouver moi aussi le plaisir des os craquant et des muscles se meurtrissant sous l'effet de mes coups, ces mêmes parties de son corps que je venais de caresser.

Après cette première expérience physique, je suis passée à d'autres inconnus afin d'utiliser ce que j'avais appris pour plus tard pratiquer l'amour sensible avec mes connaissances. À l'époque, je ne pouvais même pas échanger un baiser sans le transformer en une sorte de performance destinée à gagner en pouvoir sur les autres. Rappelez-vous que je n'étais qu'un animal calculateur et sans pitié.

J'ai depuis réalisé que l'amour et le sexe ont tout à voir avec cette énergie positive que j'avais admirée et essayé d'appréhender chez ma drag-queen. Tout ce que j'avais pu lire, entendre ou voir (en particulier dans les soap-opéras et autres films que je regardais au quotidien) me disait que l'amour était intrinsèquement bon, qu'il donnait de la valeur à tout, qu'il était la plus belle chose au monde. Quant au sexe, bien qu'il ait été jusqu'alors sale dans mon esprit, je comprenais désormais qu'il était une part incontournable de l'amour. Il n'était pas juste le fait de pervers ou de machos, mais un moyen de nouer des liens uniques. Et l'ensemble des deux, ô merveille, menait à un pouvoir exaltant, délicieux et euphorique – domaine pour lequel j'étais particulièrement douée. Ainsi formulé, le plaisir que je retirais de la manipulation et de l'exploitation d'autrui – qui donnent un sens à ma vie – pouvait être inscrit dans une histoire d'amour. Y avait-il plus rédempteur et humain ?

Cela a été une découverte stupéfiante. Je me suis rendu compte que j'avais passé les dernières années de ma vie à ignorer un élément vital qui me permettrait d'accéder à l'intimité des autres. L'amour était le talon d'Achille universel ; je découvrais enfin qu'on pouvait tuer à force de bonté. Les gens ont une telle soif d'amour. Leur envie de contacts et de reconnaissance les tue à petit feu. J'ai appris que devenir la drogue d'une personne procurait une immense satisfaction.

« Plus j'allais loin avec mes **objets** amoureux, plus leur bonheur quotidien dépendait de moi, plus je m'enivrais de pouvoir. C'était moi qui éveillais leurs sourires et soupirs, comme si **j'avais façonné** leurs humeurs dans de l'argile. **Moi ! Moi ! Moi !** »

Je suis moi aussi devenue accro à l'amour. J'adorais être adorée ; j'adorais admirer. Je ne saisissais pas pourquoi les gens n'ouvraient pas leur cœur en grand et ne braillaient pas des déclarations enflammées dans la rue, pourquoi ils n'écrivaient pas des pages et des pages de lettres sentimentales tous les jours. C'était si facile. Cela ne me coûtait rien, tout en m'apportant un plaisir intense. Plus j'allais loin avec mes objets amoureux, plus leur bonheur quotidien dépendait de moi, plus je m'enivrais de pouvoir. C'était moi qui éveillais leurs sourires et soupirs, comme si j'avais façonné leurs humeurs dans de l'argile. Moi ! Moi ! Moi ! Rien que d'y penser, j'atteignais le nirvana.

Je me suis aperçue qu'il était possible d'aimer tout un chacun sans exception et de devenir leur raison de vivre, le temps d'une soirée, d'une semaine ou d'un mois. On avait plus de pouvoir sur une personne par le biais de l'amour que par d'autres moyens, mais surtout on avait accès à davantage de ses facettes. Les boutons et les manettes se multipliaient, offrant des modalités infinies. J'étais en mesure d'apporter soulagement ou chagrin selon mes seuls désirs. Je trompais et manipulais sans vergogne.

Dès mon retour aux États-Unis, j'ai tout oublié de mes amours brésiliennes. J'avais plusieurs choses à régler et je ne voulais pas que ce que j'avais appris durant mon échange soit corrompu par une sensibilité américaine complètement différente. Je souhaitais étendre et approfondir mes expériences, y compris en essayant de nouer des relations avec mon entourage.

Je me suis rendu compte que, jusqu'alors, je m'étais aveuglée. Je m'étais inconsciemment refusé le plaisir de plonger dans l'intimité affective d'autrui et de m'en gaver. Pourquoi avais-je cru qu'il suffisait d'amener les gens à faire ce que je voulais quand je pouvais les amener à *désirer* le faire ? À présent que j'avais les yeux et l'esprit ouverts, je n'avais plus envie de les refermer. L'amour était un nouvel outil à ajouter à la longue liste de jeux où je tenais à exceller au point que les autres en crèvent de jalousie.

J e suis devenue plutôt bonne à ce jeu-là. Cependant, de retour dans mon pays, il ne m'était pas possible de fourrer ma langue dans la bouche du premier venu, d'autant que j'étais inscrite dans une université au règlement très strict en la matière. Le bon côté de la situation, toutefois, c'était que les étudiants étaient si avides de sexualité qu'ils en devenaient presque trop faciles à piéger, surtout les garçons.

Je me souviens d'un rendez-vous avec l'un d'eux, particulièrement innocent. Le joueur de football américain type, aux grandes dents blanches régulières, fossette au menton et blondeur ébouriffée éclaircie par le soleil. Après une séance de cinéma, nous sommes restés longtemps dans ma voiture, parce qu'il désirait que je l'invite à monter chez moi histoire d'accéder à mon corps (ma poitrine, notamment). Le couvre-feu imposé par la fac était passé depuis un moment, certains codes moraux avaient été également enfreints. Ce garçon ne m'intéressait pas du tout. Il m'avait suffi d'un quart d'heure pour deviner que je le tenais. Aussi, le trajet ensemble n'était qu'une occasion de l'observer et de rassembler des informations à utiliser plus tard. Je chassais, et il était une gazelle trop affaiblie pour représenter un véritable défi.

Assise à côté de lui, je me suis interrogée sur ses fantasmes sous la douche, le genre de filles qu'il avait déjà embrassées. Il était presque trop générique, comme s'il avait joué le rôle du jeune homme maladroit dans un feuilleton familial. Ces gens-là vous poussent toujours à vous demander s'ils ont vraiment une vie intérieure ou si l'étendue de leur conscience s'arrête là où les scénaristes de télévision éteignent les lumières de leur bureau et rentrent à la maison.

Je le mettais mal à l'aise. Il ne comprenait pas pourquoi j'avais une telle confiance en moi, ni pourquoi je l'attirais autant. À la surface, je n'avais rien de spécial. Je n'étais ni sublime ni populaire. J'étais même suffisamment bizarre pour que les doutes l'assaillent et qu'il tente de décider si je méritais d'être considérée comme une fille qui en valait la peine.

Avec sa beauté stéréotypée, il aurait pu obtenir l'attention et l'affection de n'importe quelle blonde qui aurait été son double féminin. Qu'il se sente aussi désarmé par moi le fragilisait beaucoup.

Comme plus tard avec l'avocate associée Jane, j'aurais pu, à dix-neuf ans, m'offrir ce footballeur si je l'avais souhaité. L'amener à faire mes devoirs à ma place, à m'acheter des choses, à m'épouser. Sauf que je ne voulais pas de lui. Ce soir-là, devant mon appartement, après l'avoir patiemment ménagé, j'ai commencé à désirer qu'il quitte ma voiture pour pouvoir aller dormir. Par la suite, il a essayé de me recontacter à de nombreuses reprises, mais il avait loupé le coche. Je l'avais effacé de ma mémoire avant même la fin de cette fameuse nuit.

C'est le problème quand on joue le jeu de la séduction juste pour le plaisir. On charme sa victime en toute innocence, on apprécie même ses attentions et son affection pendant un moment, puis tout à coup, on est prêt à passer à autre chose et on se retrouve avec sur les bras un crétin entiché et dépendant au point d'avoir du mal à survivre sans vous.

Personnellement, lorsque j'entreprends de charmer une personne, je romps sitôt que je sais avoir gagné. L'idée est de traiter ça comme un concours de pêche : tout le plaisir est d'attraper le poisson, pas de le vider, de le nettoyer et de le cuisiner. Il est préférable de le rejeter à l'eau, quitte à ce qu'il se fasse attraper une prochaine fois.

Je m'efforce de cultiver une personnalité qui facilite mon œuvre de séduction. Si les gens sont attirés par mon assurance, ce qui les accroche vraiment, c'est que je ne ressemble à personne, que je suis délicieusement exotique. Mon accent est indéfinissable. J'ai la peau un peu foncée, mais pas assez pour qu'on me pense venue d'ailleurs. Ma nature me pousse à m'habiller de façon androgyne, mais comme je ne tiens pas à ce que mes vêtements reflètent mon caractère de trop près, je les choisis rarement moi-même. Résultat, je porte souvent des robes flottantes et des talons hauts qui correspondent plus aux goûts de mon amie, une femme avant-gardiste qui sélectionne mes tenues. Sous mes vêtements, il est évident que j'ai un corps ferme, voire musculeux. J'ai une très jolie poitrine. J'ai toujours été sensible à la beauté des choses, corps et visages, des nombres et paysages. Le plaisir est primordial à mes yeux, aussi je passe mon temps à en chercher des sources nouvelles. Celui de la conquête amoureuse repose à la fois sur la satisfaction physique et le défi mental que représente la perspective d'occuper entièrement l'esprit de quelqu'un jusqu'à ce qu'il devienne mien, comme un squat. Le seul danger qui puisse se produire, c'est que l'esprit en question provoque plus de soucis qu'il ne le mérite de prime abord.

Ainsi, quand j'ai rencontré Morgan, je ne me doutais pas qu'elle m'attirerait autant d'ennuis. Nous avions le même nom de famille, ce qui a suscité mon intérêt à 90 % : l'idée m'amusait de faire l'amour avec moi-même. Elle était avocate senior dans un cabinet où je débutais. Son talent de plaideur, à condition de ne pas avoir à en faire les frais, était plutôt sexy.

Notre première véritable conversation a eu lieu un vendredi après-midi, alors que nous quittions toutes les deux le bureau un peu trop tôt. Chacune prenait l'autre la main dans le sac sans pouvoir la dénoncer sous peine de s'accuser. Nous avons pris l'ascenseur ensemble, arpenté un labyrinthe de couloirs pendant cinq minutes et gagné le garage. Comme je l'admirais, j'étais un peu nerveuse. Nous avons échangé quelques propos sans importance. Mes inquiétudes se sont cependant révélées vaines, car elle s'est aussitôt mise à me déballer sa vie tandis que je me contentais de l'écouter. L'efficacité de l'écoute par rapport aux autres outils de séduction est proprement stupéfiante. Sur le moment, elle ne m'a posé aucun problème, car l'existence de Morgan était alléchante au sens où elle nourrissait mes aspirations personnelles à découvrir les vulnérabilités de tout un chacun – relations de maltraitance, délits, troubles identitaires, etc.

L'engouement n'a pas tardé à devenir réciproque. Le mien était fermement enraciné dans mon narcissisme et mon désir d'exploiter les faiblesses d'une personne qui m'avait d'abord éblouie ; le sien tenait à son apparente attirance pour les gens susceptibles de prendre plaisir à la faire souffrir. Je n'ai jamais connu quelqu'un réagissant aussi vivement à moi que Morgan. Son attachement de plus en plus fort a même modifié son apparence. Sa mâchoire a perdu de sa fermeté, ses yeux bruns qui, auparavant, soutenaient mon regard l'évitaient désormais, fuyaient de tous côtés, hésitant à se poser trop longtemps sur quoi que ce soit. Je crois même que ses cheveux ont commencé à tomber.

Cette métamorphose m'a paru ahurissante, car profession-nellement, Morgan avait tout d'une femme déterminée et confiante ; elle affrontait les juges, les jurés et quelques confrères réputés pour leur dureté avec une morgue authentique. Elle détenait un pouvoir sur les autres dont je souhaitais obtenir des miettes, notamment ce respect gagné haut la main que je désirais égaler. Au début, j'ai joui de l'influence que j'avais sur elle. J'atteignais l'orgasme dès que je notais une fêlure dans sa voix ou qu'une phrase absurde s'échappait de ses lèvres. Dans ces instants, j'avais le souffle court, les paupières à demi closes. Le plaisir que me procurait son malaise était viscéral, ma langue caressait d'instinct les pointes de mes dents. Je crois bien m'être laissée un peu emporter par mon élan, sur ce coup-là.

Morgan ne s'en est pas remise. Je gagnais avec une longueur d'avance trop importante pour que la partie continue de l'inté-resser. J'ai tenté d'alléger ses angoisses comme on essaie d'apaiser un animal ou un enfant excité – mouvements lents, explications, réassurances –, autant d'attitudes empreintes d'une certaine dose de condescendance. J'ai fourni de réels efforts pour lui faire honte d'avoir peur d'une petite chose innocente comme moi. Bref, Morgan m'a occasionné bien du boulot. J'ai cependant aggravé la situation en exprimant ma répulsion devant son manque de courage et sa lâcheté. Un après-midi, elle a annulé un dîner, juste à cause de la nervosité que je lui inspirais, ai-je deviné. Assise dans son bureau, je l'ai toisée sans mot dire, incarnation du jugement, incapable de me contraindre à la libérer. Entretenir son masochisme était bien trop exquis. Mais j'ai poussé trop loin la tactique de la honte, et elle a cessé de m'adresser la parole. Je ne me souviens plus de mes paroles ayant mis un terme à notre liaison. Peut-être ai-je sous-entendu qu'elle ne me méritait pas ou me suis-je moquée de sa vilaine peau. J'étais réellement surprise qu'elle veuille rompre. Je n'aurais pas dû l'être. Sans m'en rendre compte, je l'avais amenée à préférer me quitter plutôt que souffrir avec moi.

Consciente que je n'avais plus qu'une chance de récupérer Morgan, j'ai laissé les choses se calmer durant un ou deux mois avant de lui expédier un courriel – apparemment sincère, carrément mensonger –, où je lui confessais mon amour et lui présentais mes excuses. Je veillais à ce que ces dernières soient abondantes mais vagues, de façon à ce qu'elle les applique à tout ce qu'elle estimait être un tort que je lui aurais porté. Mes déclarations enflammées dégoulinaient de bons sentiments. Je listais ce que j'admirais en elle, ou plutôt ce qu'elle espérait que j'admirais. Je ne manquais pas de mentionner mes propres « vulnérabilités », de préciser que je pensais à elle tous les jours – c'était vrai, certes, mais comme à un objet perdu qu'il me fallait recouvrer. Je répétais à plusieurs reprises que je l'avais aimée, l'usage du passé visant à l'amener à regretter d'avoir éveillé des émotions qu'elle avait ignorées. Rien n'est plus horrible que l'amour perdu, et rares sont les motivations plus fortes que celles poussant à le retrouver. Parce qu'elle n'avait pas su que je l'aimais – et je ne l'aimais pas –, elle n'avait pas pu savourer mon attachement. À la fin de mon message, je balançais de fausses récriminations donnant l'illusion de ma fragilité (je me sentais abandonnée, détruite par cette défection) avant de suggérer que tout changerait si nous reprenions nos relations – en précisant néanmoins que je n'avais aucune raison de croire ou d'espérer que nous le ferions. En gros, un courriel très efficace.

« Personnellement, lorsque j'entreprends de **charmer une personne,** je romps sitôt que je sais avoir gagné. L'idée est de traiter ça comme un concours de pêche : tout le plaisir est d'**attraper le poisson,** pas de le vider, de le nettoyer et de le cuisiner. **»**

Quelques semaines plus tard, elle a réagi. Mon e-mail lui était parvenu alors qu'elle était en vacances sur une île ensoleillée avec une nouvelle petite amie, ce qui avait donné lieu à une conversation ayant précipité une querelle, puis une rupture. J'ai donc eu la satisfaction de découvrir que penser à moi empoisonnait l'existence de Morgan alors même qu'elle était allongée sur la plage en compagnie de sa maîtresse. À son retour, nous nous sommes rabibochées. Sa faiblesse destructrice ne l'avait pas désertée ; elle semblait au contraire avoir augmenté de façon exponentielle. Morgan voulait que je lui inflige toujours plus de mal. Comme elle me dégoûtait et que je tenais à assouvir ses désirs, je n'étais que trop heureuse d'obtempérer.

Au bout de plusieurs mois, nos liens se sont distendus. Morgan a démissionné ou a été renvoyée de son poste et elle a plongé dans l'abîme des troubles alimentaires et de la drogue. La rapidité de sa chute m'a véritablement choquée. Il est miraculeux qu'elle soit encore vivante. Cependant, je ne saurais être tenue pour responsable de sa chute. Il était en effet inévitable, vu son désir profond d'être violentée. Elle a tenté de se tuer tant de fois qu'elle aurait dû y parvenir si elle l'avait voulu pour de bon. Il faut croire que mourir lui aurait fait perdre des occasions de souffrir ; c'est la perspective d'expérimenter de nouvelles formes de chagrin qui la maintient en vie. J'estime avoir positivé notre relation pour chacune de nous deux : elle souhaitait avoir mal, j'aimais faire mal, et la voir tomber dans une dépravation de plus en plus grande. Je n'ai été rassasiée que lorsqu'elle a touché le fond.

Il m'arrive de la voir de temps en temps, mais le plaisir de la chasse s'est évanoui depuis longtemps. Bien sûr, je ne l'ai jamais aimée, alors qu'elle m'aime à sa manière tordue. Je l'ai incitée à croire que je comprenais les besoins et les désirs que, tant par crainte que par honte, elle cachait à tous ; que je l'appréhendais dans sa totalité sans avoir peur de ce que j'y découvrais. Ce qui était vrai. Les gens vous conseillent toujours de ne pas confondre sexe et amour ; à mon avis, ils devraient plutôt veiller à ne pas confondre amour et compréhension. Je peux déchiffrer votre âme dans ses moindres détails, m'absorber dans l'observation de ces derniers jusqu'à ce que j'en aie saisi toutes les nuances. Mais une fois que j'en ai terminé, je jette le tout comme s'il s'agissait d'un vieux journal en secouant la tête parce que son encre a taché mes doigts. Si mon désir de connaître tout ce qui vous constitue est authentique, il ne s'agit pas pour autant d'amour, mais d'intérêt. Je ne promets d'ailleurs rien de durable, nulle éternité. Ou, si c'est le cas, vous avez drôlement tort de vous fier à ma parole.

L'une des manifestations de ma sociopathie est mon ambivalence à l'égard de l'identité et des orientations sexuelles. Nous sommes tous étonnamment influençables et très souples en ce qui concerne la conscience de notre moi. N'ayant pas de représentation rigide de nous-mêmes ou du monde, nous ne respectons pas les règles sociales, sommes dénués de boussole morale et avons une notion très élastique du bien et du mal. Nous pouvons aussi modeler notre image et savons discourir en vue de charmer. Nous n'avons aucune position arrêtée sur quoi que ce soit et rien de ce qui pourrait être considéré comme des convictions. Cela s'applique à notre sexualité également, dans certaines limites du moins.

L'asexualité ou l'ambiguïté sexuelle sont des symptômes que repèrent de nombreuses évaluations de la sociopathie. Ainsi, Cleckley souligne des pratiques intimes « impersonnelles, insignifiantes et peu intégrées ». J'avoue que cette description me correspond fort bien. Ce qui ne me dérange pas du tout.

Une amie soutient que l'un des aspects les plus déplaisants de mes valeurs religieuses est l'interdit des relations sexuelles avant le mariage. Je me débrouille pour m'adonner à de nombreuses activités sensuelles, mais elle s'inquiète que je sois frustrée de la distraction et du plaisir qu'apporte le sexe. Il s'agit cependant d'une personne très sensible, ce que je ne suis pas. Je ne peux m'empêcher de penser que la composante émotionnelle de ses propres pratiques est ce qui les rend aussi formidables, alors que les liens sensibles que je parviens à nouer en cas d'intimité physique sont à peu près équivalents à ceux que j'éprouve quand je me gave de malbouffe (les hamburgers, c'est bien aussi !). Cela est aussi vrai de mes liaisons sérieuses. M'envoyer en l'air avec quelqu'un est plutôt agréable, mais l'exercice n'a sentimentalement rien de comparable avec ce que vivent les autres et il ne mène jamais aux larmes (chez moi, s'entend). C'est la raison pour laquelle la séduction passe, à mes yeux, avant tout par la chasse plutôt que par l'accomplissement de l'acte.

Mes partenaires sexuels – pour peu qu'on puisse les nommer ainsi – sont parfois désarçonnés par mon détachement. Je suis parfaitement à l'aise avec mon corps, ce qui choque et envoûte bien des gens. Je m'efforce de brider ma témérité, mais ma nonchalance envers les choses comme la pornographie doit sembler inhabituelle, puisque je ne suis ni une adolescente idiote, ni une effeuilleuse camée jusqu'à l'os. Encore une fois, j'ai toujours entretenu de meilleures relations avec les personnes n'ayant rien à perdre. Dès lors qu'il devient évident que j'ignore la honte et n'éprouve pas de sensibilité particulière face à l'intimité physique, j'imagine que je passe pour une perturbée, à l'instar des ados, des strip-teaseuses ou des femmes en proie à des problèmes sexuels ou ayant été maltraitées. Par ailleurs, on doit s'attendre à ce que mes convictions religieuses me fassent envisager le sexe comme une communion des âmes plutôt que comme un contact des corps.

Mon attitude désinvolte envers la sexualité s'étend à mes choix en matière de partenaires. Je n'ai pas toujours été attirée par les femmes. Si, jeune, j'étais ouverte à tout et portée sur les personnalités fortes ou originales, je n'avais pas d'inclination pour les filles. Adulte, en revanche, je me suis rendu compte qu'élargir mes horizons me procurait énormément de plaisir et que cela n'avait pas de sens de faire des distinctions en fonction de l'équipement avec lesquels les gens venaient au monde. Je me suis exercée. J'ai commencé à intégrer des femmes dans mes fantasmes, à les substituer aux hommes, toujours plus, jusqu'à réussir à me faire des films entièrement lesbiens. À présent, les tendances homosexuelles sont une seconde nature chez moi, et je suis très contente d'avoir ainsi agrandi le domaine de mes possibilités.

En tant que sociopathe, je n'ai pas d'identité sexuelle définie. Même le terme « bisexuelle » ne me convient pas, dans la mesure où il suppose une espèce de préférence. Je crois que la formule « égalité des chances » est plus adaptée, puisque je ne vois aucune raison de pratiquer une quelconque discrimination entre les genres. Du reste, j'aime à imaginer les sociopathes comme les bonobos de la race humaine – ces chimpanzés aux pratiques sexuelles fréquentes, faciles et hygiéniques. Il me semble que l'ambiguïté sexuelle est l'un des meilleurs traits d'identification de la sociopathie.

Aux débuts de son identification comme trouble psychologique, la sociopathie était associée à l'homosexualité et autres comportements sexuels « anormaux ». La version originale du *Manuel diagnostique et statistique des troubles mentaux* de l'Association américaine de psychiatrie publiée en 1952 listait l'homosexualité comme trouble de la personnalité sociopathe. La deuxième édition a abandonné le lien entre les deux, et la troisième a entièrement retiré toute assimilation entre homosexualité et trouble mental.

Dans les dernières versions de son ouvrage, Cleckley a déploré cette confusion initiale et avancé que les tendances homosexuelles, « bien qu'elles puissent être présentes chez les psychopathes, ne sont pas assez récurrentes pour être considérées comme caractéristiques ». Toutefois, il mentionne également que « le véritable homosexuel cherchant un exutoire à ses pulsions a rarement des difficultés à amener le psychopathe à participer à ses activités déviantes, en échange de récompenses insignifiantes ou pour le simple plaisir ». Cleckley narre plusieurs histoires de sociopathes s'adonnant à l'homosexualité, comme celle d'Anna ou d'un riche et jeune héritier pour qui « l'idée qu'il puisse être homosexuel était complètement absurde » :

> *Bien que dénué de pulsion persistante ou violente dans ce domaine, le patient, sans apparemment y avoir réfléchi au préalable, s'est mis en tête de ramasser quatre nègres qui travaillaient dans les champs, non loin de*

sa résidence. Dans une localité où le Ku Klux Klan (et ses exactions) était à l'époque fort populaire, ce jeune homme intelligent et à certains égards distingué n'a eu aucun scrupule à arracher ces ouvriers sales à leur labeur, à les enfermer à l'arrière d'une camionnette et à les mener dans un célèbre lieu de rencontres illégitimes. Là-bas, des cabanes étaient disposées de manière à ce que les femmes qu'amenaient certains hommes pour d'évidentes raisons aient la possibilité d'y entrer sans risquer l'embarras d'être identifiées par la direction. Un soupçon s'est cependant emparé du gérant, qui a surpris le patient en train de pratiquer des fellations à ses quatre compagnons. Il s'était en effet choisi ce rôle.

Pris sur le fait, le jeune homme s'est esclaffé en disant : « Que voulez-vous ? On ne changera jamais les garçons. »

Bien que l'ambiguïté sexuelle ne soit pas mentionnée dans la liste des critères de diagnostic de la sociopathie, je trouve qu'il s'agit d'un révélateur bien plus fort que d'autres traits universellement admis. J'ai croisé beaucoup de sociopathes comme moi, tant en personne qu'à travers mon blog, et tous semblaient avoir des pratiques avec les deux sexes. Anciens taulards anarchistes acquittés sur un point de droit, machos noirs mariés, aventuriers asiatiques sans scrupule, collègues universitaires, soldats sans ressources : je n'ai aucun souvenir de sociopathes niant avoir eu des relations homosexuelles. Cela m'amène à penser qu'il s'agit de l'une des caractéristiques les plus courantes de notre trouble. Je m'y fie d'ailleurs plus qu'à n'importe quel autre pour établir mes propres diagnostics en cas de besoin.

« J'estime avoir positivé notre relation pour chacune de nous deux : elle souhaitait avoir mal, **j'aimais faire mal**, et la voir tomber dans une dépravation de plus en plus grande. Je n'ai été rassasiée que lorsqu'elle a touché le fond. **»**

Bizarrement, de nombreux aspirants sociopathes fréquentent mon blog. J'imagine que c'est parce que nous sommes décrits comme impitoyables, efficaces et puissants – autant d'attributs enviés par énormément de gens, tant ordinaires que déviants. Parfois, ces visiteurs me demandent de leur dire si, à mon avis, ils sont sociopathes. Souvent, je tâte le terrain de leur sexualité. Je les taquine un peu. Je m'enquiers du nombre de partenaires du même sexe qu'ils ont eus, comme si j'espérais ainsi les offenser. S'ils réagissent en chochottes ou se montrent sur la défensive, je liste alors les autres indices susceptibles de prouver qu'ils sont atteints. Un sociopathe ordinaire ne sera pas blessé d'être défié sur le terrain de sa masculinité ou féminité, puisqu'il n'est pas spécialement respectueux des normes culturelles marquant des frontières bien déterminées entre les genres.

La bisexualité, bien que rarement mentionnée dans la littérature clinique, est un trait fréquent des sociopathes dans la fiction. Le (très) talentueux M. Ripley est bisexuel, de même que le Joker de *Batman* (cela varie selon les auteurs). Dans la réalité, les amants bisexuels Leopold et Loeb se sont rendus célèbres en tentant de mettre en pratique le concept nietzschéen du surhomme, commettant pour cela le meurtre gratuit d'un jeune garçon sans autre raison que de prouver leur supériorité, triste fait divers immortalisé par le film de Hitchcock, *La Corde*. Les descriptions littéraires des vampires, ces sociopathes allégoriques, font souvent allusion à leur ouverture en matière de sexualité, les vampires lesbiennes étant si banales qu'elles constituent presque la règle.

Sir Laurence Olivier est un exemple intéressant de célébrité dont la vie sexuelle paraît correspondre au moule sociopathe. Bien que marié trois fois, il a eu de nombreux amants. L'un d'eux a expliqué : « Pareil à une page blanche, il sera celui que vous voulez qu'il soit. Il attendra que vous lui donniez un indice, puis s'efforcera d'incarner ce personnage. » Olivier n'était peut-être pas sociopathe, mais il illustre bien comment quelqu'un n'ayant qu'une faible conscience de son moi, et entièrement versé à imiter les autres avec une exactitude époustouflante, peut avoir une identité sexuelle vague.

Il m'a donc été facile d'avoir envie de séduire Morgan, qui me ressemblait assez pour avoir tout d'un rôle que j'aurais joué dans une autre vie. Cependant, j'ai beau m'aimer, il ne me serait jamais venu à l'esprit de l'aimer, elle. Morgan n'a été qu'une cible. Pour moi, la séduction consiste à me remémorer que je suis désirable, pas à collectionner les conquêtes ; elle nourrit l'amour que je me porte.

J'envisage mes rapports avec les gens en termes de possessions et d'exploits. Comme les Grecs ont d'innombrables
mots pour désigner l'amour, j'ai une réserve personnelle de
sentiments et de comportements en fonction de la nature
des liens que je tisse avec les uns et les autres.

Je réserve la possession à ma famille et à ceux que j'appelle
mes amis ; j'ai l'impression qu'ils m'appartiennent et je leur
en suis reconnaissante.

Les exploits sont, eux, destinés aux relations de séduction ou d'ordre amoureux. Par tradition, charmer représente des efforts relevant du quitte ou double. En tout cas,
je n'en maîtrise pas les résultats. Ici, il y a un côté feu
de paille : je ne choisis que de déclencher l'incendie qui,
ensuite, prend ou s'éteint. Voilà pourquoi je m'abstiens
de séduire lorsque je tiens à ce que mes liaisons durent
plus que quelques mois. Le plaisir de la séduction tient
à gagner les individus à ma cause et à les influencer. Si je
ne tire jamais vanité de mes possessions, je le fais de mes
exploits. Or, je peux me montrer très possessive envers
ces derniers. Je m'adonne à l'exercice parce qu'il m'exalte.
Vais-je l'emporter ? Comment ? Le succès n'a d'intérêt que
dans la mesure où il souligne mon pouvoir. Ainsi que l'a
formulé l'un des visiteurs de mon blog : « Il n'y a vraiment
rien de plus amusant ou excitant que de transformer une
personne intelligente, belle et pleine de ressources en un
jouet. » Nous jouons donc, mais je tiens moins à la récompense finale qu'aux stratagèmes.

Cette distinction est fort bien illustrée par le personnage
littéraire d'Estelle, dans *Les Grandes Espérances* de Dickens.
Miss Havisham a élevé la jeune fille pour qu'elle brise le cœur
des hommes et la venge ainsi d'avoir été elle-même délais-
sée devant l'autel de son mariage. Estelle s'y plie volontiers,
sauf avec le héros, Pip, qui l'aime. Il remarque qu'elle n'essaie
pas de le séduire comme les autres. Il s'en plaint, et elle le
réprimande.

« Voulez-vous donc, dit Estelle, en se tournant tout à coup avec un regard fixe et sérieux, sinon fâché, que je vous trompe et que je vous tende des pièges ?

– Le trompez-vous et lui tendez-vous des pièges, Estelle ?

– Oui, à lui et à beaucoup d'autres, à tous, excepté à vous[1]. »

Comme Estelle, je ne séduis pas mes possessions parce que je ne veux pas perdre le respect que j'ai pour elles et parce que, à long terme, ce serait non viable. L'un de mes blogueurs a écrit :

> *Il nous est difficile de ne pas traiter les gens comme des objets. C'est important, aussi nous nous efforçons de ne pas le faire, mais seulement avec les rares personnes qui comprennent notre nature. Quant aux autres, ceux qui ne comprennent pas, ce ne sont que des sots à nos yeux.*

J'ai vécu quelques relations qui, ayant commencé par la séduction, se sont transformées en quelque chose de plus sérieux. Cela a été le cas avec mon dernier copain en date. Malheureusement, vu la façon dont notre liaison avait débuté, il n'a jamais pu se satisfaire d'avoir découvert qui j'étais réellement.

Tant mes possessions que mes exploits ont le droit de voir qui je suis, ce que je préfère d'ordinaire cacher. Les sociopathes sont souvent très doués pour adorer leur partenaire. Ce n'est pas le cas de tous, et même quand c'est le cas, ils se révèlent parfois possessifs et changeants, se dévouant à une relation tant qu'ils ont l'impression de la contrôler ou d'en

---

1 *Les Grandes Espérances*, vol. 2, chap. IX, trad. Charles Bernard Derosne, Paris, Hachette, 1896.

tirer avantage, mais s'éclipsant dès lors qu'elle les ennuie ou les agace. Il n'empêche, quand nous faisons des efforts, notre compréhension de vos désirs et de vos besoins, ajoutée à notre charme et à notre adaptabilité, nous amènent à devenir l'homme ou la femme de vos rêves. D'ailleurs, quand j'aime, ma première démarche est de rassembler un maximum d'informations détaillées sur l'autre afin de m'approcher au mieux de son idéal amoureux. Comme l'a indiqué l'un des visiteurs de mon blog, le risque est même que ça devienne une addiction :

> *Nous connaissons toutes leurs fragilités et nous les satisfaisons, ce qui les rend dépendants de nous. Sans nous, ils commencent à se sentir vides. Ils sont nos captifs.*

Ce qui ressemble le plus à l'amour d'un sociopathe est sans doute celui des enfants : intense, inconditionnel et égoïste. Et, au bout du compte, à l'instar des petits, le sociopathe se montre extrêmement loyal. S'il ne place jamais l'autre au-dessus de lui, il est prêt, pour peu qu'il juge que vous en valez la peine, à vous placer au-dessus des autres. Mon ami m'a confirmé que, dans une amitié avec un sociopathe, « les pour l'emportent sur les contre ».

Cela ne signifie pas que ceux que j'aime ignorent qui je suis. La plupart me connaissent intimement et sont conscients des qualités particulières qui me distinguent d'eux et du reste de l'humanité. Au demeurant, bien des personnes qui comptent pour moi sont des individus très empathiques qui, bien qu'ayant conscience de la noirceur de mon cœur, ne peuvent s'empêcher de placer le leur, doux et fragile, entre mes mains. Je leur rends la pareille à travers ma façon personnelle d'accepter et d'être dévouée. J'ai appris à me comporter avec générosité et gentillesse envers eux. Ceux que j'aime le plus ont le droit de voir mes efforts.

« Ce qui ressemble le plus à **l'amour d'un sociopathe** est sans doute celui des enfants : intense, inconditionnel et égoïste. Et, au bout du compte, à l'instar des petits, le sociopathe se montre extrêmement loyal. »

Si ma manière d'envisager les relations sentimentales n'a rien de mauvais, elle n'est pas tout à fait normale cependant. Enfin, ce jugement dépendra de ceux à qui vous poserez la question. Un soir, j'ai « étranglé » ma copine dans ma voiture. Au retour d'un dîner, nous nous sommes garées dans la rue devant chez moi. Il était tard, je me souviens du silence et de l'obscurité que trouaient à intervalles des phares de voitures. Comme nous avions déjà parlé de domination sexuelle, je me sentais implicitement autorisée à attaquer et blesser ; autrement dit, j'étais raisonnablement certaine que ma violence n'entraînerait pas de sanction. J'avais cependant attendu avant de passer à l'acte. Guetté le bon moment. Jusqu'à cet instant où j'ai coupé le contact et marqué une hésitation. Mon amie avait la main sur la poignée de la portière, elle a interrompu son geste. Me tournant vers elle, j'ai déchiffré sa question dans son regard : allions-nous échanger un baiser ?

Je l'ai giflée. Avec violence. Au point de sentir durant quelques secondes l'impact de sa pommette sur ma paume. Son visage a affiché le choc, la peur, la compréhension et enfin un désir avide. Plus tard, elle m'a avoué qu'elle n'avait eu l'impression d'être vulnérable que lorsque j'ai enroulé mes mains autour de son cou et me suis mise à serrer, car elle savait que j'étais assez forte pour la blesser ou la tuer. Toutefois, elle n'a pas cru que je lui ferais du mal. Du coup, elle s'est sentie adorée. Je me demande si tous les masochistes empathiques éprouvent ce genre de choses. Auquel cas, beaucoup de gens vivraient dans une frustration permanente si les sociopathes n'existaient pas pour les frapper quelquefois. Cette amie a paru jouir de l'expérience encore plus que moi.

Son beau cou est long, étroit et musclé, magnifié par ses cheveux courts. J'ai pu nouer mes doigts autour avec une facilité surprenante. J'aurais été capable de la tuer si je n'avais pensé aux éventuelles conséquences. D'innombrables raisons me dictaient de l'épargner, raisons n'ayant rien à voir avec mon amour pour elle et tout à voir avec la crainte qu'elle ne me permette pas de recommencer. Or, j'avais très envie de recommencer, et nous avons effectivement recommencé l'expérience par la suite. J'ai des bras puissants ; plus encore mes doigts, par l'exercice de la musique. Ils savent pratiquer une pression progressive, si bien que leur « victime » a le sentiment d'un étau impitoyable n'ayant aucune considération pour ce qu'il serre entre ses mâchoires.

L'homme que je fréquente actuellement m'étrangle de temps à autre. Cela provoque chez moi une sensation égale et mesurée, sorte de contact plein, solide et constant. Un vertige progressif s'empare de moi, des sensations papillonnantes émergent du plus profond et remontent à la surface jusqu'à ce que j'éprouve une espèce d'euphorie.

Sortir avec cet homme m'aide à paraître normale et socialement adaptée. Il est d'une taille moyenne, exerce une profession respectable. Il est beau et bien fait, condition *sine qua non* pour moi de tout engagement intime. Sa beauté me plaît énormément. Son sourire semble presque aussi sincère que le mien, et il dégage de lui une force et une maîtrise similaires à celles que j'ai toujours admirées chez moi. Nous nous voyons plusieurs fois par semaine, et quand nous sortons, il me tient la porte, règle la note et agit à la manière d'un gentleman.

Par bien des aspects, il a l'allure, le langage et l'attitude de la majorité des hommes que j'ai fréquentés par le passé, car je les ai toujours choisis afin qu'ils servent un objectif identique dans ma vie. Je ne l'aime pas comme il m'aime, ce qui ne veut pas dire pour autant que je ne l'aime pas ou ne peux pas l'aimer à ma façon, ou que je n'ai pas aimé quelques-uns de ses prédécesseurs. Pour l'essentiel, je le traite avec gentillesse et générosité.

Il m'arrive d'avoir des aventures masculines ou féminines en dehors de ma liaison principale du moment. Ce n'est pas systématique. C'est juste qu'une personne déboule dans mon existence et m'inspire le désir de me l'approprier. À mes yeux, il ne s'agit pas là d'infidélité, et je ne garde le secret que pour éviter les drames. Je classe ces activités « extraconjugales » dans la catégorie des exploits, pas des possessions, et il n'y a aucun risque que je m'attache à leur objet. Comme elles sont par essence éphémères, je ne vois pas pourquoi mes partenaires stables devraient s'en inquiéter. J'admets que tout le monde ne partage pas mon point de vue, aussi je n'en dis rien. En échange de leur dévotion, j'offre à mes amants ou maîtresses ce qu'ils n'ont pas l'air de réussir à trouver ailleurs : l'aptitude à distinguer leurs besoins cachés et à y répondre, ce que je considère comme un service rendu à la société. De leur côté, ils m'apportent ce à quoi j'aspire : attention, adoration, argent, conseils, le plaisir de leur corps, un accès à de nouvelles cibles potentielles (leurs amis et famille) ou juste quelqu'un qui portera mes grosses courses de ma voiture à mon appartement. Ce n'est pas franchement du donnant-donnant, mais notons que, jusqu'à présent, aucun ne s'est plaint.

Mon premier souvenir d'avoir utilisé l'un de mes amoureux remonte au jardin d'enfants, un petit Mexicain qui ne parlait quasiment pas un mot d'anglais. Il était très épris de moi et exprimait son idolâtrie par des cadeaux quotidiens. Mes préférés étaient de jolis crayons pailletés qui se vendaient pour 25 cents dans les distributeurs. Quand mon courtisan était à court de piécettes (forcément), il m'offrait des voitures miniatures qu'il prélevait sûrement sur sa propre réserve de jouets. Je les échangeais avec mes frères contre des services ou ce qui me tentait le plus dans leur boîte déjeuner.

Après des semaines de ce manège, mon frère Jim m'a conseillé d'avouer au Mexicain que je ne l'appréciais pas. Sauf que je n'en ai pas vu l'intérêt. De mon côté, ça n'aurait pas été gentil et ça aurait tari ma source régulière de petites voitures, crayons et tout autre don potentiel. De son côté, il ne m'aurait plus trouvée mystérieuse et en aurait souffert, il aurait perdu l'espoir d'une affection réciproque ou l'occasion de prouver son admiration pour moi – ce n'était pas très clair dans ma tête. Quoi qu'il en soit, cet amour me plaisait. J'aimais qu'on m'aime, comme tout un chacun.

Ceux avec lesquels je m'implique sentimentalement m'apportent tous quelque chose de différent, et j'ai une remarquable tolérance envers la façon d'être des gens. Bien des années après la crèche, après avoir été renvoyée de mon formidable emploi dans un cabinet juridique, j'ai rencontré un homme dont la dévotion m'a rappelé le gosse mexicain. Il était beau, traits et corps ciselés, yeux bleus pénétrants et courtes boucles blondes ramenées vers l'avant comme si une couronne de laurier avait dû y être naturellement posée. Il partageait un deux-pièces avec son frère, chacun dans son lit jumeau, et il était au chômage depuis environ six mois. Il avalait deux hamburgers à chacun de ses repas au *McDo* du coin. Il passait ses journées à dézinguer ses adversaires de jeux vidéo et à écouter les bandes-son de films d'action. Il appréciait que ses bizarreries ne me rebutent pas, même si, un jour, je lui ai quand même précisé que je ne supporterais pas qu'il me résume trop souvent l'intrigue de *K-PAX. L'homme qui vient de loin.*

Je lui ai envoyé un livre consacré au syndrome d'Asperger. Bien qu'on n'ait jamais soupçonné la maladie chez lui, il a accepté sans moufter mon diagnostic de cuisine. Pour moi, c'était une évidence. Que les relations humaines ne soient « ni logiques ni ordonnées », qu'il soit impossible d'envisager l'amour comme une équation mathématique l'irritait. En un sens, il était mon jumeau endommagé. Voilà pourquoi j'espérais que ça marcherait entre nous.

Comme le petit Mexicain, il portait son cœur en bandoulière. Au contraire de ce qui s'était passé pour le petit Mexicain, j'étais prête à envisager une relation à long terme avec lui. Il satisfaisait tous mes critères : beau, facile à vivre, sans préjugés, malléable. L'inconvénient, c'est qu'il était en demande affective et exigeant. Or, j'estimais qu'il lui fallait m'accepter avec mes besoins comme je l'acceptais avec les siens. Après mon licenciement, alors que je n'étais pas très occupée, j'ai jugé qu'il empiétait trop sur mon temps. Bien qu'il se soit agi là d'un tout petit désaccord, cela a joué pour beaucoup dans mon bonheur. J'aspirais vraiment à être heureuse avec lui. Il était le premier avec lequel je sortais sérieusement depuis que j'avais été cataloguée sociopathe. Mes relations à cette époque se soldaient par de nombreux échecs, et je souhaitais croire que j'étais en mesure d'en vivre une pour peu que j'en aie réellement envie. Malheureusement, je n'avais pas la moindre idée de la façon dont on mène une liaison amoureuse sincère.

J'ai fini par décider que le meilleur moyen de nous comprendre était de recourir au langage de la rationalité qui nous était commun. Je lui ai expliqué que nos motivations respectives pour passer des moments ensemble ne collaient pas. Sa vie étant vide, il désirait que nous soyons constamment l'un sur l'autre. Pas moi. Afin de l'amener à envisager la situation selon ma perspective, je lui ai conseillé de consacrer deux heures à une activité spécifique pour chaque heure en ma compagnie. J'ai même pris la peine d'établir une liste de quatre-vingts options, parmi lesquelles lire des livres que j'avais sélectionnés pour lui, se mettre à la photo ou écouter une radio d'informations et de culture. Je ne tenais pas vraiment à ce qu'il s'y mette, juste à ce qu'il admette mon point de vue, à savoir que mon temps valait deux fois plus que le sien.

Son refus m'a surprise. Rétrospectivement, j'imagine qu'il a été vexé par la feuille de calcul que je lui ai soumise. Quant à moi, je devais avoir espéré que, autiste de haut niveau, il la considérerait comme un effort destiné à sauver notre relation plutôt que comme une insulte à sa personne. J'avais trop attendu de mon compromis consistant à sortir avec un Asperger, dont les sentiments ne seraient pas un champ de mines qu'était celui des individus empathiques ; j'avais trop compté sur la réussite d'une relation stable avec lui, là où je n'y étais pas parvenue avec des empathiques. Aujourd'hui encore, je me demande s'il est tout simplement envisageable que j'aie un jour une liaison normale et durable avec quelqu'un. Me marierai-je ? Et pour plus d'un an ? Je crois plutôt que je suis destinée à un chapelet de ruptures navrantes.

Je suis nulle quand il s'agit de rompre. Une fois que mon intérêt s'est dissipé, je préfère attendre que l'autre partie me quitte de son propre chef. L'inconvénient d'une affection qui se délite m'est moins insupportable qu'une scène sentimentale. J'ai des difficultés à comprendre que les gens se laissent aller à des crises émotionnelles et je ne tolère pas qu'ils pleurent parce que j'ai fait ou dit telle ou telle chose. Pour moi, cette attitude relève de la mesquinerie, d'autant que, s'ils prétendent me connaître un tout petit peu, ils sont censés savoir que je suis incapable de gérer leur sensiblerie. C'est comme s'ils attendaient d'un gars en fauteuil roulant qu'il monte un escalier à pied ou s'ils reprochaient à leur enfant de ne pas avoir le sexe espéré durant la grossesse. Comme l'a écrit l'un de mes blogueurs : « Ceux qui éprouvent peu de sentiments s'agacent des démonstrations affectives d'autrui. Tout se passe comme si l'on nous criait dessus dans une langue étrangère qui nous est inconnue. » Qui sanglote lors d'une confrontation avec moi est certain de déclencher ma colère ou mon irritation. Or, j'aime mieux éviter la perte de contrôle et les dégâts qu'elle est susceptible de provoquer, comme on a en général tendance à fuir tout ce qui est déplaisant. Voilà pourquoi j'esquive les ruptures lourdes de sensiblerie.

La plupart des psychologues estiment les sociopathes incapables d'aimer. Ça me paraît idiot. Ce n'est pas parce que notre amour est différent, plus calculateur et égocentrique, qu'il faut pour autant le nier. Pareille erreur vient de la conception illusoire qu'aimer est une sorte d'exercice de la bonté, que l'amour est un pur présent généré par l'altruisme plutôt que par l'égoïsme. Je n'y crois pas une seconde.

« Mais j'ai aussi saisi autre chose :
qu'elle soit **comme les autres** rendait
encore plus **cher à mes yeux** le fait
qu'elle ait pris la peine de franchir
la frontière me séparant du reste
du monde. **»**

Pourtant, quand je constate que ma sœur ne peut se retenir de sourire en présence de son bébé blond aux joues roses, je n'imagine pas plus grand amour. Moi aussi, face à ce minuscule humain en devenir, je suis submergée par les émotions, consciente qu'elles sont dues à des schémas génétiques inscrits en moi. Cette petite ne cesse de me charmer. Sa seule existence active des manettes chimiques et tourne des boutons enzymatiques qui déclenchent ma joie – générosité et affection n'en étant que des symptômes ou des effets secondaires. Les biologistes de l'évolution se sont interrogés sur le développement de l'amour, de ses expressions essentielles que sont le don de soi et la bonté ; ils ont échafaudé des théories selon lesquelles l'altruisme assurerait la survie génétique d'une espèce. Cette hypothèse de l'aptitude darwinienne globale suggère qu'un individu adoptera un comportement altruiste envers un autre proportionnellement aux avantages qu'il en recevra en termes de propagation de gènes partagés avec lui. Bref, si vous partagez vos gènes avec vos frères et sœurs, vous êtes censé avoir plus envie de les aider que, disons, vos cousins ou neveux. Cette loi a récemment été remise en question par certains scientifiques estimant qu'elle ne tient pas d'un point de vue purement mathématique. Quoi qu'il en soit, et pour des raisons qui m'échappent, je suis ravie d'encourager le développement de ma nièce. Il m'incombe de lui donner tout ce qui est susceptible d'éveiller son plaisir, lequel me contamine de sa joie lumineuse et étincelante. Gaieté, allégresse, appelez ça comme vous voudrez, nous y aspirons tous. Les sociopathes aussi.

À l'aube de mes vingt ans, j'ai appris à aimer une fille prénommée Ann qui avait de beaux yeux et de longs cheveux lui cachant le visage. Musicienne, elle pratiquait l'un de ces instruments peu aimés qui n'apportent jamais la gloire, mais elle en jouait superbement. Pendant quelque temps, j'ai eu la chair de poule et des palpitations dès que j'étais loin d'elle.

Il m'était intolérable de ne pas pouvoir caresser paresseusement sa peau, de passer tout un week-end sans sentir son
souffle près de moi. Ayant l'impression qu'elle était la première à me voir vraiment, je lui ai accordé une confiance que
je n'avais encore jamais donnée à quiconque.

Nous nous étions rencontrées lors d'une tournée, mais elle
n'a commencé à me prêter attention qu'après avoir été témoin
de mes jeux cruels avec une autre musicienne du groupe, une
rousse bourrée d'acné et de problèmes psychologiques. Ann
ne m'a pas jugée avec désapprobation (ce qui aurait été le
cas de la plupart des gens), mais elle s'est montrée curieuse.
J'en ai déduit qu'elle était sensible à ma personne. Je lui ai
demandé pourquoi nous n'étions pas amies, consciente que
ma franchise serait prise pour de l'honnêteté et du courage,
et donc appréciée. Séduite, elle m'a répondu qu'elle ne voyait
en effet aucune objection à une amitié.

Nous avons passé les trois semaines et demie suivantes
ensemble. C'était la période où j'étais exclue par mes camarades qui m'avaient surprise en train de lire le journal intime
d'une fille. Je ne m'étais pas rendu compte combien j'étais
seule et que me manquaient les relations avec autrui. Je me
suis mise à rôder autour d'Ann, au point que ses amis se
sont inquiétés, redoutant que je l'embête, s'étonnant aussi
qu'une fille aussi bonne accepte une fille aussi malsaine que
moi dans son entourage. Lorsque nous effectuions de longs
trajets en bus pour des concerts, je m'endormais la tête sur ses
genoux. J'en retirais une paix réelle, comme si j'avais trouvé
un havre après la tempête. Depuis la terre ferme, je m'aper-
cevais que j'avais eu froid, que j'avais été privée de contacts.
Je ne peux décrire ces premiers jours en compagnie d'Ann
sans ressentir un profond chagrin. Tant qu'on est dans la
solitude, on l'endure ; quand elle a cessé un moment puis
qu'elle réapparaît, elle est encore plus atroce.

Ann m'a vue comme un objet brisé qu'il fallait réparer.
À bien des égards, c'est ce qu'elle a fait d'ailleurs. Elle m'a

enseigné qu'il existait de meilleures façons de satisfaire mes besoins et que la domination de soi en était un préalable indispensable. Avant elle, je n'étais qu'impulsion, désertant les lieux de mes méfaits en espérant que les problèmes s'arrangeraient d'eux-mêmes. Je me jetais devant les voitures pour qu'elles s'arrêtent, je voyageais sans argent, je frappais les gens. Souvent, la situation dérapait. En observant Ann, j'ai compris qu'il était possible d'envisager l'avenir, que vivre au jour le jour n'apportait qu'inconfort. Et je me suis demandé pourquoi j'avais vécu aussi longtemps dans l'inconfort.

Mon évolution tient en partie à ce qu'Ann m'a vendu sa soupe en m'assurant que nous nous aimerions toujours, qu'elle y veillerait. C'était la première fois que quelqu'un évoquait devant moi avec autant d'assurance une chose aussi incertaine que le futur. Je ne l'ai pas crue, elle l'a deviné et m'a dit : « Je suis sérieuse. Même si tu tuais ma mère. Non que tu doives le faire, bien sûr. Ça me rendrait très triste et furieuse, mais je continuerais de t'aimer, je ne te quitterais pas. »

Cette déclaration était tellement absurde qu'elle avait des accents de vérité. Je faisais confiance à Ann, ce qui ne m'était jamais arrivé. Contrairement à tous ceux que j'avais croisés jusqu'alors, elle se moquait d'être protégée de mes pensées et écoutait pendant des heures mes délires mégalomaniaques sur mes envies de « démolir les autres » et autres hobbies de ce genre. Ne plus avoir à porter de masque était extrêmement rafraîchissant. Je souhaitais sûrement mettre sa tolérance à l'épreuve aussi, peut-être même lui prouver qu'elle se trompait en affirmant qu'elle m'aimerait toujours. Je lui confessais mes péchés au fur et à mesure que je les commettais, mais elle ne marquait aucun recul, contrairement à la réaction habituelle des autres. Je venais d'ailleurs d'être sévèrement punie pour une broutille – le viol d'un journal intime. Ann ne me considérait pas comme un monstre ; ou, si c'était le cas, elle affirmait m'aimer quand même.

Elle m'a appris combien il était facile de donner, et je m'y suis employée auprès d'elle de toutes les manières possibles. Je lui achetais des bottines, lui préparais à manger, la conduisais à l'aéroport, l'aidais à déménager, lui massais les épaules, faisais ses courses. Je comprenais enfin la compulsion du petit Mexicain à m'offrir de jolis crayons et les raisons qui poussent les gens à avoir des animaux domestiques.

J'étais une espèce de chiot amoureux. J'étais une enfant, elle aussi, et nous nous nourrissions de rêves de gosses, car notre aptitude commune à détecter la particularité de l'autre nous donnait le sentiment d'être spéciales. Ann aimait distinguer le bien chez une personne aussi méchante que moi. Elle aimait aimer quelqu'un dont le monde entier pensait à tort qu'il ne le méritait pas. Son envie réelle de m'écouter et d'essayer de saisir mon trouble me donnait à croire que je ne pourrais pas la blesser. Sauf que si, bien sûr.

Un jour que nous étions en voiture, nous nous sommes disputées à propos d'un sujet que j'ai aujourd'hui oublié. Elle a fondu en larmes. Ça m'a rendue furieuse. Elle savait que j'ignore comment réagir à ce genre de signaux. Je me suis sentie trahie, quelque chose a craqué en moi. Me garant, je lui ai ordonné de déguerpir. Je me souviens de m'être penchée afin d'ouvrir la portière.

« Qu'est-ce qui te prend ? a-t-elle hurlé.

J'en ai été encore plus blessée, car je pensais qu'elle avait deviné.

– Tu as l'intention d'abandonner ton amie au beau milieu d'une ville inconnue ? »

La situation m'échappait. Ses paroles aussi. La seule chose que j'ai perçue, c'est le jugement dans ses intonations. Elle était en train de se demander si j'étais bonne ou mauvaise et balançait pour la seconde option, une attitude dont j'avais cru qu'elle ne l'aurait jamais à mon égard.

Finalement, elle n'était pas si différente des autres. J'aurais pu la larguer sur place et prier pour qu'elle m'oublie afin que je puisse jeter aux orties tous les sentiments qu'elle m'avait inspirés. Cela aurait été facile, ai-je songé en regardant sans le voir, tandis qu'elle hoquetait, son visage baigné de larmes.

« Non, ai-je fini par répondre. Bien sûr que non. Referme cette portière. »

J'ai deviné que je l'avais heurtée, qu'il me fallait la consoler si je voulais qu'elle continue à m'aimer. Mais j'ai aussi saisi autre chose : qu'elle soit comme les autres rendait encore plus cher à mes yeux le fait qu'elle ait pris la peine de franchir la frontière me séparant du reste du monde. Ce n'est qu'alors que j'ai commencé à l'envisager comme une personne à part entière, un véritable être humain, et non un onguent qui pansait mes blessures. Ce qui voulait dire que, peut-être, il existait ailleurs d'autres gens avec lesquels je pourrais nouer des contacts aussi bénéfiques que ceux que j'avais tissés avec elle.

Après mes études, je suis allée vivre avec elle dans le Midwest, dans un endroit complètement dénué de caractère. Mes parents m'avaient chassée de la maison. Si je ne sais pas exactement pourquoi, je soupçonne qu'ils me considéraient comme ayant une mauvaise influence sur mes plus jeunes sœurs – à l'époque, je ne me maîtrisais pas aussi bien que maintenant, et nombreuses étaient mes relations conflictuelles avec les autres. Ayant renoncé à la musique de manière sérieuse, je consacrais mes journées à de petits boulots.

C'est là-bas que j'ai rencontré un garçon charmant. Sa voix était plus grave d'au moins une octave que toutes celles qu'il m'avait été donné d'entendre, sorte de grondement sourd qui parvenait à couvrir tous les bruits. Ann et moi avions un vieux canapé déglingué dans notre appartement, d'un rose terne, que ternissaient encore l'usure et la poussière. Quand je m'y asseyais en compagnie de ce type, ses intonations se réverbéraient dans les coussins et faisaient vibrer la peau de mon dos, espèce de contact sensuel étrange. Je l'aurais sans doute moins aimé sans cette basse, dont la tessiture déclenchait mes frissons.

Par bien des façons, je réagissais à lui comme à la musique, exigeant seulement d'être emportée par sa voix. C'était un ouvrier. Sa silhouette trapue de militaire, ses cheveux blonds et ses yeux bleus innocents nourrissaient le fantasme courant en Amérique de l'honneur et de la pureté des soldats qui se battent pour Dieu et la patrie. Il n'avait pas fait d'études supérieures, n'avait pas appris grand-chose à l'école. Il manquait d'intelligence, ne comprenait rien aux maths ni au droit ni à rien de ce que j'avais passé l'essentiel de ma vie à maîtriser. Pourtant, un soir, une panne de courant dans le quartier nous ayant plongés dans le noir absolu, nous nous sommes embrassés. Je ne me rappelle plus qui de nous deux avait commencé.

J'en ai été très heureuse. J'aimais Ann parce qu'elle me comprenait ; j'aimais ce garçon parce que je le comprenais. Cela n'aurait pas été possible si je n'avais, au préalable, connu Ann, si elle ne m'avait pas enseigné ce que signifiait aimer quelqu'un et jouer un rôle dans son existence. Je suis passée d'elle à lui à plusieurs reprises, sans autre objectif que mon bonheur et le leur. J'étais gâtée d'être ainsi exposée à l'amour, d'avoir mes besoins satisfaits par deux personnes qui ne croyaient ni aux étiquettes ni aux limites en matière de relations. Aucun d'eux n'attendait de moi ce que j'étais incapable de donner.

« Au fil du temps, je suis devenue **plus réelle**, plus authentique. Je me demande d'ailleurs si je ne devrais pas recommencer, tromper ou manipuler lorsque la situation le justifie. Sauf que, parfois, ça se retourne **contre vous**. »

Ann est aujourd'hui mariée et mère de famille. Nous avons évolué ensemble, et l'amitié qui avait démarré sur un mode passionnel s'est transformée en une relation basée sur la confiance. Le garçon, lui, m'a quittée. Je ne les désire plus, ni l'un ni l'autre, m'étant depuis longtemps habituée à leur absence et j'ai à présent du mal à me souvenir de ce que j'ai pu éprouver sur le moment. Il n'empêche, ces deux liaisons ont été immensément gratifiantes, assez en tout cas pour que je m'aperçoive enfin que les relations à long terme méritaient qu'on déploie des efforts afin de les entretenir.

Pourtant, je n'y arrive toujours pas. Je n'ai pas réussi à établir de liaison sentimentale au-delà de huit mois – un problème puisque je suis censée me marier. Il ne s'agit pas seulement de pressions familiales. C'est un commandement d'ordre religieux aussi important que le baptême. Je le sais depuis toujours, il figure sur ma liste de choses à accomplir. Mes parents n'en parlent plus vraiment. S'étant unis à vingt et vingt-trois ans, ils ont des difficultés à imaginer qu'une trentenaire n'ait pas fondé de famille. Ma mère m'a eue à vingt-six ans, et je la trouvais vieille quand, à trente-sept ans, elle a mis au monde ma dernière sœur.

Il y a eu des occasions où j'aurais volontiers accepté une demande en mariage. Le brillant avocat sociopathe mormon, l'impitoyable banquier mormon, le gentil avocat non mormon qui continue généreusement de régler les frais de scolarité de la fille de son ex, le bel Asperger. Et puis le beau garçon du Midwest qu'il me semble avoir aimé. J'ai du mal aujourd'hui à me rappeler à quoi ressemblait l'amour avec lui.

Je pourrais épouser mon ami actuel. Il émane de lui un charme ambigu qui, selon la façon dont on le regarde, incarne le rêve hollywoodien ou la laideur ordinaire d'un homme vieillissant. Il n'est jamais aussi beau qu'avec une barbe de trois jours et les cheveux un peu plus longs que la stricte coupe réglementaire qu'il a lors de ses week-ends mensuels en tant que réserviste de la Garde nationale. (Les militaires sont attirés par moi dans des proportions invraisemblables. Est-ce parce qu'ils devinent le défi que je représente ? Ou la promesse d'une punition s'ils ne s'appliquent pas ?)

Nous nous sommes rencontrés à l'église, naturellement. Je ne le qualifierais pas de brillant, contrairement à mes précédents soupirants. À mes yeux, il ne représente pas une source de bons gènes, mais je suis moins accro qu'autrefois à l'idée d'élever une nichée de petits génies. D'ailleurs, même si je m'y mettais tout de suite, je n'en aurais pas plus de deux ou trois, donc ce n'est plus si important. Mais cet homme est intelligent et doué de ses mains. C'est un représentant d'une classe moyenne de cols bleus qui semble avoir disparu à la fin des années 1980, début de la disparition des boulots manufacturés en Amérique. Ses mains sont délicieusement calleuses dans les miennes. J'apprécie que nous soyons issus de deux classes sociales distinctes, même si ça l'ennuie parfois.

Récemment, j'ai réfléchi au rôle juste de la manipulation dans une relation. J'ai toujours soutenu que tout le monde souhaitait être séduit. Pour ce qui concerne ma liaison actuelle, je me suis employée à charmer à la perfection. Si je devais emprunter une comparaison au base-ball, je parlerais de match sans point. Ça n'a été ni facile ni gagné d'avance. (Pour un peu, je croirais volontiers que, n'attendant rien de cette relation, je ne me suis sentie soumise à aucune pression pour la réussir, d'où mon exploit.) Je pourrais vous raconter cela, mais à l'instar d'un match de base-ball sans point, ce serait un peu ennuyeux.

Maintenant que cette liaison existe, qu'elle semble vouloir perdurer et que j'ai l'air de le souhaiter, vais-je continuer à séduire mon homme ? Au fil du temps, je suis devenue plus réelle, plus authentique. Je me demande d'ailleurs si je ne devrais pas recommencer, tromper ou manipuler lorsque la situation le justifie. Sauf que, parfois, ça se retourne contre vous. Certains auraient le sentiment d'avoir été trahis s'ils apprenaient qu'ils ont été manipulés ; j'ai tendance à moins respecter les gens en proportion de l'ampleur de la manipulation que j'exerce sur eux. Cependant, la compréhension mutuelle signifie en général que l'autre répond mieux à mes désirs et besoins. Ce n'est pas de la manipulation, juste de la « gestion » de couple, exactement ce que les gens entendent quand ils disent que l'amour exige du travail. En quel honneur mes efforts de séduction et de manipulation en vue de maintenir une bonne entente entre nous seraient-ils considérés comme une trahison, alors que les conseillers conjugaux et les manuels enseignent à mieux communiquer afin d'obtenir ce à quoi on aspire dans un couple ? C'est pourtant ce qui se passe avec mes partenaires. Ils pressentent quelque chose qui les dérange sans qu'ils parviennent à expliquer pourquoi. Ils finissent tous par décider que je ne tourne pas rond et me quittent.

L'amour trouve toujours une façon de vous décevoir. Ou c'est moi qui en trouve une de décevoir l'amour. Vous pouvez bien embrasser, caresser et promettre, offrir toutes vos petites voitures et crayons rigolos, cela ne suffira pas. À un moment, il n'y a rien que vous puissiez faire pour amener quelqu'un à vous aimer, pour développer cet amour ou le faire durer ; pourtant, vous le voulez, vous y aspirez, vous y consacrez toute votre énergie. Morgan a été réduite à l'impuissance lorsque j'en ai eu terminé avec elle. Pareil pour moi avec le garçon du Midwest, celui qui jouait avec des armes à feu, construisait des maisons et savait à peine se servir d'un chéquier. Je voulais l'épouser et porter ses enfants. Je voulais rester assise à côté de lui jusqu'à la fin de mes jours. Je n'avais pas très envie de le manipuler, car il me donnait tout ce que je souhaitais sans qu'il me soit nécessaire de le lui arracher de haute lutte. Ayant déjà tout pouvoir sur lui, je n'en cherchais pas davantage. Je n'avais aucun désir non plus de lui briser le cœur. Je crois cependant que je l'ai fait.

9.
L'ESPRIT
DE CAÏN

« J'estime que les sociopathes (surtout les jeunes) sont plus heureux et s'épanouissent mieux dans un monde **clairement** défini. »

Bien que mon rêve d'élever une marmaille de petits prodiges ne soit plus réaliste, je continue de prendre au sérieux la doctrine mormone incitant ses fidèles à se reproduire en vue de repeupler la terre. J'aime les enfants. Étant en train de faire l'apprentissage du monde, ils n'attendent pas grand-chose de moi, ce qui me permet d'avoir un comportement plus authentique avec eux. Je n'ai pas à m'efforcer de garder le masque, contrairement à ce qui se passe avec les adultes. Comme tout un chacun, j'aime l'idée de petites personnes que j'influencerai et modèlerai, même si fabriquer des hommes ou des femmes « bons » m'importe peu. Il y aura toujours des sociopathes. Des enfants naissent tous les jours avec une prédisposition génétique à n'éprouver ni culpabilité, ni remords, ni empathie. Est-ce un tel malheur ?

Rien n'empêche un jeune sociopathe de devenir un membre brillant de la société, couronné de succès et intégré. J'excelle dans bien des domaines, j'entretiens des relations constructives, j'ai une vie pleine et entière. J'ai aussi beaucoup souffert pour en arriver là, ce qui est le cas de nombreux autres sociopathes. Tout en apprenant à gérer mes pulsions et à rediriger mes désirs, je me suis battue contre ma famille, j'ai perdu des amis et pas mal d'occasions d'avancer. Heureusement pour moi, mes parents ont visé juste dans beaucoup de domaines, ce pour quoi je les aime. J'aurais pu mal tourner, je pense, et j'apprécie que ce ne soit pas le cas.

Le physicien et ethnologue James Prichard, précurseur en matière de psychiatrie et inventeur de « l'insanité morale », estimait que personne ne naît mauvais. Les personnes malveillantes sont nées bonnes, mais ont été élevées dans les errements d'une éternelle folie humaine pleine de bonnes intentions. Durant des décennies, les chercheurs ont cru que les enfants étaient des ardoises vierges sur lesquelles inscrire le bien ou le mal. Nous savons aujourd'hui que les caractéristiques des gens comme moi ont toutes les chances d'être encodées dans leurs gènes. Je songe d'ailleurs souvent au genre de rejetons que j'aurai. À l'instar de femmes enceintes qui, dans leurs cauchemars, donnent vie à des monstres, je rêve d'un ADN qui perdure en toute indifférence, sans que rien n'y puisse faire. Ma carte génétique veillera à ce que ma sociopathie perdure.

J'ai visité un jour la faculté de médecine de l'université Tulane, à la Nouvelle-Orléans, qui possède une collection d'embryons et de fœtus, une cinquantaine de spécimens conservés dans des bocaux remplis d'un liquide jaune laiteux. Les corps remontent au xixe siècle. La moitié environ présente une évolution gestationnelle normale, l'autre des difformités dont la nature est inscrite sur de vieilles étiquettes jaunies – encéphalite pour un bébé à grosse tête, ectrodactylie pour un autre aux mains pareilles à des pinces de homard. Certains, dont la malformation n'a pas été identifiée, sont simplement qualifiés de « monstres ». Êtres bicéphales, à quatre jambes, etc.

Dans son roman À l'est d'Éden, John Steinbeck évoque les monstres :

> Je crois qu'il existe des monstres nés de parents humains. On en repère certains, mal formés et horribles, dotés de têtes énormes ou de corps minuscules [...].
>
> N'existe-t-il pas, tels ces monstres physiques, des monstres mentaux ou psychiques ? Leur visage et leur silhouette seraient parfaits, mais si un gène déviant ou un œuf mal formé peuvent générer des monstres physiques, un procédé identique ne pourrait-il produire une âme mal formée ? [...]
>
> Pour un monstre, la norme doit sembler monstrueuse, puisque tout un chacun s'estime

normal à ses propres yeux. Pour le monstre intérieur, ce doit être encore plus obscur, car il n'a aucun point de comparaison visible avec les autres. Un homme dénué de conscience doit trouver ridicule un homme entièrement tourné vers les âmes ; un criminel, considérer l'honnêteté comme folie.

Steinbeck considère son personnage sociopathe Cathy comme l'un de ces monstres.

Un balancier devait être mal équilibré, un rapport d'engrenage déréglé. Elle n'était pas comme les autres, et ce depuis sa naissance [...]. Elle mettait les gens mal à l'aise, mais pas au point qu'ils veuillent la fuir. Hommes et femmes souhaitaient l'examiner, l'approcher, essayer de découvrir ce qui provoquait le trouble qu'elle distillait avec une telle subtilité. Et comme il en avait toujours été ainsi, Cathy ne trouvait pas cela étrange.

Je me souviens d'examens de ce genre dans mon enfance – l'attirance forcée, la répulsion fascinée. S'il est facile de remettre en question certains choix éducatifs de mes parents, je crois qu'ils ont accepté leur monstrueux nouveau-né et ont fait de leur mieux. Ils ont dû éprouver cet amour et cette horreur simultanément, alors même que j'étais dans les langes, entre leurs bras.

Du berceau à la tombe, le projet de Cathy est d'exploiter les autres, de les manipuler et de s'insinuer dans leurs vies dans le seul but de répandre autour d'elle le poison, la folie et le désespoir. Je comprends cette pulsion, il m'est arrivé d'emprunter un chemin identique. Mais quelque chose en moi m'a poussée à opérer des choix différents – l'amour notamment –, et j'imagine qu'il faut en rendre grâce à mes parents.

Mon héritage génétique m'a amenée à me demander si je devais ou non avoir des enfants. Je m'inquiète qu'ils deviennent des monstres eux aussi, et je ne parle pas du nombre de têtes ou de jambes qu'ils auront. Je crains qu'ils me ressemblent, je redoute encore plus qu'ils ne soient pas comme moi. J'ignore comment, confrontée à un enfant empathique, j'arriverais à être une bonne mère, comment je pourrais l'aimer et le respecter. J'ai du dédain pour l'une de mes sœurs, femme à la sensiblerie cajoleuse. Que ferais-je d'un enfant qui aurait un besoin constant de démonstration affective ? Je serais sans doute – sûrement – distante. Je m'ennuierais.

En revanche, si j'avais un enfant sociopathe, je crois que je l'élèverais bien. Mes parents s'en sont remarquablement sortis avec moi, qu'ils l'aient ou non désiré. Ils ont établi, au sein de leurs cinq rejetons, une compétition permanente pour l'accès à l'amour et aux ressources rares comme le temps et l'argent, jeu proactif aux règles relativement claires et aux conséquences évidentes. Ils avaient leurs préférés, et ça se savait. D'ailleurs, au cours de nombreux dimanches après-midi, mes frères et sœurs poussés par l'ennui discutaient des forces et faiblesses de chacun et de qui était le plus conforme à l'affection de nos géniteurs. Ainsi, papa aime Scott parce qu'il surfe avec lui, mais au bout du compte, il préfère Jim qui cède à ses délires. Tous comprenaient parfaitement comment Scott était susceptible de grimper les échelons, en soutenant par exemple la pensée magique paternelle, ce que, pour des raisons qui lui étaient propres, il se fichait de faire.

À mes yeux, le favoritisme pratiqué par mes parents relevait de la méritocratie bien comprise, système fermement établi dans lequel il m'était possible d'apprendre à manœuvrer. Je jouais activement le jeu, car je me sentais

en mesure de surpasser mes frères et sœurs – mes compétiteurs. Si je ne connaissais pas tous les règlements ou mécanismes, je pouvais les découvrir, défi continu pour moi,
puisque je n'étais pas naturellement portée à tenir compte
de l'opinion de mes géniteurs à mon égard. Ma mère
s'attachait aux enfants affichant une sensibilité émotionnelle et musicale qui entretenait et affirmait la sienne ;
mon père préférait ceux qui montraient une intelligence
innée suffisante pour reconnaître son propre intellect,
mais pas trop affirmée, histoire de ne pas remettre en
question son autorité. Je l'accompagnais toujours surfer
et skier parce qu'il m'achetait les équipements appropriés
– combinaison, planches et porte-surfs, skis, chaussures,
gants, bâtons et essence pour ma voiture –, alors que ma
sœur Kathleen était obligée d'emprunter des chaussons
de danse à ses amies et de s'incruster dans leurs bagnoles.
Ma mère nourrissait des rêves de famille chantante à la
Partridge[1], elle est même allée jusqu'à nous imaginer en
joueurs de jazz comme les fameux Marsalis[2]. Mon père,
lui, rêvait de ressembler à ces adolescents guitaristes cool
qu'il avait tant enviés au lycée. Si j'ai choisi les percussions,
c'est parce qu'elles correspondaient parfaitement à leurs
rêves respectifs, assez en tout cas pour qu'ils m'achètent
une batterie, privant de ce fait ma sœur d'un séjour en
colonie de vacances, faute de moyens. S'ils étaient plutôt
cohérents dans leur soutien affectif et financier à leurs
enfants, leur implacable égocentrisme les rendait également très prévisibles. Ce trait de caractère à lui seul déter-
minait leur comportement à notre égard. Pour obtenir ce
que nous voulions, il nous suffisait juste d'adapter nos
désirs aux leurs.

---

1 *The Partridge Family*, feuilleton diffusé de 1970 à 1974, où une veuve
et ses cinq enfants chantent ensemble sur scène.
2 Groupe de jazz constitué par un père et quatre de ses fils ayant eu
une influence considérable.

Le pire qu'ils auraient pu (me) faire aurait été d'être inconstants ou trop miséricordieux. Enfant, je ne fonctionnais qu'en termes de cause et d'effet. Si j'avais eu l'impression que nous pouvions enfreindre les règles et nous en sortir en pleurant à bon escient, je ne me serais pas gênée pour le faire. J'étais aussi docile aux expériences qu'un rat de laboratoire, j'apprenais à pousser les leviers qui me rapportaient des récompenses et à négliger ceux qui ne donnaient rien.

J'estime que les sociopathes (surtout les jeunes) sont plus heureux et s'épanouissent mieux dans un monde clairement défini. À partir du moment où les lois sont constamment rappelées, l'enfant finit par les considérer comme des données. Ça a marché comme ça avec moi en tout cas. Il me semble que les règles de base – cause et effet – ont, selon qu'on les respecte ou qu'on les enfreint, des conséquences claires, qui encouragent le jeune sociopathe à envisager la vie comme un puzzle passionnant auquel il est possible de jouer. Tant qu'il croit pouvoir obtenir des avantages grâce à une planification et une exécution adroites (et atteindre un certain succès, ce qui, d'après moi, relève presque du droit fondamental), il s'en tiendra aux règles du jeu que vous avez données. C'est la raison pour laquelle les sociopathes sont parfois des hommes d'affaires impitoyables qui défendent férocement le capitalisme.

Ma professeure préférée fonctionnait selon un système entièrement basé sur la méritocratie qui nous permettait de ne pas suivre ses cours. Elle avait remplacé, au milieu de notre année de sixième, un enseignant d'algèbre très populaire, que je n'aimais pas, parce qu'il cédait trop facilement à ses élèves et pratiquait un favoritisme éhonté. Elle a eu du mal à obtenir la confiance de la classe. Ce cours d'algèbre était un cours avancé, le collège était situé dans un quartier chic, et tout le monde était futé et doué. Les élèves les plus brillants et exigeants (dont moi) se sont plaints qu'elle avançait trop lentement. Solution créative : elle a procédé à de brefs tests durant les cinq premières minutes de chaque cours. Ceux qui répondaient juste à toutes les questions étaient autorisés à aller s'installer dehors sur le gazon et à faire leurs devoirs au lieu de subir la leçon. Tous les matins, j'arrivais un peu à l'avance en classe et j'examinais le programme prévu pour le cours afin de décrocher la timbale. Sur les quatre-vingts jours d'école restants, je n'ai eu à suivre que quelques cours, mes fautes aux tests relevant de petites erreurs arithmétiques. Si c'était un pensum, je comprenais qu'il y avait des règles et que mon professeur les respectait à la lettre, sans exception. J'avais l'impression d'un jeu, auquel j'appréciais de participer parce que j'y étais plus forte que mes camarades. Qu'il m'arrivât de perdre signifiait juste que la partie n'était pas facile. Elle représentait même un défi suffisant pour que je reste attentive, et assez stable pour que je garde confiance.

« Le pire qu'une famille puisse
procurer à des enfants sociopathes,
c'est l'**incohérence**, qui les amène
à croire que le jeu est truqué. Auquel
cas, peu importent les actes, l'essentiel
étant de tricher mieux que le tricheur
(les parents en l'occurrence). **»**

Cependant, si j'étais confrontée à un système où le déclenchement d'un levier m'aurait apporté tour à tour et sans logique une décharge électrique ou une récompense, j'aurais sans doute choisi de ne pas m'en servir et aurais plutôt volé les récompenses à mes collègues rats. Le pire qu'une famille puisse procurer à des enfants sociopathes, c'est l'incohérence, qui les amène à croire que le jeu est truqué. Auquel cas, peu importent les actes, l'essentiel étant de tricher mieux que le tricheur (les parents en l'occurrence). Grâce à la clarté des règles stables, solides et stimulantes établies, mes géniteurs m'ont ouvert une voie menant à des avantages tout en m'autorisant à exercer mes traits spécifiques. Je n'ai pas eu à me fier à l'inconstance des sentiments ou de l'empathie pour satisfaire mes besoins.

Si j'étais mère, je serais égocentrique comme mes parents en encourageant chez mes rejetons les intérêts susceptibles de plaire à ma vanité. Cette approche a le mérite de la prévisibilité et de l'honnêteté qui, à mon avis, permettent à un enfant de s'épanouir dans le réel.

Je crois aussi que les enfants préfèrent que les adultes réagissent à leurs caprices par un détachement émotionnel plutôt que par sensiblerie. Mon apparente froideur exprime raison et stabilité à leurs yeux. Surtout qu'ils se connaissent assez pour savoir qu'ils ne peuvent contrôler certains de leurs ressentis (je pense d'ailleurs que c'est le cas dès qu'ils commencent à appréhender le monde sensible des autres). Qu'un adulte réagisse avec distance est très apaisant.

L'autre jour, ma nièce de trois ans a piqué une crise à l'église, et je l'ai emmenée dehors. Elle était fatiguée (tous les cousins avaient dormi dans la même chambre en raison des festivités du week-end), un peu excitée par la frénésie ambiante et la présence de la famille, peut-être un brin irritée par la naissance de sa petite sœur. Je me suis donc promenée avec elle jusqu'à ce qu'elle cesse de pleurer et s'assoie sur le trottoir pour jouer avec des fourmis. Je ne lui ai pas parlé de ce qu'elle éprouvait ni même de sa colère. Quand elle en a eu assez des fourmis, elle a exprimé le désir de retourner à l'église. J'ai obtempéré à tous ses désirs, signe que je la prenais au sérieux, malgré son emportement précédent. Lorsque nous avons réintégré notre banc, elle m'a demandé de lui gratter le dos, alors qu'elle avait été distante avec moi durant tout le week-end, et m'a conviée à l'accompagner à son cours de catéchisme, ce à quoi j'ai répondu que j'étais trop grande pour tenir sur les chaises miniatures.

J'ai découvert que les enfants ont conscience d'être esclaves de leurs émotions, ce qui les embarrasse, à l'instar d'un garçonnet de douze ans que gênent ses érections intempestives. Il ne les domine pas, et attirer l'attention dessus est la dernière chose au monde qu'il souhaite. Interroger un gamin sur ses érections ne se fait pas, il devrait en aller de même avec les larmes. Ou alors, ce sont juste les enfants de ma famille qui optent pour un détachement émotionnel parce qu'ils y sont accoutumés. Quoi qu'il en soit, l'estime et l'affection que me portent mes neveux et nièces est peut-être la preuve que, finalement, je ne serais pas une mère abominable si j'avais un enfant empathique.

Mais imaginons que j'aie de petits sociopathes. Au regard de ma réussite en tant que personne atteinte du trouble, je ne doute pas, si mes rejetons étaient aussi insensibles que moi, qu'ils auraient tout autant de chances de s'épanouir que les autres enfants, à condition que je leur fournisse les bonnes structures et occasions d'apprendre à s'en sortir. Il n'y aurait pas de drame. À propos de sa Cathy, Steinbeck écrit : « Comme un handicapé apprend à utiliser ses manques pour devenir plus efficace que le valide dans un domaine limité, Cathy se servit de sa différence pour provoquer un douloureux et pénible désordre dans son entourage. » Je suis sûre que mes enfants sociopathes seraient capables de transformer leurs faiblesses en atouts et j'espère que, guidés, ils arriveraient à les activer non pour provoquer « un douloureux et pénible désordre », mais pour le bien-être de leur famille et du monde en général.

Mon véritable souci porte moins sur la manière dont ils traiteraient les autres que l'inverse. Seraient-ils rejetés ? Je n'aimerais pas qu'ils se sentent obligés de se cacher, qu'ils ne soient pas acceptés tels qu'ils sont et considérés comme vides (et défaillants faute d'être entiers), voire comme des incarnations du mal.

Il est délicat d'analyser les origines de notre trouble. Qu'il serait agréable de savoir précisément quels gènes activent quels leviers chimiques mettant en branle dès la plus tendre enfance ces tendances mentales extrêmement subtiles ! Comment ces réactions chimiques portent en germe une sociopathie avérée ? Généticiens, neurologues, psychiatres, psychologues et criminologues commencent à échafauder, à partir d'éléments épars issus d'études et d'observations, le portrait complexe d'un parcours complexe.

Les jeunes sociopathes sont souvent qualifiés de « brutalement impassibles » par les psychologues réticents à diagnostiquer trop précocement une sociopathie ou une psychopathie dans la mesure où une étiquette est susceptible d'affecter le sujet et sa famille. Leurs caractéristiques sont très semblables à celles des adultes : manque flagrant de sensibilité, d'empathie et de remords. Ils ne réagissent pas aux indices négatifs usuels qui enseignent à la plupart des gens à bien se comporter. Paul Frick, psychologue de l'université de la Nouvelle-Orléans, affirme : « Ils se fichent qu'on soit en colère contre eux. Ils se fichent de heurter la sensibilité d'autrui. S'ils peuvent obtenir ce qu'ils convoitent sans cruauté, c'est plus facile, mais au bout du compte, ils opteront pour la solution la plus efficace. »

Je reconnais ici mon expérience personnelle. C'est à coups de révélations que j'ai découvert que j'aurais ce que je voulais si j'apprenais à concilier les désirs des autres et les miens : au bac à sable, vous gardez un jouet plus longtemps si son propriétaire vous le donne de lui-même au lieu de le lui prendre de force ; au lycée, vous gagnez en popularité en vous adaptant plutôt qu'en traitant de haut les autres ; au travail, vous progressez plus vite en gratifiant votre supérieur plutôt qu'en le sapant. Comme l'un des commentateurs de mon blog l'a formulé :

> *Ayant travaillé dans de grosses entreprises durant trente ans, je sais que, quelle que soit la façon dont vous décidez de grimper les échelons,*

> *il y aura toujours des personnes plus puissantes*
> *que vous qui sont chargées de vous promouvoir,*
> *ce qu'elles ne feront que si vous apportez de la*
> *valeur ajoutée – à elles ou à l'entreprise. Si les*
> *sociopathes ne laissaient dans leur sillage profes-*
> *sionnel que carnage et destruction, croyez-vous*
> *vraiment que cela passerait inaperçu aux yeux*
> *de ceux qui les ont aidés à s'élever ? Même moi,*
> *je suis conscient que faire du bien aux autres*
> *à court terme est ce qui me fait le plus de bien*
> *à long terme – exactement comme chez une*
> *personne normale.*

Les sociopathes ont beau être largement dirigés par leurs pulsions (ou parce qu'ils le sont, justement), ils sont très sensibles aux structures stimulantes et ne manquent jamais de peser tant les inconvénients présents qu'à long terme avant de prendre une décision. Il n'empêche qu'ils ne tiennent pas compte de certains paramètres, comme le jugement moral d'autrui, parce qu'ils s'en fichent éperdument. Tel est mon cas.

Cela vient sans doute de mes connexions cérébrales. L'IRM (imagerie par résonance magnétique) des cerveaux psychopathes adultes a montré des différences notables en matière de taille et de densité des régions associées à l'empathie et aux valeurs sociales, celles qui s'activent lors d'une prise de décision morale, celles qui sont également vitales quand il s'agit d'adopter des solutions positives et de renoncer aux négatives. Chez les enfants « brutalement impassibles », les indices négatifs comme le froncement de sourcil d'un parent, la leçon de morale d'une enseignante ou le cri de douleur d'un ami ne sont pas enregistrés de la même manière qu'ils le sont par un cerveau normal.

« Personnellement, je suis très souple. Si j'ai conscience que mes gènes déterminent mes interactions avec le monde, j'endosse la responsabilité entière du contrôle que j'exerce sur le reste. [...] Tous mes actes **m'ont transformée**, pour le meilleur ou pour le pire. »

Une hypothèse intéressante suggère que l'indifférence aux émotions négatives des autres pourrait relever d'un déficit d'attention. Des chercheurs ont soumis un groupe de garçons « brutalement impassibles » à un test visuel destiné à mesurer leur dynamique émotionnelle inconsciente. Ils ont fait défiler une série rapide de visages – craintifs, joyeux, dégoûtés et neutres – afin d'évaluer leur identification des ressentis affichés par ces portraits. En comparaison des enfants normaux, ils se sont révélés moins capables de détecter la peur ou le rejet, ce qui laisse entendre qu'ils n'assimilent pas automatiquement les signaux négatifs ou menaçants que leur envoie le monde. Ils manquent ici d'une aptitude sociale fondamentale innée chez tout un chacun, ce qui impacte le développement de toute leur palette émotionnelle.

Une étude récente a abouti à une étonnante conclusion : les enfants ayant une variation génétique affectant la sérotonine de leur cerveau sont plus susceptibles de présenter ces traits de « brutale impassibilité » s'ils sont aussi victimes d'une éducation défaillante. En revanche, ceux issus de classes sociales privilégiées présentent moins de traits sociopathes. La responsable de cette enquête a souligné que, bien que la sociopathie soit jugée anormale, ses caractéristiques se révèlent utiles en certaines circonstances. « Ainsi, les personnes ayant tendance à être moins sujettes à l'anxiété sont moins portées à la dépression », écrit-elle. Qualité pratique dans un environnement dangereux ou instable. Il semble envisageable que les traits sociopathes innés chez les enfants de milieux déshérités s'épanouissent afin de remplir une fonction de défense dans leur univers chaotique et imprévisible.

Ils ne sont pas pour autant condamnés à une vie d'emprisonnement ou d'isolement. La psychiatre Lee Robins, qui travaille sur les origines de l'affection, a mené une série d'études sur un groupe d'adultes et un autre d'enfants ayant eu ou ayant des troubles du comportement. Elle a découvert deux faits majeurs. Premièrement, presque tout adulte sociopathe a été gravement asocial dans son enfance ; deuxièmement, près de la moitié des enfants étudiés ont évolué en adultes plutôt normaux. En d'autres termes, tous les sociopathes ont été de petits asociaux, mais tous les petits asociaux ne deviennent pas des sociopathes. Force est alors de se demander si certains de ces enfants ne se sont pas simplement transformés en sociopathes intégrés qu'on a rangés dans la catégorie des « adultes plutôt normaux ». Si tel est le cas, qu'est-ce qui pousse des enfants à emprunter un chemin, et d'autres une voie différente ?

Le consensus général veut que la sociopathie soit incurable. Cependant, au fur et à mesure que les recherches démontrent que le cerveau est plus plastique (susceptible d'évoluer) que nous le pensions, les savants commencent à suggérer que les jeunes sociopathes sont à même de réagir à une intervention précoce. On pourrait ainsi les entraîner à développer leur sens de l'empathie rudimentaire ou leur apprendre à adopter des attitudes appropriées aux émotions manifestées par leur entourage.

Comme le sait tout sociopathe, nous sommes formatés pour être agressifs ou égoïstes, mais la majorité d'entre nous est aussi programmée pour éprouver un peu de compassion. Même les enfants élevés dans des foyers instables et maltraitants, les plus troublés en milieu scolaire, peuvent apprendre à écouter ce sentiment ténu caché en eux. Une organisation canadienne envoie des mères et leurs bébés dans des salles de classe afin d'aider les écoliers à découvrir les premiers gestes de la parentalité. En essayant d'imaginer ce que le bébé vit, les enfants s'entraînent à se mettre à la place d'autrui. Ils observent le bébé allongé sur le ventre et à peine capable de soulever sa propre tête, puis tentent de saisir sa vision du monde en se couchant eux-mêmes par terre et en regardant en l'air. Cet apprentissage est la dimension cognitive de l'empathie, peu familière à nombre de ces écoliers, pas automatique non plus. Un psychologue du développement qui a étudié ce programme en atteste la réussite : « Les enfants deviennent-ils plus empathiques et compréhensifs ? Sont-ils moins agressifs et plus gentils entre eux ? La réponse aux deux questions est oui. » Ou, pour reprendre les termes de Paul Frick à propos des jeunes sociopathes : « Il est possible d'apprendre à un enfant à identifier les effets de son comportement. » En dépit du code génétique inscrit dans nos cellules de façon indélébile, l'esprit humain est étonnamment malléable et influencé par l'expérience.

Personnellement, je suis très souple. Si j'ai conscience que mes gènes déterminent mes interactions avec le monde, j'endosse la responsabilité entière du contrôle que j'exerce sur le reste. Chaque jour, j'évolue : je me sensibilise ou me désensibilise, je remodèle mon cerveau, je crée et je brise des habitudes, je me rends plus ou moins susceptible d'agir ou de penser de telle ou telle manière.

Tous mes actes m'ont transformée, pour le meilleur ou pour le pire. Je ne m'en suis pas rendu compte enfant. J'ai la chance d'avoir été élevée dans un foyer très protégé et religieux. Nous n'avions pas le droit de jurer, pas même pour dire des mots comme « diable » ou « sacré ». Les films interdits aux moins de treize ans ne nous ont été autorisés qu'après cet âge, et nous n'avons jamais pu regarder de films pour les moins de dix-sept ans non accompagnés d'un adulte. Mon père avait un fichu caractère, mais ni lui ni ma mère ne buvaient, ne consommaient de drogue y compris de manière récréative ou n'étaient fous. Notre communauté était si conservatrice et essentiellement constituée de chrétiens régénérés[1] que je soupçonne la très vaste majorité de mes camarades de lycée de ne pas avoir été sexuellement actifs – ou alors, je n'étais pas au courant.

C'est par l'expérience que les personnes normales s'immunisent contre des actes comme le meurtre. Les porteurs de

---

1 *Born again Christian* en anglais.

gènes sociopathes peuvent être sensibilisés à des choses comme l'appréhension des besoins d'autrui. Je n'ai pas été immunisée contre la violence, mais j'ai été sensibilisée à la musique. J'ai appris à me taire et à écouter au-delà de la surface. Je l'ai été à la spiritualité – on m'a enseigné à réfléchir sur moi dans la prière et les autres formes de culte. Enfant du milieu et aimant dominer, j'ai cultivé une conscience des désirs de mes frères et sœurs. Pareille à l'écolier allongé sur le ventre qui s'efforce de voir le monde à travers les yeux d'un bébé, j'ai souvent été obligée de changer de perspective pour le bien-être des autres et être à leur service. Bien que je n'aie pas été disposée à reconnaître leurs envies et à y répondre, mes parents, les chefs de mon église et mes professeurs ont vraiment fait une différence en m'amenant à identifier mes problèmes et à les régler.

Il n'y a pas très longtemps, j'ai lu un article sur une adolescente mormone ayant assassiné une fillette qu'elle avait attirée dehors pour jouer. Elle l'a étranglée jusqu'à ce qu'elle perde connaissance, puis l'a égorgée afin d'observer le sang qui s'écoulait. Après avoir sommairement enterré sa victime, elle est rentrée chez elle afin de relater son expérience haletante dans son journal intime, précisant qu'elle devait se dépêcher sous peine d'être en retard à l'église. Au procès, l'avocat de la défense a demandé au jury de prendre en considération l'enfance difficile de l'accusée, abandonnée et maltraitée par ses parents.

Je ne suis pas violente. J'ai beau l'avoir imaginé de nombreuses fois, je n'ai jamais égorgé quiconque. Mais si j'avais été élevée dans une famille moins aimante ou plus abusive, j'aurais peut-être du sang sur les mains. Il semble souvent que les personnes – sociopathes comme empathiques – qui commettent des crimes atroces ne soient pas tant plus abîmées que les autres qu'elles aient moins à perdre. Je n'ai aucun mal à envisager une version de moi âgée de seize ans qui serait menottée et vêtue d'un uniforme orange, en train de manigancer pour exercer sa domination sur la population de sa prison pour jeunes délinquants. Cela aurait été possible si je n'avais eu personne à aimer ou rien à prouver. Peut-être. Je n'en suis pas certaine.

Un exemple récent et célèbre de l'acquis triomphant de l'inné nous a été donné par le neurologue et professeur à l'université de Californie Irvine James Fallon. Spécialiste de l'étude des origines biologiques du comportement, il est reconnu pour ses travaux portant sur les scanners cérébraux des assassins. Un jour, lors d'une réunion familiale, alors qu'il évoquait ses recherches, sa mère lui a révélé qu'il était apparenté à Lizzie Borden[1]. Stupéfait par cette nouvelle, il a enquêté et découvert en effet qu'une branche de la famille comportait au moins seize criminels – « toute une lignée de gens très violents », a-t-il écrit.

Il a alors décidé de procéder à des scanners cérébraux et à des tests ADN sur les siens, en quête d'indices susceptibles de trahir une éventuelle sociopathie. Il a découvert que tous étaient à peu près normaux, excepté lui-même. Il a la signature cérébrale d'un tueur et tous ses marqueurs génétiques le prédisposent à l'impulsivité, à la violence et à des comportements risqués. Quand il a annoncé la nouvelle aux membres de sa famille, ils n'ont pas été particulièrement étonnés. « Je savais que quelque chose clochait, a commenté son fils. Tout s'emboîte à présent. » « Ça a été une surprise sans en être une, a déclaré sa femme. James a toujours eu un côté distant. » Quant à Fallon, honnête avec lui-même, il a écrit : « J'ai des traits de caractère particuliers, dont certains s'apparentent à la sociopathie. » Il a illustré ce propos en prenant l'exemple de la fois où il a séché l'enterrement d'une tante : « Je sais que quelque chose ne tourne pas rond, mais je m'en moque. » Pourquoi

---

1 Lizzie Borden (1860-1927). Héroïne d'un procès retentissant sur l'assassinat de son père et de sa belle-mère. Elle fut acquittée faute de preuves tangibles, devint malgré elle une icône du folklore américain.

n'a-t-il pas fini par devenir un assassin ? « Il se trouve que j'ai eu une enfance merveilleuse. » Ses parents et son entourage l'adoraient.

Les enfants qui, comme moi, sont nés avec les gènes monstrueux de la sociopathie ont bien du chemin à parcourir. Le cerveau grandit et évolue en fonction des influences qu'il subit. « Les recherches sur le cerveau montrent que la neurogenèse [création de neurones] peut même se produire à l'âge adulte », dit la psychologue Patricia Brennan de l'université Emory, à Atlanta. « La biologie n'est pas irréversible. Il existe d'innombrables étapes où il est possible d'intervenir au fur et à mesure du développement afin de modifier ce qui arrive chez les enfants. » Plutôt que d'attendre que les jeunes sociopathes deviennent violents ou criminels et qu'ils pèsent sur le système judiciaire, il paraît concevable, en cas de détection de caractéristiques asociales chez un enfant, de prévenir cette évolution en le redirigeant sur une route plus positive, grâce à une éducation chaleureuse et bienveillante ou au moyen de thérapies ciblées.

Contrairement à Fallon, je ne décrirais pas mes parents comme très aimants. Si je crois fermement qu'ils m'ont appris à gérer ma sociopathie de façon positive, j'estime aussi que mon éducation a fait émerger mon trouble de la personnalité. La sentimentalité trop facile de mon père m'a poussée à me méfier des démonstrations émotionnelles excessives, et l'incohérence affective de ma mère, à penser qu'il ne fallait pas dépendre de l'amour. Bien que je n'aie jamais été victime de traumatismes ou de maltraitances, les bizarreries de mes géniteurs m'ont façonnée telle que je suis.

« Nos gènes et notre enfance ont fait de nous des sociopathes, mais nous **ne sommes pas condamnés** à des existences régies par une volonté affichée de faire **le mal**. »

Ces vingt dernières années, les psychiatres ont identifié une grosse dizaine de variantes génétiques susceptibles d'aggraver la vulnérabilité de quelqu'un jusqu'à conduire à des troubles comme la dépression, l'anxiété, la prise de risque et la sociopathie, mais uniquement si le sujet a eu une enfance ou une expérience de vie traumatisantes ou très stressantes. On a longtemps cru que, dans l'interaction complexe de l'environnement et de la génétique, les « mauvais » gènes pouvaient mener un sujet à des problèmes au point de l'anéantir. Cependant, une récente hypothèse a formulé que ces « mauvais » gènes ne seraient pas que des handicaps. Si, dans un contexte défavorable, ils risquent de conduire à des ennuis, ils ont le pouvoir d'améliorer l'existence dans un contexte positif. Un article de David Dobbs paru dans le magazine *Atlantic* décrit cette théorie comme « une approche entièrement nouvelle de la génétique et des comportements humains. Le risque devient une éventualité ; la vulnérabilité, une plasticité et une réactivité. C'est une idée toute simple aux immenses répercussions. Les variantes génétiques généralement considérées comme une fatalité [...] peuvent désormais être envisagées comme des possibilités d'évoluer jusqu'aux plus hautes sphères impliquant des dangers réels, mais aussi des avantages élevés [...]. Dans un environnement malsain ou à cause de parents négligents [...], les enfants [dotés de ces gènes] finiront peut-être dépressifs, drogués ou criminels ; en revanche, dans un environnement positif et avec de bons parents, ils ont l'opportunité de s'épanouir en adultes heureux, créatifs, sociables et couronnés de succès ».

Cette théorie corrobore ce que j'ai observé chez moi-même et d'autres sociopathes intégrés que je connais personnellement ou que j'ai croisés sur mon blog. Nos gènes et notre enfance ont fait de nous des sociopathes, mais nous ne sommes pas condamnés à des existences régies par une volonté affichée de faire le mal. Au contraire, avec suffisamment d'amour, les enfants tels que nous peuvent apprendre à accomplir de grandes choses, même s'ils ne sauront jamais être totalement empathiques avec les autres :

> Sans être le roi du monde, j'exerce une profession bien rémunérée dans l'une des 500 entreprises saluées par le magazine Fortune au lieu de me languir en prison ; par conséquent, je pense pouvoir dire que je suis un sociopathe ayant réussi. Je suis aussi capable que tout le monde d'apprendre de mes erreurs. Si je n'ai jamais su dominer l'empathie, je suis suffisamment intelligent pour respecter les règles et comprendre que les enfreindre a des conséquences potentiellement déplaisantes. Mon envie de les respecter tient juste aux avantages que j'en retire. Si les enfreindre a des résultats par trop pénibles, je m'en abstiens. L'empathie n'a rien à voir là-dedans, il s'agit juste d'un examen logique des causes et des effets.

Il devient de plus en plus évident qu'il est possible d'être un sociopathe qui fonctionne bien dans la société normale. Les recherches menées par le Dr Stephanie Mullins-Sweatt auprès de sociopathes intégrés le confirment, suggérant qu'être tout simplement consciencieux peut faire toute la différence entre un sociopathe qui s'en sort et un autre qui tombe dans la criminalité.

Je suis persuadée que les caractéristiques propres à mon trouble peuvent être gérées, voire changées, notamment *via* une intervention dès l'enfance. Cette conviction, bien qu'encore peu populaire dans la communauté psychiatrique, commence enfin à trouver un écho. Les sociopathes sont incroyablement malléables et influençables, pas de la même manière que les individus empathiques certes, mais tout aussi, voire plus enclins à subir des pressions extérieures à la portée de leur entendement. Pour son étude sur la propension des petits à partager, le psychologue Ariel Knafo de l'Université hébraïque de Jérusalem a incité des chercheurs à jouer en compagnie de très jeunes enfants. Durant la pause goûter, le scientifique a apporté deux sacs contenant, entre autres, des friandises très populaires en Israël, les Bambas. L'enfant en découvrait vingt-quatre dans le sien, l'adulte seulement trois, exprimant sa déception de vive voix. Certains petits ont alors proposé d'eux-mêmes de lui en donner des leurs. Il est intéressant de constater que les plus partageurs étaient ceux atteints d'une variante génétique en forte corrélation avec un comportement asocial. Chercheur à la pointe du développement de l'enfant, Jay Belsky explique : « Ces gènes ne sont pas synonymes de danger, mais d'une plus grande sensibilité à l'expérimentation. Si tout se passe bien dans votre enfance, les mêmes gènes qui auraient pu vous démolir vous aident à devenir plus fort et plus heureux. Il ne s'agit pas de vulnérabilité mais de réactivité – pour le meilleur ou pour le pire. » C'est cet aspect du meilleur ou du pire qui est un souci lorsqu'on envisage d'élever un enfant génétiquement disposé à la sociopathie.

Pour ce qui me concerne, je crois que la situation idéale serait d'exposer ces enfants à la fois à un parent (ou figure adulte) sociopathe et à un parent (ou figure adulte) empathique. Le modèle incarné par ce dernier est essentiel, car il permet au jeune sociopathe d'apprendre à respecter la façon de penser de la majorité. Steinbeck décrit les origines de l'aveuglement de Cathy aux autres :

> *Presque tout le monde a des appétits et des impulsions, des émotions moteurs, des îlots d'égoïsme, des convoitises affleurant à la surface. La plupart des gens contrôlent ces choses ou s'y adonnent en secret. Cathy savait non seulement les détecter chez les autres, mais les utiliser à son propre avantage.*
>
> *Il est fort possible qu'elle n'ait pas cru à l'existence d'autres tendances chez les humains, car bien qu'elle fût très vive en certains domaines, elle était complètement aveugle dans d'autres.*

Je trouve cette description particulièrement poignante, car elle procure une explication simple aux raisons pour lesquelles Cathy n'est pas en mesure de respecter l'univers intérieur d'autrui de manière à dominer ses comportements asociaux. Elle ne voit que les fragilités des gens, cachées au reste du monde et se manifestant uniquement en privé, ce qui l'amène à conclure que la société n'est constituée que de vulgaires hypocrites. Du coup, elle les méprise, considère que leurs besoins et désirs ne méritent pas sa considération et ce, essentiellement parce qu'elle n'est pas capable d'appréhender toutes les manières dont les individus empathiques mériteraient son admiration et son estime. « Pour le monstre, la norme est monstrueuse. »

Voilà pourquoi j'estime indispensable que les enfants sociopathes soient constamment confrontés à un adulte empathique à même de provoquer leur dévotion et leur amour. Ils réaliseront ainsi que les individus normaux sont bien plus que la somme de leurs désirs les plus vils. Un petit sociopathe gagnerait tout à fréquenter quelqu'un comme mon amie Ann qui, alors que j'avais consacré tout mon temps à transformer les autres en objets, m'a enfin amenée à découvrir qu'ils étaient exactement comme moi tout en étant différents. Une fois admise cette réalité basique, j'ai pu croire que l'amour et la bienveillance étaient des concepts réels et non de la frime dissimulant un aveuglement collectif.

Pour moi, les enfants sociopathes, à l'instar des écoliers canadiens qui apprennent l'empathie auprès des bébés, devraient être sensibilisés au fait qu'il existe des personnes différentes d'eux et que, d'ailleurs, les gens sont tous différents les uns des autres. Je pense qu'ils grandissent en se disant que les autres leur ressemblent, en moins bons, intelligents ou doués toutefois ; par la suite, ils ont l'impression d'une immense solitude, de par le fait d'être unique. Alors que, s'ils grandissaient en identifiant leur différence et, plus important encore, celle des autres, il me semble qu'il serait possible de leur enseigner le respect de ces différences d'une façon qui les sensibiliserait (dans leurs limites) aux besoins et souhaits des gens normaux.

Mais je suis également d'avis qu'un jeune sociopathe devrait avoir un modèle sociopathe dans sa vie. Il l'aiderait à comprendre qu'il n'est pas seul, qu'il n'est pas un monstre, juste « une variation ». Il lui enseignerait sûrement à canaliser ses pulsions et à devenir positif et intégré. Les petits ont des besoins et des désirs légitimes, et un modèle sociopathe serait à même de les affronter sans aliéner l'enfant avec des remarques lourdes de répulsion morale. D'après la psychiatre Liane Leedom, auteure de *Just Like His Father?* (« Tout comme son père ? »), les besoins de l'enfant sociopathe doivent être reconnus comme légitimes, mais en même temps limités au sein de cadres sociaux normaux, grâce à une redirection de son attention vers des substituts acceptables, et ce jusqu'à ce qu'il sache lui-même satisfaire ses besoins « d'une manière qui soit productive plutôt que destructrice ». Si ce n'est pas la panacée, c'est sans doute le mieux qu'on puisse espérer.

« Il devient de plus en plus évident qu'il est possible d'être un sociopathe qui **fonctionne bien** dans la société normale. **»**

Qui peut d'ailleurs prétendre savoir comment on élève des enfants ? Dans un article du *New York Times* intitulé « Comment élever un prodige ? », Andrew Solomon compare le prodige à un « monstre qui viole l'ordre naturel des choses », qui pose à ses parents des difficultés uniques aussi « ahurissantes et déroutantes qu'un handicap ». Les parents craignent d'échouer à développer le don particulier de leur enfant ou d'exercer trop de pression et de le briser. Ces anxiétés sont encore plus fortes lorsque l'enfant est étiqueté « spécial » ou « différent ».

Ayant le bénéfice d'une conscience adulte, je crois que mes parents ont remarquablement réussi à créer un équilibre qui me convenait. Je les ai parfois haïs, mais pour l'essentiel, je les ai aimés comme on aime le ciel, la mer ou sa maison. Récemment, j'ai lu une interview du virtuose et ancien petit prodige Lang Lang, dans laquelle il expliquait ce qu'avait été son enfance sous la férule d'un père tyrannique : « Si mon père m'avait pressuré autant et que je n'avais pas réussi, cela aurait été de la maltraitance, et j'aurais été traumatisé, détruit peut-être. Il aurait pu être moins extrême, et nous aurions sans doute obtenu les mêmes résultats. Il n'est pas utile de tout sacrifier pour devenir musicien. Nous avions cependant un but identique. La pression m'ayant aidé à accéder à la renommée mondiale, ce qui me plaît, je dirais que pour moi, au bout du compte, ça a été une merveilleuse façon de grandir. »

L'espoir que je nourris pour un jeune sociopathe serait qu'il puisse apprendre à équilibrer ses talents afin d'arriver à sa propre version du succès, qu'il trouve une façon substantielle et heureuse d'apprécier un univers de possibilités et de réalités infinies. Sociopathie ne rime pas forcément avec isolement. Cela n'est pas mon cas, et j'estime que je dois beaucoup à mes parents pour cela, même si leurs méthodes ont pu sembler brutales et que des facettes de leur personnalité ont l'air parfois nocives. Ils m'ont donné le sentiment que j'avais ma place dans le monde, ce qui a fait toute la différence.

Si nous traitions les enfants sociopathes plus comme des prodiges et moins comme des monstres, ils seraient peut-être en mesure de canaliser leurs dons uniques pour accéder à une intégration qui récompenserait et nourrirait l'humanité plutôt que de se comporter en parasites asociaux. S'ils avaient l'impression d'avoir leur place dans la société, ils diraient sans doute, à l'instar d'un jeune prodige : « Au début, je me suis senti très seul. Puis on accepte que, oui, on est différent de tout le monde, mais que ça n'empêche pas d'avoir des amis. » Nous pourrions sûrement nous en tenir à une position mesurée et admettre que nous ne voulons pas changer les sociopathes (pour peu que ce soit réaliste), que nous désirons les aimer comme ils sont, parce que ces personnes intéressantes participent, de façon insoupçonnée, à rendre le monde plus varié et coloré.

ÉPILOGUE

« Je suis persuadée qu'une grande partie de la **compréhension de soi** est liée à l'acceptation ou non de l'étiquette [sociopathe]. »

L'un des lecteurs de mon blog m'a écrit ceci :

Bonjour !

Je pense être sociopathe, mais je n'en suis pas certain. Je n'ai pas de conscience en tant que telle, plutôt un guide logique m'indiquant ce qui est bien ou mal. Rien ne me retourne l'estomac, aucun comportement amoral ne me met en colère, à moins que j'en sois la cible. Toutes mes réactions, y compris « émotionnelles », sont calculées et jouées.

Je sais que je ne suis pas le type le plus intelligent au monde – je le sais même très bien –, il n'empêche que j'ai le sentiment de l'être. Au fond de mon âme et de mon cœur, j'ai l'impression que personne sur la planète n'est plus malin que moi, même si mon esprit m'assure que ce n'est pas vrai.

Je me sers des gens dès que j'en ai l'occasion, du moment que cela ne les heurte pas. J'ignore si c'est parce que je ne veux pas faire de mal ou parce que j'aime à croire que je ne suis pas manipulateur. En général, je ne mens jamais, à l'exception de ce qui concerne mes sentiments.

En tout cas, je ne fais pas des pieds et des mains pour blesser les autres. Au contraire, je fais des pieds et des mains pour ne pas les blesser. Presque toute ma vie est un rôle que je joue, et je ne sais pas vraiment qui je suis... mais je suis clairement anormal, bien que je ne corresponde pas à tous les aspects négatifs du stéréotype sociopathe.

Alors, qu'en dites-vous ? Si je vous pose la question, c'est parce que, si je parviens à

> *comprendre le monde qui m'entoure, je n'arrive*
> *pas à me comprendre, moi. C'est d'ailleurs le*
> *seul mystère que mon esprit ne réussit pas à*
> *éclaircir. Je suis en mesure de lister ce que je fais*
> *ou pas, mes habitudes et mes tendances, etc.,*
> *mais tenter de me former une opinion à mon*
> *sujet reste un champ de mines où dominent*
> *l'autoaveuglement et les diversions mentales*
> *bien utiles.*

Ce genre de question est courant. Beaucoup de visiteurs de mon blog qui s'identifient comme sociopathes se sont diagnostiqués eux-mêmes. S'il y a peu d'avantage à l'être par les psychologues, je suis persuadée qu'une grande partie de la compréhension de soi est liée à l'acceptation ou non de l'étiquette. Voici un exemple des réponses que je renvoie à ces personnes :

> *Vous m'avez tout l'air d'un sociopathe, mais*
> *ne vous découragez pas. À mon avis, au fur et*
> *à mesure que vous continuerez d'en apprendre*
> *plus sur vous-même et votre trouble, vous*
> *découvrirez que le monde fait sens.*
> *L'autoaveuglement est un symptôme clas-*
> *sique du déni. Nier votre sociopathie déforme*
> *votre perception d'autrui et fausse votre juge-*
> *ment. Il est important que vous réalisiez que*
> *vous êtes différent des autres, car cela vous*
> *permettra de ne pas les blesser. Dans leur*
> *majorité, les gens croient que tout le monde*
> *est comme eux et projettent leurs sentiments*
> *sur autrui, genre : « Je ne serais pas vexé par*
> *ce commentaire, donc il ne devrait pas l'être*
> *non plus. » C'est un exemple de pensée erro-*
> *née. Ce que chacun ressent ou pense n'a rien*

en commun avec ce que ressent ou pense le reste de l'univers. Il est d'ailleurs préférable d'éviter les jugements normatifs en faveur de jugements descriptifs. Les premiers dissimulent des millions de partis pris et de mensonges à soi-même qui nous égarent.

Vous êtes spécial. Vous êtes futé, je n'en doute pas. Mieux encore, vous réfléchissez d'une façon très particulière. Vos succès en la matière tiennent à ce que vous savez analyser de manière originale, hors des sentiers battus, ce qui n'est pas difficile puisque vous n'avez jamais arpenté les sentiers battus – vous ne savez même pas à quoi ils ressemblent. Vous distinguez des choses qui échappent aux autres, parce que vous avez accumulé diverses expériences qui modifient votre vision ; les angles morts des autres ne vous handicapent pas, et vous en avez, mais ce ne sont pas les mêmes.

Vous cherchez des réponses, une logique, une structure. Vous êtes sans doute témoin autour de vous de comportements empathiques que vous ne vous expliquez pas. Ces attitudes sont en effet très difficiles à saisir pour un socio-pathe, mais cette quête vous en apprendra davantage sur vous-même. Vous découvrirez également que ce n'est pas parce que nous sommes en mesure de manipuler autrui que nous décidons de le faire. Parfois, nous tom-bons sur des faiblesses que nous exploitons ; parfois, nous remarquons des défauts que nous réparons. La sociopathie rend possible les deux comportements. Les préférences personnelles, l'éducation et les objectifs de vie influencent nos choix en termes d'actions. Ce qui fait de vous

> un sociopathe n'est pas que vous décidez d'agir
> de telle ou telle façon, mais que vous avez une
> palette de choix entièrement différente de celle
> d'une personne normale.

J'ajoute que les sociopathes sont nécessaires à la société à cause de l'originalité de leur pensée. J'aime l'ingéniosité, c'est sans doute ce que j'admire le plus chez les humains. Theo Jansen, l'artiste et sculpteur hollandais ayant créé les *Strandbeests (Animaux de plage)*, ces gigantesques structures mobiles en tubes de plastique qui rampent le long des côtes néerlandaises, dit ceci à propos des avantages que les originaux apportent à la société :

> Ma voie n'est pas droite comme celle
> d'un ingénieur, elle ne va pas d'un point A
> à un point B. J'emprunte des chemins très
> sinueux, ne serait-ce qu'à cause du contexte
> et des matériaux que j'utilise. Un vrai ingé-
> nieur résoudrait probablement ces difficultés
> d'une façon différente, il créerait peut-être
> un robot en aluminium équipé d'un moteur,
> de capteurs électriques, etc. Mais les solutions
> des ingénieurs se ressemblent souvent. Tout
> ce à quoi nous pensons a été, en principe,
> déjà pensé par quelqu'un d'autre. Les vraies
> idées, comme le montre l'évolution, naissent
> de la chance.

L'esprit des sociopathes est très différent de celui de la plupart des gens. Notre structure cérébrale est particulière : complexe amygdalien (centre émotionnel) plus petit, plus faibles connexions entre le complexe amygdalien et le cortex frontal (centre de la prise de décision, entre autres), connexions avec des « nids-de-poule » et corps calleux plus fin et plus long entre les deux hémisphères. Du coup, notre mode de pensée pas plus que nos choix ne sont dominés par les émotions, et le transfert d'informations entre nos hémisphères est anormalement rapide. Autrement dit, soumettez-nous un problème, et nous ne l'analyserons pas comme les gens ayant un cerveau normal. Les répercussions que cela a sur chaque individu dépendent de nombreux facteurs, mais j'ai croisé des sociopathes qui avaient à la fois l'innocence d'un enfant se jetant joyeusement dans les vagues et tout du prédateur implacable. Notre brutale appréhension du monde a quelque chose de rafraîchissant, et puisque nous vivons dans un univers où « tout ce à quoi nous pensons a été, en principe, déjà pensé par quelqu'un d'autre », il arrive qu'il soit bénéfique d'être en présence d'une personne totalement unique.

J'aime celle que je suis. J'aime être méthodique, inflexible, efficace et en mesure de profiter de n'importe quelle situation. J'ai des amis, je tiens à ma famille, je suis une bonne collègue. Il n'empêche, je me demande souvent ce que je loupe dans l'existence. L'amour ? La compréhension de mes frères humains ? L'intimité sensible ? Est-ce que j'expérimente à plein ces choses ou est-ce que je n'ai qu'une approximation superficielle de ce qui est légitime et banal dans une existence ? Enfin, si j'ai choisi ce mode de vie, ai-je opté pour la meilleure solution ?

En même temps, ai-je des alternatives ? J'ai, dans cet ouvrage, employé abusivement l'expression « individu empathique » pour me référer aux non-sociopathes, alors qu'il n'est pas vrai que tous les non-sociopathes soient empathiques. On m'a suggéré de recourir au mot « normal », sauf qu'il est encore moins juste. Le pourcentage de gens normaux dans la population pourrait être minoritaire (moins de 50 %, donc). Parfois, j'ai l'impression qu'on oppose les 1 à 4 % de sociopathes aux 99 à 96 % de personnes normales. Faut-il croire que, parce que les sociopathes sont peu empathiques, le reste de la population l'est beaucoup ? Que parce que nous n'éprouvons pas de culpabilité, ce n'est pas le cas de la majorité ? Que parce que nous commettons souvent des crimes, les autres sont innocents ?

La vérité est que des tas d'êtres humains sont des ordures. Pas la peine d'être sociopathe pour ça. Et tous les sociopathes ne sont pas des ordures. Quand j'ai commencé mon blog, j'espérais aider mes lecteurs à comprendre que ce trouble est une variante de l'espèce humaine. À l'époque, je pensais que le plus grand défi serait d'essayer de montrer certains de nos atouts sous un jour favorable, de prouver que nous ne sommes pas aussi mauvais que ce que prétend l'opinion générale. Plus récemment, je me suis dit que le vrai problème n'était pas d'amener les personnes normales à croire que nous sommes meilleurs qu'elles ne l'estiment, mais de les convaincre qu'elles-mêmes sont pires que ce qu'elles croient. Il semble que la plupart des gens partent du principe qu'ils sont la minorité normale au lieu de voir qu'ils sont peut-être un peu « dérangés » aussi comme ils le pensent de la majorité.

D'aucuns refusent d'admettre que les personnes normales sont susceptibles de représenter la minorité : « Comment la communauté des psychologues pourrait-elle étiqueter plus de la moitié de la population d'un trouble mental ! » Ce à quoi j'objecte : « Et si la majorité de l'humanité méritait d'être diagnostiquée ? » N'est-il pas autant sinon plus probable d'affirmer que la moitié des gens ont des troubles en matière de structure cérébrale et de fonctionnement émotionnel ?

« Plus récemment, je me suis dit
   que le vrai problème n'était pas
   d'amener les personnes normales
   à croire que nous sommes **meilleurs**
   qu'elles ne l'estiment, mais de
   les convaincre qu'elles-mêmes
   sont **pires** que ce qu'elles croient. »

Il est bien pratique de définir la normalité selon ce que vous êtes. Dans ce cas, inutile de vous confronter à l'éventualité que vous soyez moins empathique que vous en avez l'air. Votre conscience n'a peut-être pas l'emprise que vous lui prêtez. Vous êtes peut-être à la fois capable et incapable de faire plus que ce que vous espériez. Vous avez peut-être plus de traits en commun avec les sociopathes que cela vous plaît de l'envisager. L'humanité n'est peut-être qu'une vaste et longue palette dont quelques-uns occupent les extrémités, et la majorité le centre. Certains ont tourné en dérision l'autodiagnostic des sociopathes en les traitant de poseurs qui s'accrochent à une étiquette comme à un refuge qui les empêcherait d'être déçus par leur existence banale. Serait-il envisageable cependant que ces sociopathes soient aussi honnêtes envers eux-mêmes que vous qui proclamez que certains actes n'ont rien de sociopathes parce que vous les avez commis ? Serait-il possible que les deux soient vrais, que des actes relèvent à la fois de la sociopathie et du comportement général ? Et qu'il vous arrive à vous de les commettre ? Entre vous et moi, qui est une personne normale ?

Mon intention n'est pas de redéfinir la sociopathie comme une forme de normalité nouvelle, et certainement pas d'insinuer qu'elle est mieux que la normalité. Les sociopathes ne sont pas une race de surhommes. Nous ne participons pas au bien général – nous ne défendons pas les opprimés quand les autres ont peur –, en tout cas pas souvent, et jamais en règle générale. Ne vous méprenez pas. J'ai toujours adoré les films prônant l'autodéfense et la justice, mais je suis souvent du côté du méchant. C'est la société qui catalogue le subversif en criminel ou en révolutionnaire, pas le sociopathe. Il a rarement besoin de se raconter des salades destinées à justifier moralement ses actes pour se lancer dans ses superbes crimes violents et complexes. Je sais ne pas être la seule à aimer les méchants. Pour nous, ils incarnent la liberté.

C'est sans doute pour cela que les sociopathes hantent autant nos fictions : Hannibal Lecter qui, derrière les barreaux, tire les ficelles de sa marionnette Clarice ; le talentueux escroc Tom Ripley qui s'insinue dans la vie de son riche et bien-aimé Dickie afin de le détruire ; l'impeccable Patrick Bateman qui, couvert de sang réel ou imaginaire, écume un New York yuppie[1]. Ces héros sont la manifestation vivante d'un désir outré et d'une force destructrice que caractérisent l'absence d'une retenue mue par l'empathie, la culpabilité ou la peur. Le plus célèbre, Dracula, a d'ailleurs si peu de limites qu'il se change en brume. Historiquement, le diagnostic de la sociopathie a, de bien des façons, rendu possible l'amalgame d'une multitude de traits condamnables, ramassis de comportements asociaux et fantasques, ce qui a permis d'en identifier et isoler les membres. Dans le mythe gothique des vampires, l'existence de la créature nocturne est justifiée par le règne du surnaturel. Dans notre monde, les raisons de l'existence du sociopathe sont beaucoup plus indéfinissables.

Je me demande au demeurant si, de fait, mon histoire n'est pas décevante à vos yeux, puisque je suis moins un mythe qu'un être humain. Je n'ai pas d'anecdotes répugnantes à vous raconter sur des animaux tués (l'opossum excepté), du moins pas que je m'en souvienne. Ce livre est fatalement frustrant puisque je n'ai pas de casier judiciaire ou d'exemples suffisamment cruels de ma sociopathie, mais c'est ainsi. Par le biais de mon site internet, j'ai croisé toutes sortes d'individus qui présentent eux aussi les symptômes de mon trouble ou s'y identifient, des criminels à la Bonnie and Clyde à l'adolescent sensible qui lutte avec les concepts difficiles de l'empathie et des relations humaines. Malgré cette hétérogénéité, je pense qu'il y a des différences substantielles et évidentes entre le sociopathe et l'individu moyen.

---

1 Héros respectifs des romans *Le Silence des agneaux* de Thomas Harris, *Le Talentueux Monsieur Ripley* de Patricia Highsmith et *American Psycho* de Bret Easton Ellis.

Je n'ai aucun problème à explorer pourquoi j'agis de telle ou telle manière, mais je n'ai pas d'exemple à vous donner qui prouverait ma totale dépravation. Je ne peux que vous soumettre mes réflexions sur le fait que n'importe quelle morale susceptible de mener à un jugement de dépravation a toutes les chances de se tromper, même si ce n'est pas évident pour ceux qui n'ont jamais osé remettre en question les fondements de la morale. Comme l'a dit, dans une interview, la chercheuse en éthique de psychologie légale Karen Franklin critiquant le concept dominant de psychopathie :

> *En mettant au premier plan le mal absolu, [le diagnostic de] la psychopathie marginalise les problèmes sociaux et excuse les échecs institutionnels en matière de réhabilitation. Nous ne devons pas comprendre le passé difficile ou les influences environnementales d'un criminel. Nous ne devons pas lui tendre la main et l'aider à trouver un chemin rédempteur. Le psychopathe n'est pas rachetable, c'est une personne dangereuse qui doit être enfermée ou bannie. Ce raisonnement vicieux n'en est pas moins séduisant de par le simplisme avec lequel il présente la psychopathie.*

La sociopathie n'est cependant pas aussi simple que ce qu'on vous a fait croire. Elle n'est pas synonyme de mal. Entendre dire que nous sommes incurables devrait vous amener à réfléchir. J'espère que vous hésiterez devant ceux qui suggèrent qu'on nous implante des puces dans le cerveau, qu'on nous interne définitivement ou qu'on nous exile sur une île, et que vous vous rappellerez que l'histoire de l'humanité a été entachée par des actes similaires d'orgueil démesuré et de cruauté commis par des gens « normaux ».

Je me rappelle avoir un jour fait des recherches pour un devoir que je devais rendre en faculté de droit. Je suis tombée sur une ancienne loi qui criminalisait l'homosexualité. Ces documents ne sont pas rares, ils sont même encore en vigueur dans certains pays. L'État de Pennsylvanie a une loi sur la prostitution qui croit nécessaire d'inclure « les homosexuels et autres pratiques sexuelles déviantes » – les miennes, par exemple. Au nom de quoi une relation sexuelle est-elle déviante ? Le dictionnaire définit ainsi l'adjectif : « qui dévie par rapport à l'opinion communément reçue ». J'ai trouvé un jour un vieux texte de loi qui acceptait deux exceptions notables à l'homosexualité : la prison et l'armée. Il faut donc croire que les relations entre personnes du même sexe ne sont pas « déviantes » parce que des gens « normaux » s'y sont historiquement adonnés – en l'absence de femmes, qu'est-ce qu'un brin de badinage entre hommes ?

Pareillement, une double approche s'applique aujourd'hui aux sociopathes et à leur comportement. Les sociopathes sont portés à la violence, mais les individus empathiques ne se privent pas non plus de commettre des actes d'une violence inouïe. Pour les jurys, ces méfaits sont plus excusables dès lors que l'individu empathique affiche ses « remords ». Les jurés sont en mesure de s'identifier à qui exprime des regrets, car eux aussi sont susceptibles de s'être rendus coupables, emportés par leur élan, d'actes condamnables à des degrés divers. Ils ont pu s'en vouloir par la suite, jurant qu'ils auraient préféré que cela n'arrive jamais. Il leur est largement plus malaisé de comprendre une personne qui, bien que consciente que ce qu'elle s'apprêtait à faire était mal, l'a fait quand même sans scrupule. Personnellement, j'ai des difficultés à ne pas considérer ceci comme une hypocrisie absolue à laquelle les gens normaux sont très sensibles dès lors qu'il s'agit de condamner le comportement d'autrui. Il est intéressant de constater que, si vous isolez les individus, vous obtenez des résultats très différents. Une expérience récente a démontré que, lorsqu'un juge isolé condamne un sociopathe dont il a été prouvé que ses gènes le portaient à la violence et au crime, il lui donne une peine plus légère que d'ordinaire, sensible à l'argument de la prédisposition génétique. Mais en groupe, les gens sont enclins à se livrer à la chasse aux sorcières. Alors que seule une minorité estime que l'homosexualité devrait être légalement condamnable, la majorité a peu de scrupules à traiter de manière injuste les individus diagnostiqués « sociopathes ».

La majorité décide donc de ce qui est « normal » et de ce qui ne l'est pas, de qui est rachetable et de qui ne l'est pas, jusqu'à ce que, un beau jour, vous soyez vous aussi catalogué « anormal ». Cependant, si je vous ressemble beaucoup, c'est sûrement parce que je suis identique à vous par de nombreux aspects. Nous devrions être amis dans la mesure où, si je suis susceptible d'être marginalisée par notre société, cela vous menace aussi. Et quand vous serez victime, qui se chargera de lutter contre elle, à votre avis ? Des gens comme moi, très certainement.

L'un des aspects que je préfère concernant la rédaction de mon blog est que je rencontre des inconnus qui me ressemblent en tous points, dans les détails les plus banals et intimes. Je veux donner un portrait précis de moi afin qu'ils se retrouvent dans mes histoires quand ils liront cet ouvrage. Je veux engendrer un sentiment de solidarité, une communauté d'individus identiques par l'esprit et ayant beaucoup à apprendre les uns des autres. Ce livre a donc été rédigé en vue d'un objectif bien précis. Mais il est difficile de dire si j'ai obtenu l'effet désiré sans être confrontée au lecteur. Cela s'apparente peut-être à ce qui sépare un concert en public d'un enregistrement en studio. Je ne suis pas en mesure de connaître la réaction de mes lecteurs. Je suis aveugle, ce à quoi je ne suis pas habituée. Sur le blog, les visiteurs laissent des commentaires ; ils adorent parfois ce que je trouve presque pédant, détestent ce qui me semble pourtant perspicace. Là réside la véritable faiblesse des manipulations que j'exerce : je ne comprends pas et ne comprendrai jamais ce que pensent les gens normaux, mes amis proches et ma famille inclus, et encore moins les étrangers. Je ne peux faire un test sur un passage particulier me concernant afin de déterminer les ressentis d'autrui. Je ne peux qu'extrapoler à partir de ce que mes expériences auprès des gens normaux m'ont appris, de mes essais pour prédire ce qui sera ou non efficace. Écrire ce livre est sans doute la chose la plus risquée que j'aie jamais faite.

Sur mon blog, je prends grand soin de taire mon identité. Mon site est hébergé par Google. Mon nom de domaine est anonyme. J'utilise des pronoms neutres pour me décrire. J'ai remarqué que les autres sociopathes font de même. Je connais des Américains qui internationalisent leur langue et leurs références culturelles, conséquence peut-être de leur instinct naturel à dissimuler et à embrouiller. Il ne suffit pas de vouloir protéger sa vie personnelle, il faut aussi tromper à coups de désinformation.

« Écrire ce livre est sans doute
la chose **la plus risquée**
que j'aie jamais faite. »

Une seule personne m'a presque identifiée, mais je l'y ai aidée. Cette expérience a été riche d'enseignements, et j'ai rectifié le tir depuis. Je suis devenue plus prudente envers mes connaissances et particulièrement paranoïaque quant aux informations personnelles que je distille sur la toile, que ce soit sous mon pseudo de M. E. ou sous mon vrai nom.

Lorsque je me suis lancée dans la rédaction du présent ouvrage, j'ai beaucoup réfléchi aux conséquences qu'il aurait sur ma vie publique, celle où personne ne me connaît sous l'identité de M. E. Dans cette existence-là, notamment jusqu'à ce que je lance le blog, nul n'était au courant que je me considère comme sociopathe. À l'époque, même moi, je n'attachais guère d'importance à cette étiquette. Quand j'ai enfin décidé d'accepter les choses et que j'ai créé mon blog, je me suis révélée à ma famille proche et à quelques amis. Depuis, j'en parle en moyenne à une ou deux personnes par an, essentiellement quand j'ai besoin de leurs conseils expérimentés dans un domaine particulier, sur l'écriture, l'optimisation des recherches, le droit, etc. Ou alors, c'est que je meurs d'envie de leur révéler quelque acte horriblement délicieux que j'ai réussi à éviter, comme écraser un sale type au boulot ou séduire quelqu'un juste pour le démolir. Il y a un an environ, ma mère a décidé d'être honnête à mon sujet avec mes frères et sœurs. Je crois qu'elle était fière de moi et de ma réussite – le blog et les effets positifs sur ma vie de toute l'introspection que je menais. Mais ce n'est pas pareil d'être franc avec ceux qui vous aiment et souhaitent vous protéger d'un côté et le monde entier de l'autre.

J'ai choisi, avec l'écriture de ce livre, de m'enfermer dans un placard en verre. Il me fallait forcément être plus ouverte que ce que permettait un anonymat absolu, sous peine que l'ouvrage paraisse illégitime. Il perdrait son efficacité en termes d'éducation des gens et de défense de tous les sociopathes, y compris moi, si mes lecteurs ne croyaient pas à mes histoires. Mais j'ai aussi une vie et une carrière. Je me demande si je serais virée pour peu que mes employeurs découvrent que je suis l'auteure de ce livre. Non parce que je suis une mauvaise professeure ou que je maltraite mes étudiants, mais parce que je suis sociopathe. Si je devais un jour être emprisonnée, on me refuserait toute liberté conditionnelle sous le seul prétexte de mon profil psychologique. Selon les raisons de mon incarcération et les lois en vigueur dans l'État concerné, je pourrais même rester enfermée à perpétuité. Ce n'est pas rien. Bien que je n'envisage pas de devenir une criminelle dans les deux ans à venir, mon niveau d'impulsivité rend cette éventualité réelle. Mes amis, mes employeurs ou mes futurs partenaires amoureux seront-ils capables de voir au-delà de ces tendances, de me juger uniquement sur des faits réels et non sur ce que je suis susceptible de faire ? Ou seront-ils effrayés que je ne me domine pas aussi bien que je le prétends ?

Il y a de jeunes enfants dans ma famille. J'en aurai peut-être moi aussi un jour. Ils porteront mon nom. La stigmatisation pourrait contaminer des innocents qui n'ont rien demandé.

Si ça ne me gêne pas de jouer les avocates, je n'ai aucun désir d'accéder à la célébrité. La cause ayant besoin d'un visage, j'accepte d'être ce dernier. Je suis même prête à le montrer, littéralement. Je sais que ça aidera les gens à personnaliser mon message. Je suis quelqu'un de réel. J'ai un nom. Je me fiche que vous le connaissiez. Consciente que les secrets sont par trop tentants, je préfère les éviter. Si vous tenez absolument à savoir comment je m'appelle, je vous en prie, écrivez-moi et je vous le dirai. Mes contacts sont sur mon site. La seule chose que j'exigerai en échange, c'est que vous gardiez l'information pour vous. Que les autres fassent comme vous, qu'ils s'adressent directement à moi, tout seuls, comme des grands.

J'espère que nous obtiendrons ainsi, chacun de notre côté, ce que nous désirons. Vous découvrirez tout ce qui vous intéresse sur moi, et mes neveux et nièces n'auront pas à grandir en étant regardés de travers par les autres, se demandant si eux aussi ne sont pas génétiquement prédisposés à devenir des monstres. Est-il possible de rester dans un placard en verre à cette époque où tout est information ? Je suis très curieuse de le découvrir. Certes, c'est un risque, mais je suis plutôt tolérante au danger. Si ça marche, je rédigerai peut-être mon prochain article professionnel sur ce sujet.

Pour la plupart, les sociopathes vivent dans la dissimulation. Moi, je n'ai pas envie d'être cachée toute mon existence. Mon but n'est pas de faire semblant. Je tiens à ce que tout le monde sache qui je suis, j'ai envie d'être dans la lumière. Mais, pour l'instant, ce serait m'exposer à l'insécurité. On n'aime pas les sociopathes. Des livres et des pages sur Internet sont dédiés à nous détecter et à nous fuir. Leur message dit en substance : n'adressez pas la parole à ces gens, ne les laissez pas vous piéger. Je tiens à ce que ceux qui sont comme moi comprennent qu'ils ne sont pas seuls. Je tiens aussi à ce que vous sachiez que je suis une variante naturelle de l'humanité. Je veux ôter le masque, mais pas avant d'avoir modifié le monde afin de le sécuriser pour moi et les autres sociopathes.

REMERCIEMENTS

Mille mercis à mon agent, Emmanuelle Morgen, qui a su détecter un livre là où il n'y avait qu'un blog. À mon ami génial qui s'est occupé de porter ce qui était lourd. À mon éditrice, Jenna Ciongoli, qui a été à la fois d'une infinie patience et d'une exactitude intransigeante, et sans laquelle cet ouvrage ne serait pas ce qu'il est. À Lucinda Bartley, dont l'intelligence inégalée a permis que tout arrive et en vaille la peine à mes yeux. À Domenica Alioto, pour m'avoir remplacée au clavier quand j'en avais vraiment besoin. À tous ceux chez Crown qui m'ont aidée de multiples façons : Penny l'alchimiste, Julie la batteuse, Aja la lanceuse d'encre et Matthew le juriste. À tous les visiteurs de mon blog pour leur soutien perspicace et l'amusement constant qu'ils m'apportent. À ma chère famille, sans laquelle je ne serais rien, et notamment à mes petits neveux et nièces qui me rappellent constamment de garder ma capacité d'émerveillement et d'ouverture au monde.